Inhalt

Uwe-Karsten Heye

DIE BENJAMINS

 aufbau

Uwe-Karsten Heye

DIE
BENJAMINS

Eine deutsche Familie

 aufbau

Mit 16 Fotos

Das Kapitel "Wo bleibt Dora?" folgt in Aufbau,
Text und Quellen weitgehend dem Aufsatz von
Eva Schöck-Quinteros:

Dora Benjamin: "... denn ich hoffe nach dem
Krieg in Amerika arbeiten zu können.": Stationen
einer vertriebenen Wissenschaftlerin (1901-1946),

erschienen in: Barrieren und Karrieren: Die
Anfänge des Frauenstudiums in Deutschland,
Dokumentationsband der Konferenz "100 Jahre
Frauen in der Wissenschaft" im Februar 1997
an der Universität Bremen, herausgegeben von
Elisabeth Dickmann und Eva Schöck-Quinteros
unter Mitarbeit von Sigrid Dauks, Berlin: Trafo-
Verlag Weist, 2000 (2. Aufl. 2002) (Schriftenreihe
des Hedwig-Hintze-Instituts Bremen, Bd. 5),
S. 71-102.

Der Artikel ist unter http://www.bonjour–geschichte.de/?
p=865 im Internet abrufbar.

FSC
www.fsc.org
MIX
Papier aus ver-
antwortungsvollen
Quellen
FSC® C083411

ISBN 978-3-351-03562-4

Aufbau ist eine Marke der Aufbau Verlag GmbH & Co. KG

1. Auflage 2014
© Aufbau Verlag GmbH & Co. KG, Berlin 2014
Einbandgestaltung hißmann, heilmann, Hamburg
Satz und Reproduktion LVD GmbH, Berlin
Druck und Binden CPI – Clausen & Bosse, Leck
Printed in Germany

www.aufbau-verlag.de

Vorwort

Die Benjamins, das sind die Brüder Walter und Georg mit Schwester Dora, die einer jüdischen großbürgerlichen Berliner Familie entstammen. Die Eltern, Emil und Pauline Benjamin, erlebten den Untergang ihrer Welt nach 1933 nicht mehr. Sie sind noch in den zwanziger Jahren gestorben. Die Geschwister standen mutig gegen den braunen Terror und bezahlten mit ihrem Leben. In Zeugnissen und zahlreichen Briefen, die von Georgs Frau Hilde Benjamin und nach ihrem Tod von dem gemeinsamen Sohn Michael aufbewahrt und geordnet wurden, lässt sich ihr Widerstand gegen den Nationalsozialismus nachlesen und nachzeichnen, dessen mörderischen Charakter sie früh erkannten.

Hilde Benjamin und Sohn Michael waren die einzigen Überlebenden der Familie in Deutschland, als die Rote Armee in Berlin einmarschierte und der Bombenkrieg endete. Für Michael war der Sieg der Alliierten über den NS-Staat lebensrettend. Er galt den Nazis als »Mischling ersten Grades«, Vater Georg war Jude, Arzt und Kommunist. Bruder Walter Benjamin war Autor, Literaturkritiker und Philosoph. Dora machte mit sozialkritischen Aufsätzen auf sich aufmerksam.

Das Geburtsjahr von Walter Benjamin war 1892, das

Todesjahr seiner Schwägerin Hilde Benjamin 1989. Ein deutsches Jahrhundert, von einer Blutspur durchzogen, die mit den kolonialen Eroberungen des Hohenzollern-clans in Afrika vor 1914 begann und mit dem Massen-sterben in beiden Weltkriegen vorerst endete. Für beide Kriege gibt es eine unübersehbare Verantwortung der Deutschen, die sich in den Schicksalen der Geschwister und in ihren Prägungen spiegelt.

Nach 1945 der fragile kalte Frieden. Die Teilung der Welt in Ost und West und die Spaltung Europas. Es be-ginnt ein Krieg der Worte statt der Waffen, der allerdings auch Menschen zugrunde richten konnte und sollte. Hilde Benjamin war davon betroffen. Im Westen Deutsch-lands sorgten die in ihren Ämtern verbliebenen Funk-tionseliten der Nazis für den gleichen antibolschewisti-schen Gestus, der zuvor zwölf Jahre lang eingeübt worden war. Der Kalte Krieg und die Einverleibung Osteuropas in den sowjetischen Machtbereich schufen ein Klima, das es erleichterte, den Terrorstaat Hitlers und die eigene Mit-schuld daran zu verdrängen.

Entsprechend geriet die DDR im Propagandagetümmel zwischen Ost und West zum Hort alles Bösen, das die Mordtaten der Nazis vergessen machten sollte, sie jeden-falls an die zweite Stelle rücken ließ. Da wurde unbesehen jeder verurteilte Nazi-Täter zum Opfer des »Unrechtssys-tems« DDR und Hilde Benjamins, die als Vizepräsidentin des Obersten Gerichts und nach 1953 als Justizministerin der DDR für die Strafverfolgung der NS-Täter zuständig war. Keine Aufregung verursachte hingegen, dass mit dem Verbot der KPD im Westen zugleich mehrere tausend Ver-fahren gegen ihre Mitglieder und Funktionäre stattfanden. Auch das erneut ein Gesinnungsstrafrecht. In den Nach-

8

kriegsjahren geriet im Westen schnell unter politischen Generalverdacht, was links von der Mitte zu verorten war. Die alten/neuen Eliten sorgten für Kontinuität.

Dass in Westdeutschland die Naziakteure in den Institutionen und den Verwaltungen, in der Justiz und der Wirtschaft unbehelligt weitermachen konnten, blieb nicht folgenlos. Das in den beginnenden fünfziger Jahren gegründete Bundeskriminalamt zum Beispiel unterschied sich in seiner personellen Struktur kaum vom Reichssicherheitshauptamt, der Terrorzentrale des Nazi-Staates. Eine gerade vorgelegte dreibändige Studie, vom Bundeskriminalamt selbst in Auftrag gegeben, belegt, dass die Hälfte der leitenden Beamten des BKA noch 1959 ehemalige SS-Männer oder Angehörige der Sondereinheiten der Polizei waren, die an Massenmorden hinter den Linien in Russland beteiligt waren. Entsprechend »erfolglos« gerieten Ermittlungen des Amtes immer dann, wenn rechtsextremistische und neonazistische Vorkommnisse aufgeklärt werden sollten. Erstaunliche Übereinstimmungen mit den »Ermittlungspannen« der Behörden in der Mordserie des Nationalsozialistischen Untergrundes unserer Tage und eine Rechtsblindheit, die bis heute anhält. Bis weit in die sechziger Jahre des vorigen Jahrhunderts schien die Bundesrepublik manches Mal wie die vom Heimatfilm besonnte Wiederkehr der Nazizeit, nur ohne Hitler und Goebbels.

Die juristische Aufarbeitung des Nationalsozialismus begann in Nürnberg. In dreizehn Prozessen vor dem Tribunal der alliierten Ankläger ging es um Täter in Partei, Wirtschaft und Wehrmacht, die für die Leichenberge in den Vernichtungslagern verantwortlich waren und für die Raubkriege, die sie angezettelt hatten. Die von den westlichen Siegermächten vorgenommene Entnazifizierung der Täter und Mitläufer, die höchst unpopulär war, wurde schnell deutschen Spruchkammern überlassen. Sie war schließlich nur noch eine Farce und wurde dann bald ganz eingestellt. Der Bundestag verabschiedete eine Reihe von Gesetzen, die einer Amnestie der Funktionseliten der Nazis gleichkamen und jedenfalls ermöglichten, dass sie in ihren Ämtern bleiben konnten.

Dies erklärt zu einem Teil, warum in den damals von Ex-Nazis durchsetzten Redaktionsstuben der Bundesrepublik, anders als in der DDR, wenig bis kein Interesse bestand, sich mit der Nazi-Vergangenheit zu befassen. Dieses Virus sollte auf keinen Fall übertragen werden. Hilde Benjamin, die durchaus Anlass bot, sich kritisch mit ihr auseinanderzusetzen, war bevorzugtes Ziel von Kampagnen verbunden mit einer Neigung, das SED-Regime derart schwarzzumalen, dass die Ungeheuerlichkeit des SS-Staates dagegen zu verblassen schien. Eine geschichtsblinde Überzeichnung, die bis heute wahrzunehmen ist.

Erst 1972, in der ersten Rede des Bundeskanzlers Willy Brandt zur Lage der Nation, wurde der Unterschied im Umgang mit dem Nationalsozialismus in beiden deutschen Staaten eingeräumt. In den Materialien, die aus Anlass des Berichts zur Lage der Nation vom innerdeutschen Ministerium veröffentlicht wurden, ist zu lesen, dass die Deutsche Demokratische Republik ernst gemacht habe mit der Entfernung der Funktionseliten der Nazis aus Justiz, Wirtschaft, Universitäten und Medien. Entsprechend die wachsende Quote ehemaliger Nazis unter den DDR-Flüchtlingen, die in der Bundesrepublik keine Verfolgung befürchten mussten. Für Adenauer stand so etwas wie eine Selbstreinigung nach dem beispiellosen

Zivilisationsbruch unter Hitler nicht auf der Tagesordnung, was der politischen Hygiene im Land bis heute zusetzt. So sind die Akten über NS-Verbrecher wie Klaus Barbie oder Adolf Eichmann, die sich ins Ausland absetzen konnten, noch immer Verschlusssache. Was ja wohl heißt, angeblich geheimhaltungspflichtig im öffentlichen Interesse der Bundesrepublik Deutschland, was auch verhindert, dass die Öffentlichkeit Genaueres über die Rolle erfährt, die der Geheimdienst BND in Pullach dabei spielte.

Nach dem Tod Hilde Benjamins im Frühjahr 1989 fanden sich ihr Sohn Michael, seine Frau Ursula und ihre erwachsenen Kinder 1990 im vereinten Deutschland wieder, in dem die gerade geborenen Enkel bereits groß wurden. Für die Enkel war die DDR damit bereits Teil des Geschichtsunterrichts. Dabei ist es noch immer schwierig, vorurteilsfrei und historisch angemessen auf die Teilung Deutschlands, auf BRD und DDR, zurückzublicken und auf die Rolle und Funktion, die der Kalte Krieg beiden Teilstaaten zugewiesen hatte.

Die Berliner Psychotherapeutin Anette Simon beschrieb die beiden Staaten als »deutsche Zwillinge, Mutter Deutschland und Vater Faschismus«. Nunmehr vereint, wird das Genmaterial von Vater Faschismus erneut sichtbar. Schon wieder nationalistische Töne und rechtsextreme Dispositionen. Erneut wird Rechtsextremismus entweder unterschätzt oder verharmlost. Das hat Tradition und ist den Deutschen nie gut bekommen. Die Neigung, das vereinigte Land weiter in Ost und West aufzuteilen und jeweils mit dem Finger in die andere Richtung zu deuten und nur dort den braunen Unrat zu identifizieren, hat mit dazu beigetragen, die äußere Teilung durch die innere Trennung im vereinten Deutschland zu ersetzen. Auch deshalb dieses Buch.

Die Benjamins und ihr Leben und Leiden erinnern daran, dass es im Deutschen Geschichtsbuch nach 1871, dem Jahr der zweiten Reichsgründung, nicht viele Augenblicke gab, in denen Deutschland gute Gefühle weckte. Ein solcher Augenblick war wohl die unblutige Revolution 1989. Es waren die Menschen, die ihr Schicksal in die Hand nahmen und die Straße eroberten. Dass dies ohne Blutvergießen möglich war und dennoch revolutionäre Kraft hatte, war ein Geschenk, das wir vor allem, wenn nicht ausschließlich den Menschen in der DDR zu danken haben. Was die vielen Oppositionsgruppen sich damals erhofften und in das gemeinsame Deutschland einbringen wollten, blieb aber weitgehend ungehört. Manches davon trägt durchaus den Stempel: »Wiedervorlage«.

Potsdam, im Frühjahr 2014

1. KAPITEL
Kindheit um neunzehnhundert – ein Prolog

Da stehen sie, Georg und sein großer Bruder Walter, und auf flauschigem Fell sitzt Schwesterchen Dora. Mit ihnen schauen vier Cousinen in die Kamera. Vermutlich mussten sie längere Zeit hochkonzentriert warten, bis die Künstlerin Lili Strauss das Foto unter dem Blitzlicht abgebrannten Magnesiums im Kasten hatte. Georg Benjamin steht links, die rechte Hand liegt auf der geschwungenen Armlehne eines Chippendale-Stuhles, der um ein Vielfaches älter ist, als die Lebensjahre der Kinder zusammengezählt ergeben würden. Sie sind zwischen einem und elf Jahren alt. Auf dem Stuhl wie zwei Püppchen die Kleinen, rechts neben Walter die beiden größeren Cousinen, ganz vorn Dora. Ein Foto aus dem Jahr 1906.

Es ist eine Manifestation bürgerlicher Zufriedenheit. Weiße Kleidchen, die Röckchen liebevoll drapiert und angelupft, geben dem Foto Schwung: Kindermode um 1906 aus Chintz und mit fein geklöppelter Bordüre. Schleifchen und Lackschuhe bei den Kleinen und Kleider im Pepitamuster mit großem Kragen, der weiß abgesetzt und hochgeschlossen ist, bei den größeren Mädchen. Gertrud, ein Jahr älter als Georg, der am 10. September 1895, drei Jahre nach Walter, geboren wurde. Die Jungen tragen Matrosenanzüge.

Zwei jüdische Familien: Die Chodziesners, in die die Schwester von Pauline Benjamin, geborene Schönflies, eingeheiratet hatte. Cousine Gertrud Chodziesner schreibt unter dem Künstlernamen Gertrud Kolmar in den zwanziger Jahren Lyrik. Ihre Gedichtbände verbrennen 1933 auf den Scheiterhaufen der Nazis. Die Benjamin-Kinder sind Walter, Georg und Dora. Eine Kinderschar aus dem vergilbten Bilderbuch einer Epoche, die schon acht Jahre später in den ersten großen Weltkrieg münden sollte.

Krieg und Nachkrieg werden das Leben der Kinder entscheidend prägen. Noch herrscht der Optimismus der Gründerjahre. Die Dynamik der Industrialisierung und erste Versuche in der Luftfahrt sind Aufmacher in den Zeitungen. Ob die Benjamin-Kinder im Mai 1906 auch wie tausende andere Berliner Familien nach Tegel aufbrachen, ist nicht überliefert. Sie hätten dort das erste »halbstarre« Luftschiff aufsteigen sehen und das dringende Gefühl haben können, eine Zeitenwende zu erleben. Im selben Jahr fand erstmals ein Radrennen rund um Berlin statt.

Ob sich Vater Emil Benjamin in der »Vossischen Zeitung« über den Mannheimer Parteitag der Sozialdemokraten informieren konnte, vorausgesetzt, dass die bürgerlichen Blätter darüber überhaupt berichtet hatten, ist nur zu vermuten. Immerhin ging es 1906 dabei um nicht weniger als um die Trennung von Partei und Gewerkschaften, was vor allem der linke Parteiflügel mit Rosa Luxemburg und Karl Kautsky vehement bekämpft hatte. Die Trennung wurde dennoch mit großer Mehrheit bestätigt. In der Entschließung heißt es: »Die Gewerkschaften sind unumgänglich und notwendige Organisation für die Hebung der Klassenlage der Arbeiter innerhalb der bürgerlichen Gesellschaft; sie sind nicht minder notwendig als die sozialdemokratische Partei.«

Wie immer Emil Benjamin politisch dachte, sein kulturelles Interesse ist jedenfalls verbürgt. Er und Pauline werden sowohl der Nationalgalerie als auch dem Neuen Museum ihre Aufwartung gemacht haben, um sich an der »Jahrhundertausstellung deutscher Kunst 1775 bis 1875« zu erfreuen, die 1906 endlich mit mehr als 2000 Bildern und 300 Zeichnungen realisiert werden konnte und das gebildete bürgerliche Berlin anlockte. 1906 war auch Karrierebeginn der von den Berlinern adoptierten Diseuse aus dem Ruhrgebiet Claire Waldoff, deren Songs bis heute ein Publikum haben.

Im gleichen Jahr dieses Foto mit den Kindern der beiden großbürgerlichen assimilierten jüdischen Familien, das ein Miteinander zeigen soll und doch mehr ein Nebeneinander ausstrahlt. Walter Benjamin beschreibt in seiner »Berliner Kindheit um neunzehnhundert«, deren Manuskript er noch als Emigrant in Paris immer wieder überarbeitete, so dass sie in unterschiedlichen, nicht immer übereinstimmenden Ausgaben vorhanden ist, so ziemlich genau das Gegenteil dessen, was dieses Foto und sein absichtsvolles Arrangement zeigen wollte.

In kurzen Kapiteln sortiert er in der mir vorliegenden Ausgabe seine Kindheit, sprachlich immer mehr verdichtet und von allen Legenden befreit, ohne Schilderung gemeinsamer Streiche oder Abenteuer mit Freunden oder den Geschwistern, die Kindheitserinnerungen sonst mit Leichtigkeit begleiten. Die Geschwister, Cousinen, die Eltern und Großeltern haben »zwar alle ihren Buchauftritt, aber nur als Schattendiener der Dinge, nie als Menschen«, wie ein englischer Kritiker über Benjamins »Berliner Kindheit um neunzehnhundert« bemerkte.

Ganz fern nur schwebte die Mutter, einer Fee gleich, durch seine frühen Jahre. Für ihn ist sie eine Schönheit, die ihm noch in der Rückschau den Atem nimmt. Selbst wenn er nur beschreibt, dass die Eltern einer Abendeinladung folgten, für die sie das Haus verlassen mussten, lässt er erkennen, wie sehr er sie bewundert hat. Er schreibt: »An Abenden, da sie im Fortgehen war, mich tröstete, wenn sie in Gestalt des Kopftuchs, das sie schon umgenommen hatte, mich berührte. Ich liebte es und darum ließ ich sie nicht gern gehen. (...) Wenn dann von draußen mein Vater nach ihr rief, erfüllte bei ihrem Aufbruch mich nur noch der Stolz, so glänzend sie in die Gesellschaft zu entlassen. Und ohne es zu kennen spürte ich in meinem Bett, kurz bevor ich einschlief, die Wahrheit eines kleinen Rätselwortes: ›Je später auf den Abend, desto schöner die Gäste.‹«

Emil Benjamin ist in den Kindheitserinnerungen von Walter der ferne, oft abwesende Vater. Er ist sehr wohlhabend dank eines florierenden Handels mit Antiquitäten. Mehrfach reist er nach Paris, um dort kenntnisreich Teppiche und Möbel einzukaufen und auf dem Berliner Antiquitätenmarkt anzubieten. Möglicherweise hat dies in Walter die Neugier auf die ferne Metropole geweckt, die später zu seiner Lieblingsstadt wurde. In den zu Kleinstkapiteln geschrumpften Erinnerungen an diese Jahre, zwischen seinem Geburtsjahr 1892 und etwa 1912/13, wird auch deutlich, wie sehr er umgeben war von Attributen des Wohlstandes.

Wohlleben und Luxus sind für den kleinen Walter selbstverständlich und kommen ganz beiläufig daher. Dem Leser allerdings teilen sie sich unmittelbar mit, wenn Walter über die Vorbereitungen für eine Abendgesellschaft im Hause Benjamin mit gesetztem Essen schreibt: »... und das war mit einem Griff geschehen, durch den der Esstisch sich auseinandertat und eine Platte, in zwei Scharnieren aufgeklappt, den Raum zwischen zwei Hälften derart überbrückte, dass dreißig Leute an ihr unterkamen.« Walter half beim Decken mit »Gerätschaften wie Hummergabeln oder Austernmesser«. Er erzählt von grünen Römern, von kurzen, scharf geschliffenen Portweinkelchen, von filigran besäten Schalen für den Sekt und Näpfen für das Salz in Silberfässchen und den Pfropfen auf den Flaschen in Gestalt »schwerer metallener Gnome oder Tiere: Endlich geschah es, dass ich auf eines der vielen Gläser jedes Tischgedecks die Karte legen durfte, die dem Gast den Platz angab, der auf ihn wartete«.

Doch je näher der Abend kam und die Tafel ihren Glanz einzulösen hatte, den zu genießen allein den Gästen vorbehalten war, »desto mehr umflorte sich jenes Leuchtende und Selige, das es mir mittags noch versprochen hatte. Und wenn dann meine Mutter, trotzdem sie im Hause blieb, nur flüchtig eintrat, um mir gute Nacht zu sagen, dann fühlte ich verdoppelt, welches Geschenk sie sonst mir um die Zeit aufs Deckbett legte: das Wissen um die Stunden, die für sie der Tag noch hatte und das ich getrost, wie einst die Puppe, in den Schlummer mitnahm.«

Dennoch nimmt auch die Mutter in Walter Benjamins Kindheitserinnerungen kaum Gestalt an. Kann er sich wie ein Einzelkind gefühlt haben? Mehrfach kränkelnd? Einmal musste er mehr als ein Vierteljahr lang der Schule fernbleiben. Schon als Kind war er extrem kurzsichtig.

Später entfernte ihn das Internat von den Geschwistern. Und eben der Altersunterschied: drei Jahre zum Bruder, neun Jahre zur Schwester. Mit der damals im Vergleich zu heute später einsetzenden Pubertät waren sie für ihn, den Eigenbrötler und Einzelgänger, wohl zu kindlich, um als Vertraute oder Gesprächspartner Erwähnung zu finden.

Die Geschwister waren offenbar selten mit den Eltern zusammen. Ihr Ersatz war das Kindermädchen, später die Gouvernante. Kein Wunder, dass Walter selbst die flüchtige Nähe der Mutter abends am Bett wie ein seltenes Geschenk empfand, ein kurzes Streicheln über das Haar oder ein schneller, auf die Wange gehauchter Kuss. Er genoss es wie eine Auszeichnung, zugleich verbunden mit ungestillter Sehnsucht nach Zärtlichkeit und Zuwendung. So gewann der als sehr in sich gekehrt beschriebene Junge vor allem der Dingwelt um sich herum phantasievolles Leben ab, in dem die Mutter manchmal schemenhaft erscheint. Ein Freund beschreibt ihn als »versponnen, einsam, als äußerst egozentrisches Kind«. Seine Tiefe sei oft die Tiefe eines »engen, lichtlosen Schachtes, der mit der Umwelt nicht kommunizierte«.

Seine Phantasie beschäftigt sich immer wieder mit den Dingen, die sein Zimmer oder die Wohnung der Eltern bereithalten und die er zu eigenem Leben erweckt. In dem Kapitel »Wintermorgen« erzählt er in der »Berliner Kindheit um neunzehnhundert« von einer kleinen Begebenheit: Ein Kindermädchen heizt den Ofen in seinem Zimmer an und schiebt einen Bratapfel in die Röhre. Benjamin entfaltet daraus eine zauberhafte Welt, angestrahlt vom Feuer des Ofens, wo es sich vor Kohlen »kaum rühren konnte«. Und doch war es »ein Gewaltiges, das dort in nächster Nähe, kleiner als ich selbst, sich einzurichten begann und zu dem sich die Magd tiefer bücken musste als zu mir«. Er beschreibt eine »Reise durch das dunkle Land der Ofenhitze und den schaumigen Duft des Bratapfels, der aus einer tieferen, verschwiegenen Zelle des Wintertages kam als selbst der Duft des Baumes am Weihnachtsabend«.

Dass ihm in dem Buch die Eltern kaum in den Sinn kommen, auch nicht die Geschwister mag damit zusammenhängen, dass er das Manuskript erst in der Emigration, in Paris, abschließt, in der Phase seines kurzen Lebens, in der er sich unendlich verloren und materiell eingeschränkt fühlte. Das könnte unterschwellig dazu beigetragen haben, sich an Kindheitsbilder zu klammern, in denen Milch und Honig fließen und eine sorgenfreie materielle Sicherheit herrschte. Es ist das Leben im reichen Westen Berlins, das ihm Kindheit war: »In dies Quartier Besitzender blieb ich geschlossen, ohne um ein anderes zu wissen. Die Armen – für die reichen Kinder meines Alters gab es sie nur als Bettler.« Bestenfalls, so sinnierte sein Biograf Werner Fuld, gab es sie für ihn in der Vorweihnachtszeit, wenn den Handwerkern und Heimarbeitern erlaubt wurde, die Weihnachtsmärkte der Villenviertel mit dem selbst gebastelten Spielzeug, den Rauschgoldengeln und bronzierten Nüssen zu beschicken. Da hätte das Kind »dunkel ahnen können, dass es noch eine andere Welt als die seiner Klasse gab«.

Hier beginnt sich die Erfahrungswelt der drei Geschwister zu unterscheiden. Walter erlebte noch die ungebrochene Welt des jüdischen Berliner Großbürgertums, das im 18. Jahrhundert durch die Salons und im 19. Jahrhundert durch die rasante Industrialisierung in eine Aufstiegsgesellschaft führte, deren Liberalität und intellektuelle

Prägung auch jüdisch bestimmt war. Die war für Georg und Dora kaum noch zu spüren. Eine Berliner Gesellschaft, »getragen von kultureller Kreativität wie dynamisch-brutalem Erwerbssinn«, wie es in Klaus Siebenhaars »Berliner Gesellschaft« heißt, »die zusammengenommen eine Lebenskunst hervorbrachte, welche allmählich alles Enge und Provinzielle abstreifte, so dass Theodor Fontane beruhigt konstatierte: »(...) der Blick hat sich erweitert, er geht über die Welt.«

Die trügerische Sicherheit des Berliner Judentums, ihre Hoffnungen, ihr Denken und Fühlen noch im »Zeichen von Untergang und physischer Vernichtung« beschwört Lion Feuchtwanger in seinem Roman »Die Geschwister Oppermann«. Die Brüder Martin, Edgar und Gustav stehen für Weltoffenheit, für Kultur, für sprühende Intellektualität, und, wie Siebenhaar es sieht, sie sind Leitfiguren des wirtschaftlichen und kulturellen Modernisierungszentrums Berlin. Feuchtwangers Roman, in der Villa Aurora im amerikanischen Exil geschrieben, erinnert an den »Glanz und Esprit« dieser die Berliner Gesellschaft so nachhaltig prägenden jüdischen Großbürgerlichkeit. Die Tragik dieser Elite war, gerade auch im Bewusstsein der tiefen kulturellen Verwurzelung mit ihrem Deutschland, die Unfähigkeit, die Gefahr dessen rechtzeitig zu erkennen, was nach 1933 folgte.

Anders als bei Georg Benjamin und vor allem bei Dora, die sich im und nach dem Ersten Weltkrieg politisieren sollten, dauert es bei Walter länger, ehe er seinen politischen Standort erkennen lässt. Georg hatte als Soldat gelernt, sich von der Vorstellung zu trennen, dass es eine Oberklasse gibt, in der er quasi Geburtsrecht hat. Walter dagegen, der keine große Mühe hatte, als untauglich gemustert zu werden, verbringt seine Studienzeit über den Krieg hinaus an wechselnden Universitäten von Berlin und München über Freiburg bis nach Bern. Ein früher Studentenführer, der einer idealistischen und unpolitischen Jugendbewegung die Treue hält. Eine Haltung, die er auf die akademische Jugend übertragen wollte.

Der Ursprung dieses Denkens hat zu tun mit dem Wechsel vom Berliner Kaiser-Friedrich-Gymnasium in das Internat Haubinda in Thüringen. Er lernt dort die pädagogischen Ideen Gustav Wynekens kennen und damit ein Denken, das ihn mehr als ein Jahrzehnt bestimmt. Sein Biograf Werner Fuld konstatiert, dass er dort »ein Verfechter eigenwilliger Jugend und ein Protagonist der ›entschiedenen Jugendbewegung‹ wurde«. Er nahm bis zu seinem Bruch mit Wyneken Anteil an einem Denken, das bis in die Sprachbilder hinein ein Pathos entfaltete, das später schrecklich missbraucht wurde. So wurde Wyneken als »Führer« apostrophiert, und Martin Gumpert, Mitbegründer des »Anfangs«, einer Zeitschrift der Jugendbewegung, sprach im Blick auf die ersten Aufsätze über Führer und Gefolgschaft in der Zeitschrift von einer »mystischen Mitschuld am Nationalsozialismus«. Auch Wyneken ist später entsetzt darüber, was aus diesen Formeln seines Pathos »vom Einsatz für die Sache, vom Aufhören des Einzelnen, vom neuen Glauben« geworden ist. »Mit diesem Ruf«, zitiert ihn Fuld, »sind meine Freunde als Freiwillige in den Krieg gezogen und mit diesem Ruf auf den Lippen gestorben. Das Echo dieses Schreies ist in der Luft geblieben, vom falschen Messias erbeutet und entstellt, klingt es heute in den Ohren einer neuen Jugend, die neuem Elend entgegentaumelt.«

Die späte Einsicht Wynekens, der 1914 die Jugend noch

für den Krieg begeistern wollte, hatte Benjamin vorweggenommen, als er genau deshalb mit ihm brach. Anders
als Georg war er Teil »jener Jugend, aus der Hitler später
seine Anhänger gewinnen konnte, und hatte bereits ihr
Vokabular mitgeformt«, schlussfolgert sein Biograf. Nur
seine rechtzeitige Distanzierung von Wyneken habe ihn
vor der apologetisch vernichtenden Phrase einer »idea-
listisch missbrauchten Jugend« gerettet. Welch ein Anspruch an den kaum 18-jährigen Walter Benjamin, dessen
Politisierung gerade erst begann und der sich jedenfalls
der unglaublichen Kriegsbegeisterung dieser Jahre schon
aus eigener Einsicht entzog.

Dora war 1914 mit Beginn des Ersten Weltkrieges dreizehn Jahre alt und erlebte die Kriegsjahre und den Zusammenbruch des Kaiserreiches ohne die Erlebnisräume
der Brüder. Sie war nicht gefesselt an eine untergegan-
gene höfische Welt, die für Walter noch Wirklichkeit war,
aber schon für Georg kaum noch Bedeutung hatte. Georg
erlebte als Soldat den Wahnsinn des Stellungskrieges und
des Giftgaseinsatzes. Er war 1918 von der Front in das revolutionäre und aufrührerische Berlin zurückgekehrt und
sympathisierte mit den Soldatenräten und der Novemberrevolution 1918/19, die mit dem Kieler Matrosenaufstand
begann und mit der Ausrufung der Republik endete. Egon
Erwin Kisch, der Prager Weltbürger, vermittelt in seinen
Kriegstagebüchern, was Georg und seine Generation im
»Stahlgewitter« ertragen mussten. Eine Erfahrung, die
beide in die kommunistische Partei führte. Für beide war
die bürgerlich kapitalistische Welt an ihr Ende gekommen
und die Oktoberrevolution das Vorzeichen einer Gesellschaft der Gleichen und Freien.

Für Pauline und Emil Benjamin war die bestmögliche Erziehung und Bildung der Kinder selbstverständlich. Alle drei schlossen eine akademische Ausbildung ab. Vater Benjamins Handel mit Teppichen und Antiquitäten florierte. Er war Teilhaber eines Auktionshauses, Aufsichtsratsmitglied und Aktionär einiger anderer Berliner Firmen und Anteilseigner am »Eispalast«, der später in Berliner Scala umbenannt wurde. Walter begleitete den Vater einmal in den Eispalast, wo er viele der seltsamen Gestalten, die nur eine Großstadt hervorbringt, aus der sicheren Rangloge beobachten konnte. Unter ihnen befand sich jene Hure in einem weißen, sehr eng anliegenden Matrosenanzug, die, nach Walters eigenem Bekunden, seine erotischen Phantasien auf viele Jahre bestimmte.

Sein Frauenbild ist vielfach als konservativ beschrieben worden. Aber es ist vielschichtiger, oft männlich arrogant und dann wieder von dem Wissen bestimmt, wie sehr ihm Frauen überlegen sind. Frauen spielen in seinem Leben immer wieder eine wichtige Rolle. In der Jugend lebt er seine Sexualität auf dem Liebesmarkt aus, was er nicht verschweigt, und lernt erst nach und nach zu begreifen, welche Ausbeutung da vorliegt. Er beschreibt in dem Kapitel »Tiergarten« seiner Kindheitserinnerungen einen irritierenden Moment, der mehr bedeuten könnte als das, was er eher zwischen den Zeilen erkennen lässt. Es geht erneut um sein Frauenbild. Er nimmt als Metapher: einen Müßiggänger, der sich in der Stadt verirrt. »Da müssen Straßennamen zu dem Irrenden sprechen wie das Knacken trockner Reiser und kleine Straßen im Stadtinnern ihm die Tageszeiten wie eine Bergmulde widerspiegeln.« Diese Kunst habe er erst spät erlernt. Sie habe

»den Traum erfüllt, von dem die ersten Spuren Labyrin-
the auf den Löschblättern meiner Hefte waren«. Dann
kommt ihm noch ein anderes Bild labyrinthischer Erfahrung in die Erinnerung, dem die Ariadne nicht gefehlt
hat. Der Weg in dieses Labyrinth führte über die Bend-
lerbrücke, »deren linde Wölbung die erste Hügelflanke
wurde. Unweit vor ihrem Fuße lag das Ziel: Der Friedrich
Wilhelm und die Königin Luise, die auf runden Sockeln
aus den Beeten ragten wie gebannt von magischen Kurven, die ein Wasserlauf vor ihnen in den Sand schrieb.«

Begleitet von seinem »Fräulein«, besucht er seinen
Lieblingsplatz im Tiergarten. Einen Platz, der durch
nichts verraten habe, dass hier, nur wenige Schritte von
dem Korso der Droschken und Karossen entfernt, »der
sonderbarste Teil des Parks schläft. Hier nämlich oder unweit muss ihr Lager Ariadne abgehalten haben, in deren
Nähe ich zum erste Male, und um es nie mehr zu vergessen, das begriff, was mir als Wort erst später zufiel: Liebe.
Doch gleich an seiner Quelle taucht das Fräulein auf, das
sich als kalter Schatten auf sie legte.«

Diese irritierende Erfahrung ist wie ein Hinweis darauf, dass sein Frauenbild der Ariadne gleicht, die ihn, am
Faden haltend, aus allen Verirrungen holt, wie sie ihn
auch auf den Weg zu Luise führte, die steinern auf hohem
Sockel stand. So wie seine Frau Dora Sophie Pollak oder
seine große Liebe Asja Lacis? Und stand nicht auch seine
Mutter für ihn auf hohem Sockel?

Mutter und gleichermaßen der Sohn wussten nichts
über die Geschäfte des Vaters. In der patriarchalischen
Welt um 1900 blieb es das Geheimnis des Familienober-
hauptes, der keinen Anlass sah, darüber zu reden, wie er
den Unterhalt für die Familie verdiente. Im Hause hatte

wiederum allein die Mutter die Schlüsselgewalt über alles, was in diversen Schränken und Kommoden verborgen war. Bei mancher Gelegenheit fand Walter auf diese Weise Zugang zu dem, was er den »Silberschatz« der Familie nannte. Darunter jeweils im dreißiger Satz Messer und Gabeln, Hummerbesteck, Löffel für Suppe und Dessert und verschiedenste Messerbänkchen. Dazu Tischdecken und Servietten aus schwerem Leinen. Im Haus an den Wänden zeitgenössische bildende Kunst in schweren Rahmen und in Flur und Garten Kopien griechischer Götter und sicher auch Originale, die Emil auf dem florierenden Markt griechischer oder ägyptischer Kunst in Paris, aber auch in Berlin erstand.

Es gab eben nicht nur die Nofretete, die James Simon ganz legal nach Deutschland ausführen konnte, als sie bei einer von ihm finanzierten Ausgrabung im Tal der Könige in Ägypten in ihrem unfassbaren Ebenmaß aus der Erde gehoben wurde. Er vermachte sie später großzügig der Stadt Berlin. Simon stand für ein Mäzenatentum, das typisch war für die jüdische Gesellschaft in der preußischen Hauptstadt.

Mit Unterbrechung der vier Kriegsjahre war auch Georg Benjamin immer in Berlin zu finden, wo er sein Medizinstudium zum Kinderarzt absolvierte. Dora und Georg hatten daher den engsten Kontakt miteinander. In Georgs Praxis half Dora mit, sooft es das Studium zuließ. Für sie waren die Erfahrungen mit den Kindern, die Georg behandelte, die oft unterernährt waren und auf der Straße leben mussten, auch Grundlage für ihre Dissertation, in der sie die Lage der Heimarbeiterinnen für Familie und Kindererziehung untersuchte.

Nach dem Studium und im Beruf zeigten die Benjamin-

Kinder erst im jungen Erwachsenenalter in den zwanziger Jahren immer wieder geschwisterliche Hilfsbereitschaft, etwa bei Gelegenheit einer Ausstellung, die wesentlich von Dora kuratiert wurde, und sie ließen dabei erkennen, dass sie die Welt um sich herum mit zunehmend gleichen Augen sahen, mit wachsender Skepsis, aber als linke Intellektuelle mit ähnlichen politischen Hoffnungen. Gemeinsame Interessen entwickelten sie aus dieser politischen Haltung, wobei Walter nur dann und wann dabei sein konnte. Anders war es in der Emigration, die Dora und Walter, bis zum Überfall der Wehrmacht auf Frankreich, gemeinsam in Paris verbrachten. In dieser Zeit wachsen sie mehr zusammen, als in all den Jahren zuvor dazu Gelegenheit war.

Im Lesesaal des Benjamin-Archivs in der Luisenstraße, im Schatten des Charité-Hochhauses in Berlin, erscheinen auf dem Bildschirm des Computers Briefe, die Dora oder Georg an Walter geschrieben haben. Die wissenschaftliche Mitarbeiterin des Archivs hat sie vorsorglich für den Besucher aufgerufen. Ein Klick, und sie werden auf dem Bildschirm sichtbar. Sie führen in die Zeit der Emigration nach Paris und zeugen von großer Herzlichkeit der Geschwister untereinander. Der Lesesaal mit seinen sechs Schreibtischen ist an diesem Vormittag ausgebucht. Großrahmige Fotos im Garderobenraum und an den Wänden erwecken den Eindruck, als ob Walter Benjamin den Besuchern über die Schulter schaut. Und immer wenn ich die Post lese, die da vor fast acht Jahrzehnten abgeschickt wurde und seinen Adressaten fand, habe ich ein unwohles Gefühl. Es braucht immer wieder Überwindung, trotz der Jahre, die dazwischenliegen, als Mitleser die Intimität dieser Briefe zu stören.

Im Februar 1935 schreibt Dora zum Beispiel aus Paris ihrem Bruder Walter nach Dänemark, wo er Gast im Hause seines Freundes Bertolt Brecht ist, dass es ihr gesundheitlich etwas besser gehe und welche Schwierigkeiten sie habe, eine bezahlte Arbeit zu finden. »Aus Berlin«, heißt es dann, »habe ich regelmäßig ganz gute Nachrichten«, und ob sie ihm schon mit anderer Post darüber geschrieben habe, dass eine Freundin auf ihren Wunsch hin »zu Weihnachten sehr schöne Bilder von Georg gemacht hat«. Sobald sie die bestellten Abzüge in den Händen habe, werde sie ihm eins schicken. Dann beschreibt sie vor der Abschiedsfloskel, dass in Paris »tiefer Winter mit dickem Eis auf den Straßen und eisigem Winde« herrsche.

Georg war Weihnachten 1933 überraschend aus der »Schutzhaft« entlassen worden. Wie er waren tausende Kommunisten und Sozialdemokraten nach dem Reichstagsbrand verhaftet und in Konzentrationslager gebracht worden. Er war drei Jahre in Freiheit, ehe er 1936 erneut verhaftet wurde. Jetzt, da sie nur schwer Kontakt halten können, suchen sie einander auf, und sei es nur in Briefen oder guten Gedanken. Und Walter mag Dora in Paris von seinem engsten Freund Gerhard Scholem erzählt haben, von seiner Ehe mit Dora Sophie Pollak und ihrem Scheitern und seiner großen Liebe zu Asja Lacis.

Für Walter hatte es im Jahre 1915 anlässlich einer Diskussion über einen Vortrag von Kurt Hiller über den »Sinn der Geschichte« eine schicksalhafte Begegnung gegeben, als er erstmals Gerhard Scholem traf. Wenig später lud er ihn zu einem Gespräch in die väterliche Grunewaldvilla ein. Es wurde der Beginn einer lebenslangen Freundschaft, eines lebenslangen Dialogs und eines Briefwechsels, der für das Denken Walter Benjamins von allergrößter Bedeutung war und – wie sein Biograf schreibt – »bedeutend für das Verständnis Benjamins und unentbehrlich für seine Schriften«.

Walter hatte 1917 Dora Sophie Pollak, geborene Kellner, geheiratet und mit ihr einen Sohn, Stefan, der 1918 geboren wurde. Freunde beschrieben die Ehe als schwierig. Sie wurde nach 13 Jahren geschieden. Die Scheidung wurde zum Rosenkrieg, der von einer Heftigkeit war, die Walter und Dora über Jahre auseinandertrieb. Als Walter dann aus Deutschland floh und nach Paris emigrierte, kamen sie sich erneut näher. Immer wieder gab Dora Sophie ihm kostenlos Unterkunft in ihrer Pension an der Riviera, wenn er finanziell mal wieder in größten Schwierigkeiten war.

Als Ehepartner hatten sie um 1920 gemeinsam die Auseinandersetzung mit Vater Emil zu verkraften, der dem Sohn mitteilte, dass er ihn und seine Familie nicht weiter finanziell unterstützen könne. In Briefen Walters ist das nachlesbar: Um Kosten zu mindern, sollte das Ehepaar mit in die Grunewaldvilla ziehen und damit die eigene Wohnung aufgeben. Gleichzeitig drängte der Vater darauf, dass Walter endlich seinen Lebensunterhalt allein bestreiten sollte. Er schlug ihm vor, in den Buchhandel oder die Verlagsbranche zu gehen. Grund für diese Forderung war die angeblich schlechte Geschäftslage, und es kam zum großen Krach. Walter schien es unvorstellbar, dass er sich zurück in das Elternhaus begeben und sich und seine Familie unter die Kuratel seines Vaters stellen sollte. Die Haltung Emil Benjamins führte dazu, dass Walter mit Frau und Sohn vorübergehend zu dem befreundeten Ehepaar Gutkind zog.

Die Atmosphäre des jüdischen Haushaltes der Gutkinds

regte Walter an, Hebräisch zu lernen. Während weder Georg noch Schwester Dora auf ihre jüdische Identität rekurrierten, sah sich Walter von den Gutkinds und seinem Freund Gerhard Scholem gedrängt, sich intensiv mit jüdischem Gedankengut zu beschäftigen. Gleichzeitig wurde ihm nahegelegt, nach Palästina zu ziehen, was Scholem, der nach Palästina auswandern wird und später als Professor an der Universität in Jerusalem lehrte, ihm immer wieder auch nach 1933 empfahl. Für Benjamin wäre die Auswanderung nach Palästina nach eigenem Bekunden so etwas wie die Flucht eines in Europa Gescheiterten gewesen, was ihn immer zögern ließ, darin eine Alternative zu sehen. Scholem hingegen sah Palästina nicht als Flucht, sondern als Heimkehr, keine Resignation, sondern Hoffnung.

Walter hoffte auf eine Habilitationsaussicht in der Schweiz. Er war noch einmal zu einer Unterredung mit den Eltern nach Berlin gereist, wo die Situation derart eskalierte, dass er notierte: »Hier ist die erste Woche fürchterlich verlaufen.« Nach einem Monat mit Familie in der elterlichen Villa kam es zum totalen Bruch. Später sagt er über diese Zeit, »dass es mir elend gegangen ist wie fast nie in meinem Leben«. Auch Georg Benjamin zieht aus der Villa der Eltern aus und in ein Ledigenheim, das ihm das Gefühl gibt, näher bei den Menschen zu sein, deren Elend er als Arzt erkennt und für deren Belange er später als Bezirksabgeordneter für die Kommunistische Partei auch politisch eintritt.

Die Familie zerbrach. Zu unterschiedlich waren die Haltungen und Werte, die sich jeweils für Emil und Pauline Benjamin an einer untergegangenen und für Walter, Georg und Dora an einer erhofften, vielleicht heraufziehenden

Welt orientierten. Emil und Pauline blieb es erspart, den Zusammenbruch ihrer Welt und das kulturelle und zivilisatorische Desaster der Nazizeit zu erleben. Emil starb 1926, und Pauline folgte ihm vier Jahre später.

Das einzige Mal, dass Dora in den Kindheitserinnerungen Walter über den Weg läuft, lässt sich dem vorletzten Kapitel mit dem Titel »Der Mond« entnehmen, das von einem Traum erzählt. Wenn der Mond ihm als nächtlicher Besucher in sein Zimmer scheint, beschreibt er einen Moment, in dem der Erdtrabant zum Mythos des Unheils wird, das da heraufzieht. Ein Unheil, das auch Walter als Emigrant und Flüchtling ereilen wird und das er ahnungsvoll so beschreibt: »Der Mond, der voll am Himmel gestanden hatte, war plötzlich immer schneller angewachsen. Näher und näher kommend, riss er den Planeten auseinander. (...) Und das Geländer des Balkons (...), auf dem die Meinigen mich ein wenig starr umgaben wie auf einer Daguerreotypie, es zerfiel in Stücken, und die Leiber, die ihn bevölkert hatten, bröckelten geschwind nach allen Seiten auseinander. Wo ist Dora?«, hörte er seine Mutter rufen.

Es war Dora, die eines Tages, vermutlich um 1920, ihre Freundin Hilde Lange mitbrachte und sie der Familie im Grunewald vorstellte. Dabei werden sie auch, hoffentlich öfter lachend, über ihre Erfahrungen an der Universität erzählt haben, wo Studentinnen noch immer eine Ausnahme waren. Dora studierte Betriebswirtschaft und Hilde Jurisprudenz, eine Männerdomäne, in der durchzuhalten es Kraft und Stehvermögen brauchte. Dora und Hilde stützten und ermutigten einander, um der chauvinistischen Wirklichkeit an den Hochschulen und unter den Professoren zu trotzen. Ihre Freundschaft sollte buch-

30

stäblich ein Leben lang dauern. Nur während der NS-Zeit waren sie getrennt, als Dora nach Paris und später in die Schweiz emigriert war. Aus Hilde Lange wurde Hilde Benjamin, sie und Georg hatten einander gefunden und geheiratet. Eine Liebe auf den zweiten Blick.

2. KAPITEL
Die Benjamins

Rotkäppchen-Sekt perlt im Glas. Zeit, endlich anzustoßen. Die kleine rundliche Frau hat sich mit einer kurzen Rede bedankt. Tuscheln und Lachen und freundliche Nervosität um sie herum. Blumen und Grußkarten werden hereingereicht. Es ist der 5. Februar 1967, Hilde Benjamin, Justizministerin der DDR, feiert ihren 65. Geburtstag. Das Geschenk, das ihr die Mitarbeiter ihres Ministeriums gerade feierlich überreicht haben, ist ein schmucker Pappkarton, fünfeinhalb Kilogramm wiegen die darin gesammelten Dokumente und Manuskripte, auf genau hundert mit Pappe verstärkten DIN-A-4-Seiten, Daten und Fakten, von der Geburt in Bernburg bis zum heutigen Geburtstag, den sie in Ostberlin, Hauptstadt der DDR, feiert. Die Freude ist ihr anzusehen. Neugierig blättert sie durch, was ihre Mitarbeiter zusammengetragen haben. Auf der ersten Seite prangt in Schmuckbuchstaben handgeschrieben die Widmung: »Unserer Genossin Dr. Hilde Benjamin ...« Die Genossen haben das Geschenk edel verpackt: Der grün schimmernde Karton wirkt wie mit Leder überzogen. Drei elegante, in sich verschachtelte Quadrate sind der goldene Schmuckrahmen auf dem Deckel; goldgeprägt ist auch die schwungvolle Unterschrift der Jubilarin (»Dr. Hilde Benjamin«). Auf den hundert durchnummerierten Seiten, nur die letzten sechs bleiben leer, finden sich amtliche Dokumente, Fotos, Briefe, Zeitungsausschnitte als »nach Sinn und Absicht (...) bescheidene Arbeit überreicht«, heißt es im Geleit aus der Feder ihres Stellvertreters.

47 Jahre später hebt Ursula Benjamin, Hildes Schwiegertochter, mit einiger Anstrengung den gut erhaltenen Karton auf den kleinen runden Tisch, der in der Bibliothek ihrer Wohnung steht. Sie lebt in einem östlichen Bezirk von Berlin. Seit dem Tod ihres Mannes Michael verwaltet sie auch den Nachlass ihrer Schwiegermutter, den noch der Sohn geordnet hatte.

Hier sitzen wir zusammen und sprechen über Hilde und Michael, über Mutter und Sohn, über DDR und BRD. Auch darüber, warum die DDR bereits seit mehr als zwanzig Jahren Geschichte ist. Meist finden sich zwei der sechs Enkel ein, Laura und manchmal Jakob. Beide haben ein herzliches Verhältnis zur Großmutter, wie alle Enkel. Ihr Sohn Georg, Vater von Laura und Jakob, lebt und arbeitet in Kiew. Um Verwechslungen zwischen ihm und dem gleichnamigen Großvater zu vermeiden, rät Georg bei einem Aufenthalt in Berlin, ihn im Buch nicht Georg, sondern Grischa zu nennen, es sei sein Kosename: »So nennt mich ohnehin jeder.«

Wir trinken Tee oder Kaffee. Manchmal ist es, als säßen die mit am Tisch, von denen überwiegend die Rede ist und über die ich schreiben will; Grischas Großvater Georg und sein berühmter Bruder Walter Benjamin. Ihre Briefe sind bei Ursula verwahrt, und ich darf in ihnen lesen. In jeder Zeile über ihren Alltag damals, vor dem Ersten Weltkrieg, in der Zeit der Weimarer Republik und nach der Machtübernahme der Nazis, finde ich darin Hoffnungen und

Schrecken. Walter Benjamin und Georg Benjamin, der zwei Jahre jüngere Bruder, »Arzt und Kommunist«. So lautet auch der Titel eines kleinen Buches über ihn, der bis zu seiner Verhaftung 1933 amtlicher Schularzt im Wedding war. Und auch Hilde Benjamin, geborene Lange, Georgs Frau, und ihr Sohn Mischa, der unter den Nazis als »Mischling« geführt wurde, Vater Georg Benjamin war Jude, Hilde hatte den »Ariernachweis«.

Von deutschen Leben ist also zu erzählen, von Biografien mit Erfolgen und Irrtümern ist hier zu berichten. Sie wollten eine gerechtere und humanere Welt als die, die sie vorfanden. Sie sind auf der politischen Linken zu finden und zeigen sich abgestoßen von der rassistischen Menschenfeindlichkeit der Nazis. Geboren um die Wende zum 20. Jahrhundert, wollen sie ihr Schicksal selbst in die Hand nehmen, das geprägt ist von Herkunft und späterer Überzeugung. Eine Familiengeschichte.

Hildes gesammeltes Leben auf 100 Seiten ist eine wichtige Quelle im Nachlass der Benjamins. Mit ihrer Durchsicht beginnt meine Recherche. Sie alle waren im Widerstand gegen den Nationalsozialismus. Hilde und Georg in der Kommunistischen Partei und Walter Benjamin mit der Macht der Worte, als Kritiker und Autor sowie als Mitarbeiter am Institut für Sozialforschung in Frankfurt, wo die berühmten Professoren Horkheimer und Adorno lehrten und forschten. Auch die Jüngste im Haushalt der Benjamins, Schwester Dora, gehörte dazu.

Ursula verwahrt auch den Nachlass ihres Mannes, Hildes Sohn Michael Benjamin, Jahrgang 1932, er war Jurist und Professor, in Rechtswissenschaft und Rechtsphilosophie zu Hause, er starb im Jahr 2000. Auch er war Kommunist, einer, der nach dem Ende der von Moskau dominierten realsozialistischen Welt wortreich über die Ursachen ihres Untergangs nachdachte. Michael Benjamin, seine Frau Ursula und ihre erwachsenen Kinder Grischa und Simone erlebten die Vereinigung als Bürger der DDR. Für die Enkel Laura und Jakob Benjamin, beide zur Wendezeit geboren, ist die Geschichte der Deutschen Demokratischen Republik die ihrer Eltern und Großeltern und Teil des Schulunterrichts. Ihr Leben beginnt danach.

Über die Benjamins zu schreiben heißt, einzutauchen in das blutige 20. Jahrhundert. Das heißt auch, zu zwei Weltkriegen und dem Erlebnis der Nazidiktatur den eigenen Standort zu finden. Für mich sind die Benjamins auf unterschiedliche Weise spannende Zeugen der jüngeren deutschen Geschichte. Ihren Widerstand bezahlten Georg und Walter Benjamin mit dem Leben.

Nur selten kann geschwisterliche Nähe entstehen. Zu oft waren sie auseinandergerissen. Die Geschwister Walter und Georg und Dora erlebten schon den Ersten Weltkrieg an unterschiedlichen Schauplätzen. Prägend die Hungerjahre danach, die ihr soziales und politisches Engagement formten. Dora bewundert das soziale Engagement von Georg, mit dem sie nach ihrem Studium zeitweilig eng zusammenarbeitet.

Georgs anfängliche Kriegsbegeisterung war angesichts des mörderischen Stellungskrieges und der Millionen toten Soldaten schnell vorbei. Er lernte jeden Tag zu hassen, den er als Soldat erlebte. Seinem Bruder war es gelungen, sich dem Kriegsdienst zu entziehen. Er war extrem kurzsichtig und konnte, mit hilfreichen Attesten ausgestattet, den Weg an die Front vermeiden und stattdessen zum weiteren Studium nach München und Bern gehen.

1918, nach seiner Rückkehr von der Front, begann Georg ein Medizinstudium und wurde amtlicher Schul- und Kinderarzt im Wedding. Das aufrührerische und revolutionäre Berlin der frühen Nachkriegszeit und die deprimierende soziale Lage im proletarischen Berlin brachten ihn über die USPD, einer linken Abspaltung der SPD, zur Kommunistischen Partei. Georg Benjamin kandidierte erfolgreich für die KPD als Abgeordneter in der Bezirksverordnetenversammlung in Wedding. Er zog in ein Ledigenheim, wo er denen näher war, deren soziale Lage ihn beschämte und die er zu lindern suchte.

Dora, 1901 geboren, erhielt ebenfalls eine in aufklärten großbürgerlichen jüdischen Familien selbstverständliche akademische Ausbildung. Sie besuchte die Gymnasialkurse für Mädchen und lernte dort die spätere Freundin Hilde Lange kennen, ein Jahr jünger als sie. Dora studierte Nationalökonomie, promovierte an der Universität Greifswald. Später arbeitete sie in verschiedenen Bereichen der Sozialfürsorge und für das sozialistische Gesundheitshaus in Kreuzberg. Sie führte die Freundin zu Hause ein, und so fügte es sich, dass Georg und Hilde sich nahekamen, sich verliebten. 1926 heirateten sie.

Hilde gehörte zu den ersten Frauen, die Rechtswissenschaften studierten; seit kurzem konnten Frauen auch das zweite Staatsexamen ablegen. 1928 wird sie sich im Wedding als Anwältin niederlassen, wo schon Georg seine Arztpraxis hat. Sie gründet eine Anwaltskanzlei, verlässt die SPD und tritt wie Georg in die Kommunistische Partei ein. Bis zur Machtübernahme der Nazis 1933 haben sie gerade noch fünf gemeinsame Jahre vor sich – und erstmal eine Durststrecke: Erst in den beiden letzten Jahren konnten sie auch materiell aufatmen.

Endlich reichte das Einkommen für eine größere Wohnung.

Hildes Schwester Ruth, 1908 geboren, wird 1927 Deutsche Meisterin im Kugelstoßen und stößt mehrfach Weltrekord. Bruder Heinz Lange wird Ingenieur. Die Eltern, Adele und Walter Lange, hatten ihnen ein liberales Zuhause geboten. Der Vater wechselte von den Solvay-Werken in Bernburg als Direktor zu einer Firma des Konzerns in die Reichshauptstadt. Berlin wurde das neue Zentrum der Familie.

Als die Nazis im März 1933 an die Macht kommen und der brennende Reichstag eine erste Welle der Verhaftungen von Kommunisten und Sozialdemokraten auslöst, wird auch Georg verhaftet und in das KZ Sonnenburg gesperrt. Hilde erhält Berufsverbot. Das entsprechende Schreiben trägt die Unterschrift von Roland Freisler, der später als Präsident am »Volksgerichtshof« auch die Geschwister Scholl (Weiße Rose) und die Hitler-Attentäter des 20. Juli 1944 zum Tode verurteilt. Er war für tausende Todesurteile verantwortlich.

1933 fliehen Walter und Dora Benjamin aus Deutschland und emigrieren nach Frankreich. Da Georg zu dieser Zeit von den Nazis in »Schutzhaft« genommen wurde und damit Emigration nicht möglich war, beginnt für Hilde die Schreckenszeit der nationalsozialistischen Rassenpolitik. Sie bangt um das Leben ihres jüdischen Mannes und um den gerade einjährigen Sohn Michael, der als »Mischling« unter die Rassegesetze der Nationalsozialisten fällt. Es wird ein Martyrium von zwölf Jahren, ehe Berlin von der Roten Armee befreit und für Hilde ein Neuanfang möglich wird.

Auf einer Seite ihres von den Mitarbeitern zusammengestellten Lebenslaufs klebt das offizielle Ministerfoto. Hilde Benjamin sitzt hinter ihrem Schreibtisch. Darauf unscharf einige Papiere, die sie mit der linken Hand fasst und zusammenschiebt, die rechte Hand nach innen gedreht, leicht erhoben, ganz entspannt. Es ist sichtbar die erfahrene erklärende Frau, die das Gegenüber aufmerksam betrachtet. Das Foto ist auch Inszenierung, es will Gewissheit vermitteln über das Ziel: Gemeinsam voran für den Sozialismus. In ihrem Gesicht sind die Erfahrungen eines Lebens zu lesen. Zum Zeitpunkt des so sorgfältig zusammengestellten Geschenks können ihre Mitarbeiter noch nicht wissen, dass sie zwei Jahre später aus dem Ministeramt entlassen wird. Sie ist – so heißt es – aus der Gnade Ulbrichts gefallen, bleibt aber Vorsitzende der Kommission zur Reform des Strafgesetzbuches (StGB).

Die dritte Seite der biografischen Sammlung trägt die Unterschrift ihres Stellvertreters Hans Ranke und den Titel »Zum Geleit«. Dort steht, dass es sich um einen Beitrag aus »festlichem Anlass« handele, der ein »Stück des Lebens, Schaffens und Kämpfens der Hilde Benjamin für das Recht und mit dem Recht in doppeltem Sinne« zeige. Gewürdigt wird ihr Kampf für das »Recht der Unterdrückten« in einer Zeit, als »der Rechtsanwalt und das Mitglied der Kommunistischen Partei Genossin Hilde Benjamin vor den Gerichten und Arbeitsgerichten für die Rechte der Werktätigen eintrat«. Dazu passen Dankesbriefe von Genossen, die damals vor Gericht erfolgreich von ihr verteidigt wurden. Darunter auch ein Prozess im Oktober 1930 vor dem Arbeitsgericht. Walter Kranewitz, Parteiveteran aus Fürstenwalde, erinnert daran, dass Hilde Benjamin seine Verteidigung übernommen hatte. Er war als Betriebsrat fristlos entlassen worden: »Ihr Anwaltswissen

war größer als das des Betriebsleiters, der diese Kündi-
gung ausgesprochen hatte; überlegen konnten wir als Sieger über die Weltfirma Pintsch hervorgehen. Unterschrift
Walter Kranewitz.«

Das Inhaltsverzeichnis hat dreißig Kapitel. Sie erzählen
von Klassenkampf und Klassenjustiz, vom Eintritt in die
Partei und davon, dass die Partei der Lebensmittelpunkt
war, von politischen Niederlagen und dem Überleben als
Kommunistin im Nationalsozialismus. Und von der großen Hoffnung auf den sozialistischen deutschen Teilstaat
DDR, der den Faschismus überwinden und den Kapitalismus widerlegen würde. Dennoch schafft der in der ed-
len Kassette gesammelte Lebensstoff eher Distanz als
Nähe. Er erzählt von Ministerin Dr. Hilde Benjamin. Die
andere Hilde zeigt sich darin nicht, die Mutter, die ihrem
Sohn die Lehrerin ersetzt, weil er nach 1942 keine höhere
Schule besuchen durfte. Die liebende Frau, die ohne
Rücksicht auf ihre eigene Sicherheit hinter den Mauern
der Gefängnisse der Nazis hartnäckig nach dem Gefangenen Georg Benjamin sucht und die ihn immer wieder findet, bis sie ihn nicht mehr erreichen kann.

Seltsam, wie wenig die dreißig Kapitel aus ihrem Leben
am Ende mitteilen können. Sie sind wie ein Paravent, der
den Menschen dahinter nur schattenhaft erkennen lässt.
Doch auch diese offizielle Seite gehört zu Hilde Benjamin, die da als sozialistische Kämpferin ausstaffiert wird,
deren Herz nur für die Partei, für die Sache des Proletariats schlägt. Es gibt Hinweise, dass sie in den ersten
Jahren der DDR genau so gesehen werden wollte. Der Paravent, der nur das Bild der braven Parteisoldatin hervor-
treten lässt, bietet auch Schutz, den sie vielleicht brauchte.
Anders als Georg Benjamin stammt sie zwar nicht aus

großbürgerlicher Familie, ist aber viel zu intellektuell, um als proletarische Kämpferin durchzugehen. Also zeigt sie wenig von dem, was sie mitfühlend in ihren Briefen an Georg erkennen lässt: der Tapferkeit, mit der sie ihm zur Seite stand und die sie auch für die jüdischen Freunde aufbrachte, die immer auf ihre Hilfe zählen konnten. Diesen Teil hielt sie verschlossen, aufgehoben für den Sohn, später für die Enkel und Urenkel, er ist nachzulesen in ihren gesammelten privaten Briefen und Zeugnissen.

1945, als auf der Reichstagsruine bereits die rote Fahne mit Hammer und Sichel weht, erfährt Hilde Benjamin vom Selbstmord ihres Schwagers Walter Benjamin, dessen Fluchtweg über die Pyrenäen an der spanischen Grenze in Portbou an der Costa Brava endete. Mit fünfjähriger Verspätung erreicht sie die Nachricht in einem Brief ihrer Freundin Dora. Die hatte den Krieg in der Schweiz überlebt. Dora wird Hilde sicher auch über die gemeinsame Arbeit mit ihrem Bruder Walter und von ihrem bedrückenden Leben in der Pariser Emigration berichtet haben, wo sie auf eigene wissenschaftliche Ambitionen verzichtete und dem Bruder bei der Abfassung seiner Manuskripte half. Dora engagierte sich in Paris zudem für die Flüchtlingskinder in der Organisation »Assistance Médicale aux Enfants des Réfugiés«.

Ein Jahr später ein weiterer Brief; diesmal ist es amtliche Post der Schweizer Behörden, die nach Verwandten der im Exil verstorbenen Dora suchen. Das Schreiben hatte den Umweg über New York und das dorthin verlagerte Frankfurter Institut genommen, ehe es Hilde in Berlin erreichte. Das Erbe, um das es dabei geht, besteht aus ein paar Büchern und wenigen persönlichen Dokumenten. Dora war völlig verarmt und wurde 1942 von der

Schweiz nur deshalb nicht nach Frankreich zurück- und damit in den sicheren Tod in einem deutschen Vernichtungslager geschickt, weil sie, bereits todkrank, den Transport nicht überlebt hätte.

Dennoch, krebskrank im letzten Stadium, nahm sie im Juni 1945 noch an einer Flüchtlingskonferenz in Montreux teil. Wie schon in Paris streitet sie erneut für die Verbesserung der Lage der Flüchtlingskinder. Die kleine grauhaarige Frau, die für die Konferenzteilnehmer sichtbar selbst dem Ende ihres Lebensbogens nahe war, plädierte leidenschaftlich dafür, nicht zu vergessen, dass die durch Flucht und Deportation ihrer Eltern traumatisierten Kinder Teil der Jugend seien, in deren Händen der Wiederaufbau Europas liegen werde. Ein Jahr später ist sie tot, gerade 45 Jahre alt. Sechs Jahre zuvor Walter Benjamins Selbstmord, um seiner Verhaftung durch die französische Polizei und der Überstellung an die Gestapo zu entgehen. Er wurde 48 Jahre alt. Zwei Jahre nach ihm, 1942, endete das Leben seines Bruders Georg im Starkstrom führenden Stacheldraht des Vernichtungslagers Mauthausen. Eine Familie in Deutschland.

Als Hilde Benjamin den Brief erhält, der ihr aus Doras Feder von Walters Tod berichtet, weiß sie nicht, dass ihre Freundin den beiden Brüdern so schnell nachfolgen würde. Was für Gedanken sind es, die sie mit dem Brief in der Hand verfolgen? Was kann ein Mensch ertragen? Ihr bleibt Sohn Mischa, den sie dem Todesreigen der Nazis entreißen konnte. Er erinnert sie jeden Tag an Georg, dessen politische Überzeugung für sie durch die ganze Zeit in Hitlers Deutschland wie ein Geländer war, an dem sie Halt fand. Und jetzt, ein Jahr später, die Nachricht von

Doras Tod in der Schweiz. Alle, denen sie sich nahe wusste, waren gestorben, ohne dass sie sich verabschieden konnte. Ihnen fühlte sie sich verpflichtet, wohl auch ihren Hoffnungen, denen sie durch ihre Arbeit für die gemeinsame Idee eines sozialistischen Deutschland gerecht zu werden suchte.

Um 1950/51 erreichte sie wieder Post, die nicht ohne tiefe Wirkung auf ihr Leben blieb. Sie bewahrte die Briefe bis zu ihrem Tod auf. Michael Benjamin fand bei Durchsicht ihres Nachlasses einen Umschlag mit der Aufschrift »Letzter Gruß von Utti – letzte Briefe meiner Mutter«. Es sind zwei Briefe und eine Glückwunschkarte von Utti (Hildes Schwester) zu ihrem Geburtstag. Beide Briefe lassen die Herzensnähe erkennen, die Adele Lange für ihre Tochter empfand. Im ersten Brief heißt es: »Geliebtes Hildekind, meine Gedanken voll Liebe und Sehnsucht sind bei Dir und Micha, und von ganzen Herzen bin ich glücklich, wenn ich weiß, dass es Euch gut geht.«

In dem Brief erzählt Adele Lange von einer schmerzhaften Prellung am Bein und macht auf eine kleine Gabe zu Hildes Geburtstag aufmerksam. Er ist nicht datiert, aber es kann vermutet werden, dass er zu ihrem 49. Geburtstag am 2. Februar 1951 geschrieben wurde.

Hilde Benjamin wird sich gefreut haben über die Herzlichkeit der Zeilen, und alles andere wäre auch merkwürdig gewesen. Das Elternhaus stand ihr immer offen. Sie war zudem in der Nazi-Zeit immer wieder auf die selbstverständlich geleistete Hilfe ihrer Familie angewiesen. Auch der zweite Brief ist geprägt von der Herzlichkeit, mit der Mutter Adele zu ihrer Tochter spricht. Gleichwohl ist es ein kurzer Brief, sieben Zeilen, mehr ein Kassiber, der von West nach Ost gereicht wird und über dessen Inhalt Hilde Benjamin offenbar zu keinem Zeitpunkt sprechen wollte. Der Wortlaut:

»Geliebtes Hildchen!

Heute kommt Sophiechen und damit ich in Ruhe schreiben kann, was ich Dir schon lange sagen wollte, schreibe ich gleich heute früh!

Wenn ich mal schnell in ein Krankenhaus müsste, oder gar plötzlich stürbe, so bitte ich Dich von ganzem Herzen:

Komm nicht zu mir, denn bei der furchtbaren Zerrissenheit von Ost und West ist es für Dich unmöglich. Also Geliebtes, ich hoffe noch ein Weilchen zu leben, aber wenn es mal schnell zu Ende ginge, Du kommst nicht her!

Geliebtes Du, unser beider Liebe ist so groß, dass es keines Beweises bedarf.

In Liebe Deine Mutter«

Das Sophiechen, das da genannt ist, könnte die Haushaltshilfe von Hilde sein, die offenbar auch hin und wieder im Haushalt der Langes aushalf. Es ist ein Brief, der die Tochter schützen sollte, deren politische Überzeugung zu keinem Zeitpunkt im Elternhaus ein Problem war. Schwer von heute aus zu beurteilen, ob diese Mutter und Tochter belastende Entscheidung wirklich notwendig war. Die Mutter lebte in Westberlin und Hilde im Ostteil der Stadt. Dass sie dennoch zu dieser Entscheidung glaubte kommen zu müssen, spricht dafür, dass Hilde sehr an ihrer Familie hing und dass die Mutter hoffte, ihrer Tochter zu helfen, mit ihrem Leben »drüben« ohne schlechtes Gewissen umgehen zu können. Adele Lange brauchte ja nur die Zeitungen aufzuschlagen oder Radiokommentare zu hören, um zu wissen, wie ihre Tochter, Vizepräsidentin des Obersten Gerichts der DDR, in den westdeutschen Medien abgebildet wurde. Hilde Benjamin, die in den

44

Schlagzeilen der Medien im anderen deutschen Staat mit den Beinamen »Blut-Hilde« oder »Rote Guillotine« belegt wurde. Bevor sie 1953 zur Ministerin für Justiz ernannt wurde, saß sie zu Gericht über die Täter des Nazi-Faschismus, soweit sie ihrer in ihrem Machtbereich habhaft werden konnte, aber auch über die, die sie als Feinde der DDR identifizierte.

Die Heftigkeit der Ost-West-Auseinandersetzung dieser Jahre, in denen der Korea-Krieg den Weltfrieden zu gefährden schien, schlug sich auch, wenn nicht vor allem in Berlin nieder. Hier empfanden die Westberliner ihre Insellage als besonders heikel, zumal das Trauma der Berlin-Blockade nachwirkte. Die Westberliner hatten lange das Gefühl, wie auf einem Pulverfass zu sitzen. Das war es wohl auch, was Adele mit der furchtbaren Zerrissenheit zwischen Ost und West sagen wollte.

Der Brief ihrer Mutter muss Hilde Benjamin belastet haben, es gab offenbar niemanden, mit dem sie darüber hätte reden können, zumal in den Westmedien über den angeblichen Bruch Hilde Benjamins mit ihrem Elternhaus spekuliert wurde. Daran hätte sich wohl kaum etwas geändert, wenn sie diese Spekulationen zurückgewiesen hätte. Die Briefe, wie alles, was mit ihrer Familie zu tun hatte, hob sie auf. Auch ein Zeichen dafür, wie sehr und wie lange sie diese sieben Zeilen beschäftigt haben. Adele Lange starb 1952. Hilde blieb der Bruder, der in der DDR lebte und wie sie Mitglied der SED war und später in den Westen ging. Auch mit Utti, ihrer Schwester, hielt sie wohl Kontakt.

Ihr Glaubensbekenntnis war der wissenschaftliche Sozialismus. Im Machtbereich der Sowjets, in der sowjetisch besetzten Zone, aus der sich die DDR entwickelte, wollte sie dazu beitragen, den Nationalsozialismus zu überwinden, der ihr den Mann nahm, den Schwager und die von ihr verehrte Cousine Gertrud Kolmar. Ihr Leben ist nicht zu beschreiben ohne das Wissen darum, dass »der Tod ein Meister aus Deutschland« ist.

Viele Jahre später ist es Sohn Mischa, der sich die Frage stellte, warum das Projekt DDR misslang. Mischa, der 1945 wieder eine Schule besuchen konnte, legte 1948 das Abitur ab – mit glänzenden Noten, Hilde war offenkundig eine gute Hauslehrerin, er folgte ihrer politischen Überzeugung und hielt auch nach dem Ende der DDR daran fest. Die ständige Angst umeinander in der Nazizeit wirkte ihr ganzes Leben nach. Es erklärt die Dankbarkeit des Sohnes, der den Schutz der Mutter brauchte und seiner immer sicher war. Dieser Teil ihres Lebens hätte mühelos die sechs leeren Seiten der Dokumentation füllen können, die von den Mitarbeitern Hilde Benjamins im Justizministerium zusammengetragen worden war und die bis Seite 94 von der offiziellen Hilde erzählt. Ob solche privaten Gedanken Platz hatten im Trubel der kleinen Geburtstagsfeier?

Hilde Benjamin meinte es ernst, mit denen aufzuräumen, die Deutschland fast ausgelöscht hatten. In ihrem Machtbereich hatten die Funktionseliten der Nazis nur dann Milde zu erwarten, wenn sie kein Blut an den Händen hatten. Das Gegenteil war der Fall im Staat Adenauers. Kein Richter, kein Staatsanwalt, der wegen seiner Rechtsprechung im Terrorstaat der Rassengesetze und wegen Todesurteilen gegen oppositionelle Angeklagte sich hätte verantworten müssen.

Für Hildes beste Freundin Dora Benjamin wäre das eine deprimierende Erfahrung gewesen, hätte sie die Nach-

kriegszeit in der Bundesrepublik erlebt. Anders als vermutet, war sie absolut nicht nur die jüngere, schon gar
nicht die abseits stehende Schwester, die ihre älteren Brüder bewunderte. Es gibt in Walter Benjamins »Berliner
Kindheit um neunzehnhundert« nur eine kleine Passage,
in der er seine Schwester erwähnt. Das ändert sich später, vor allem als sie beide nach 1933 nach Paris emigrieren. Es ist mir wichtig, sie aus dem Schatten zu holen,
den der berühmte Bruder wirft. Daher ist sie die Erste,
über die ich erzählen will.

3. KAPITEL
Wo bleibt Dora ...

Dora Benjamin und ihre älteren Brüder Walter und Georg: Wer über die Geschwister etwas erfahren will, kann nicht übersehen, dass Dora die oft unterschätzte oder einfach übersehene kleine Schwester war, die unter den Geschwistern fünftes Rad am Wagen zu sein schien. Dies galt nicht für die Beziehung der Brüder zu ihr, vor allem nicht für Georg. Es ist ein Klischee, das allein den Biografen zuzuschreiben ist, für die ohnehin nur Walter im Mittelpunkt des Interesses stand. Außer ihm schaffte es noch Georgs Frau, Schwägerin Hilde, als Justizministerin der DDR in die Leseräume der Bibliotheken. Dass Georg nicht im Dunkel der durch die Nationalsozialisten malträtierten deutschen Geschichte verschwand, hat mit seiner Frau Hilde zu tun. Sie war seine Biografin, dank ihrer erwarb er so etwas wie Nachruhm, der sich allerdings wesentlich auf die DDR beschränkte und mit ihrem Untergang auch verging. Dass Dora nicht vergessen wurde, hat ebenfalls mit ihrer lebenslangen Freundin Hilde zu tun. Ihr ist es zu danken, dass Doras Dissertation, die sie mit dem Erwerb des Doktortitels an der Ernst-Moritz-Arndt-Universität in Greifswald abschloss, zugänglich wurde. Das Original stöberte Hilde Benjamin lange nach Doras Tod 1963 im Archiv der Universität Greifswald auf. Darin unter-

sucht Dora die »Soziale Lage der Berliner Konfektionsarbeiterinnen«.

Unter anderen Bedingungen und in einer anderen Epoche hätten sowohl Georg als auch Dora größere Bekannt-
heit erlangt. Beide waren sehr gebildet, mitfühlend, was
sie den dramatischen sozialen Widersprüchen der Weimarer Republik aussetzte, an denen sie sich wund rieben. Was
immer im heutigen Deutschland an Ungerechtigkeiten zu
beklagen ist, sie erreichen nicht die Dramatik des Nach-
kriegselends. Keines der Benjamin-Geschwister war in der
Lage, darüber hinwegzugehen. Und dies war umso bemer-
kenswerter, als sie im Elternhaus in Grunewald eine Kindheit verbrachten, der es an nichts fehlte. Es war Walter,
der in seinem Buch »Berliner Kindheit um neunzehnhundert« Einblicke gab in das wohlhabende Elternhaus, das
in den Ferien in das Sommerhaus auf dem Brauhausberg
in Babelsberg verlegt wurde. Walter brauchte lange, ehe
er sich aus dieser materiellen Abhängigkeit verabschieden
konnte.

Dora stand nach Studium und Doktorarbeit ihrem Bruder Georg näher, der nach dem Medizinstudium das Elternhaus verlassen hatte. Auch ihr soziales Engagement
galt vor allem den Kindern. Der Rote Wedding war damals
das, was man heute einen sozialen Brennpunkt nennt. Er
war der ärmste Stadtteil des damaligen Berlin. Georgs Dissertation beschäftigte sich mit der Frage, ob die Einrichtung der »Ledigenheime« die Lebenslage der jungen Männer, die vom Land in die Städte strömten und auf Arbeit
hofften, verbessern könnte. Bis dahin hatten sie vornehmlich als Schlafburschen ein Dach überm Kopf und ein Bett
zur Verfügung, das sie sich zumeist, bei unterschiedlichen
Arbeitsschichten, noch mit anderen teilen mussten. Das

war ein Nebenverdienst für manche Familien, die in den Hinterhöfen der Wohnblöcke hausten und bei denen oft zwei bis drei Schlafburschen logierten. Dass sich dabei manchmal ein intensiver Familienanschluss entwickelte, wurde erst bemerkt, wenn eine heranwachsende Tochter schwanger wurde.

Das Elend der Kinder dieser Zeit blieb Doras Thema. Schon ihre Dissertation zur »Erlangung der staatswissenschaftlichen Doktorwürde« untersuchte »Die soziale Lage der Berliner Konfektionsarbeiterinnen mit besonderer Berücksichtigung der Kinderaufzucht«. Und auch im Untertitel machte sie gleich deutlich, was das Ziel der Untersuchung war: der »Versuch einer Wertung der Heimarbeit im Vergleich mit der Fabrikarbeit unter dem Gesichtspunkt der bestmöglichen Aufzucht des Kindes«.

Wer in Berlin nach dem Ersten Weltkrieg lebte, konnte die abgemagerten und zerlumpten Straßenkinder nicht übersehen. Sie zogen zumeist in Gruppen bettelnd über Straßen und Plätze und hielten sich mit kleinen Diebereien über Wasser. Sobald die Mädchen etwas älter waren, prostituierten sich viele auf der Straße. In der Praxis von Georg im Wedding konnte Dora die gesundheitlichen Folgen des Lebens der Straßenkinder studieren. Das Thema ihrer Doktorarbeit war also ebenso wenig Zufall wie das Studium der Nationalökonomie, das sie erfolgreich abgeschlossen hatte.

Anders als ihre Freundin Hilde Lange, die Jura studierte und damit in eine Männerdomäne einbrach, war Dora an der Berliner Friedrich-Wilhelms-Universität immatrikuliert, einem der Zentren des Frauenstudiums. Dora richtete im Studium den Blick auf die Frage von Beruf und Mutterschaft. Die Professoren der Fakultät waren der

Überzeugung, dass die genaue Kenntnis des wirtschaftlichen Lebens nur von wissenschaftlich geschulten Frauen zu erwarten sei. Dies galt vornehmlich für die Fabrikarbeit von Frauen, insbesondere von Ehefrauen und Müttern, Frauenarbeit also, die den damaligen Vorstellungen von Sittlichkeit und Moral und der Frauenrolle am Herd und in der Familie widersprach. Um die Wirklichkeit weiblicher Fabrikarbeit besser kennenzulernen und die Lebenswirklichkeit der proletarischen Frauen zu untersuchen, sei »verdeckte Beobachtung« notwendig, wozu nach Auffassung der Nationalökonomen nur Frauen geeignet waren. Für Dora jedenfalls war die Arbeiterinnenfrage die »vielleicht wichtigste, brennendste unter allen sozialen Fragen der Gegenwart«.

Hilde und Dora, fast gleichaltrig, hatten sich während der gymnasialen Vorbereitung auf das Abitur kennengelernt und waren seitdem unzertrennlich. Bis auf ein Sommersemester in Heidelberg, zu dem beide kurzzeitig Berlin den Rücken kehrten, absolvierte Hilde ihr Studium ausschließlich in der Reichshauptstadt. Dora ging zum Ende ihres Studiums ein Semester nach Jena, kam für die dafür notwendigen empirischen Recherchen vorübergehend nach Berlin zurück und folgte ihrem Doktorvater Karl Muhs nach Greifswald, wo sie im Juli 1924 ihre Dissertation einreichte. Professor Muhs bewertete die Arbeit als »druckreif« und mit einem »voll befriedigend« und empfahl die Zulassung zur Prüfung. Die Arbeit von Fräulein Benjamin sei »eine gründliche Studie über ein Gebiet der Berliner Heimindustrie, das der Erforschung überaus schwer zugänglich sei. Die Verarbeitung des Materials sei sorgfältig und »lässt Selbständigkeit des Denkens in hohem Maß erkennen«, lautete sein Urteil.

Die umfangreichen Recherchen in Berlin für die Dissertation bewirkten auch die Wahl eines außergewöhnlichen Nebenfachs der medizinischen Fakultät für ihr Studium der Nationalökonomie, das ihr genehmigt wurde: »Hygiene«. Der Eindruck, den die notwendigen Besuche in den Familien oder der häuslichen Umgebung der Fabrikarbeiterinnen bei ihr hinterließ, war offenbar derart einschneidend, dass ihr die Bedeutung der Hygiene für die Lebensführung und Gesundheit der heimarbeitenden Frauen und Mütter und vor allem ihrer Kinder klar war.

Ihre Doktorarbeit ist eine wissenschaftliche Studie zum Thema »Beruf und Mutterschaft«. Sie entlarvt die weit verbreitete Überzeugung als sehr problematisch, wonach nur die Heimarbeit »schutzwürdige, unverzichtbare Arbeitsplätze« für Mutter und Kind schaffe. Nach allgemeiner Auffassung bedeutete Fabrikarbeit dagegen die Abwesenheit der Mutter, geringere Stillhäufigkeit wie mangelnde Aufsicht und damit den Tod von Säuglingen und Kleinkindern sowie die Verwahrlosung und Kriminalität von Kindern und Jugendlichen. Doras Untersuchung setzte genau dort an. Sie nannte die angebliche Harmonie eines Lebens als Mutter und Heimarbeiterin gegenüber der Fabrikarbeit ein »Zerrbild« und stellte fest, dass die Konstitution von Neugeborenen wegen der anstrengenden und durch keine geregelte Arbeitszeit begrenzten Heimarbeit geschädigt werden könnte. Zwar sei durch die oft nächtliche Arbeit die Stillhäufigkeit der Säuglinge besser gewährleistet, die Kleinkinder der Heimarbeiterin aber seien durch den langen Arbeitstag der Mutter in zumeist schlechten Wohnungen wesentlich gefährdeter. Da die Entlohnung der Fabrikarbeiterin immer über der der Heimarbeiterin läge, sei es sozialpolitisch sinnvoller, durch Maßnahmen wie Stillkrippen und Kindergärten sowie eine gründliche Ausbildung der Kindergärtnerinnen Fabrikarbeiterinnen bei der »Aufzucht der Säuglinge und Kleinkinder zu helfen«.

Sie empfahl gleichzeitig eine sowohl in Bezug auf die Höhe des Entgeltes als auch die zeitliche Dauer möglichst großzügige Mutterschaftsversicherung, um die Mütter in den wichtigen ersten Monaten bei den Säuglingen zu belassen, bis sie abgestillt hatten. Ihr wichtigster Einwand gegen die Idealisierung der Heimarbeit war die Kinderarbeit, die sie »die Hauptgefahr und eine Kulturschande« nannte, der die Heimarbeit trotz Kinderschutzgesetz Tür und Tor öffne. Ihre Untersuchung befasste sich auch mit der von der bürgerlichen Sozialreform zumeist vernachlässigten Sozialhygiene. Sie fragte nach dem Verlauf von Schwangerschaften, nach der Zahl von Fehl- und Totgeburten, nach Stilldauer, Kindersterblichkeit, Unterbringung von Kindern im Kindergarten sowie nach den Spielmöglichkeiten der Kinder im Freien und der Kinderarbeit. Ebenso fragte sie nach Wohnverhältnissen und Zahl der Betten für Kinder. Mit anderen Worten ging es ihr dabei um das Wohl der Kinder, das in den damals bekannten Untersuchungen als quasi natürliches Produkt der Nicht-Trennung« von Mutter und Kind betrachtet wurde.

Wer in der Dissertation von Dora Benjamin blättert, erkennt, wie fortschrittlich sie vor gut 85 Jahren bereits dachte. Vielleicht wäre es hilfreich, mancher Frontfrau konservativer Familienpolitik heute, im Jahre 2014, eine Kopie zu schicken, immerhin scheint es, man hat noch einen langen Weg vor sich, um auch nur in die Nähe von Dora Benjamins Forschungsergebnissen zu gelangen.

Eigentlich steuerte Dora nach Studium und Dissertation auf eine wissenschaftliche Karriere zu. Sie gehörte zum Mitarbeiterkreis der Zeitschrift »Soziale Praxis«. Ihre Kritik an der Beschönigung der Heimarbeit wurde dabei zusehends schärfer und politischer. In der Schriftenreihe der »Gesellschaft für soziale Reform«, in der sie die Ergebnisse einer Heimarbeitsausstellung zusammenfasste, kritisierte sie die hygienischen Verhältnisse der Heimarbeit, setzte sich mit den Methoden der Materialbeschaffung auseinander und übte deutlich Kritik an der Fragebogenaktion der Gewerkschaften, in der vor allem nach Arbeitszeit und Löhnen gefragt wurde, wodurch die Zahl mithelfender Familienmitglieder nicht festzustellen sei. Und sie behandelte ausführlich die Kinderarbeit und zeigte auf, wie drastisch das Ausmaß an Kinderarbeit in den zwanziger Jahren der Weimarer Republik war.

Persönliche Lebensumstände von Dora werden leider nirgendwo beschrieben. Ein paar Fotos lassen erkennen, dass sie in die Reihe der aufgeklärten emanzipierten Frauen zu stellen ist, die das selbstbewusste moderne Frauenbild ihrer Zeit prägten. Ihr letzter bekannter Aufsatz über Frau und Beruf erscheint 1931 in dem Sammelband »Die Kultur der Frau. Eine Lebenssymphonie im XX. Jahrhundert«. Ihr Standort ist erneut eindeutig. Und für viele Frauen hat sich die Lage bis heute nicht wesentlich verändert: Die Arbeitsteilung zwischen Mann und Frau bedeute, dass Frauen drei Berufe haben: »Haus- und Erwerbsarbeit, Kinderaufzucht«. Wegen der niedrigen Löhne gebe es die Notwendigkeit, die Kinder mit zur Arbeit heranzuziehen. Die Kinder wären damit völlig ihrer Kindheit beraubt, sie seien kleine verkümmerte Erwachsene. Um Missverständnissen vorzubeugen, fügt sie hinzu: Die Schuld an der Arbeit der Kinder dürfte in den allermeisten Fällen nicht den Eltern zugeschoben werden. Es sei Schuld der Gesellschaft, dass die Eltern nicht die Möglichkeit hätten, ohne die Arbeit der Kinder zu leben und sie großzuziehen. Ihre Kritik richtete sie auch gegen die Kommunen, die viel zu wenige Kindergärten, Horte und Krippen zur Verfügung stellten. Diese Notlage der arbeitenden Frauen sei eine Erklärung dafür, dass Deutschland das Land mit der höchsten Frauenselbstmordrate in Europa, vielleicht der ganzen Welt sei – 1926 fanden auf diese Weise 16 480 Frauen den Tod.

Doras publizistischer Feldzug gegen die in der nachwilhelminischen Klassengesellschaft herrschende Vorstellung über die Rollen von Mann und Frau und die Unterordnung der Frau in der patriarchalischen Gesellschaft endete abrupt. In einem Sonderdruck der Universität Bremen vom Februar 1997 über die »Anfänge des Frauenstudiums in Deutschland« wird zu Dora Benjamins Wechsel von der Nationalökonomie zum Studium der Psychologie und Pädagogik vermutet, es sei die Einsicht gewesen, dass ihre engagierten Analysen der Heimarbeit als Kinderarbeit nichts bewegt hätten und keinem einzigen Kind tatsächlich helfen konnten. Auch hier wird die Vermutung beschrieben, dass es vor allem Georg war, der Dora beeindruckte und dessen leidenschaftliches soziales Engagement und seine Konzepte einer sozialistischen Gesundheitspolitik, die er gemeinsam mit den wichtigen Reformern Ernst Joel und Fritz Fränkel entwickelte. Daher ihre Mitarbeit an den Projekten des sozialistischen Gesundheitshauses, dessen Aufgabenstellung Ernst Joel definierte:

»Das Gesundheitshaus darf nicht bloß zeigen, wie weit wir es schon gebracht haben, sondern es muss ebenso deutlich zeigen, wie weit wir es noch nicht gebracht haben. Es darf dabei weder die Schuld des Einzelnen wie der Gesellschaft verschleiern. Es muss nicht nur lehren und darstellen, sondern auch aufrufen. Es muss, wo es nottut, eine heilsame Unzufriedenheit verbreiten. Die Forderung, seine Mitmenschen nicht anzuhusten, ist gewiss nützlich, aber sie wird zur Lächerlichkeit, wenn man die Schande unseres Wohnungswesens gleichzeitig verschweigt.«

Joels Schlussfolgerung gipfelte in der Bemerkung, dass Gesundheitslehre nicht unparteiisch vorgetragen werden könne. Etwa zum Alkoholismus den Arzt und den Bierbrauer zu befragen, zur Frage der Siedlung den Bodenreformer und den Bodenspekulanten. Auf diese sinnlose Neutralität könne man getrost verzichten. Dieser Zielsetzung folgte die Ausstellung »Gesunde Nerven« im Gesundheitshaus im Oktober 1929, deren Leitmotiv Walter Benjamin beschrieb: »Was wird für den, der den Prozess gegen Ausbeutung, Elend und Dummheit rücksichtslos führt, nicht alles zu einem corpus delicti?« Den Veranstaltern dieser Ausstellung wäre nichts wichtiger als diese Erkenntnis und der kleine Schock, »der mit ihr aus den Dingen springe (...) unter einem Interieur aus dem Arbeitsamt ein Foliobogen, der in zehn Kolonnen von oben bis unten nur immer mit dem Worte ›Warten‹ bedruckt ist. Er sieht aus, wie eine Börsennotierung einer Tageszeitung. Quer darüber mit fetten Buchstaben: ›Der Kurszettel des armen Mannes‹.«

Dora Benjamin hatte an dieser Ausstellung und ihrer Konzeption großen Anteil. Es war ein Moment, der die unterschiedlichen Professionen der drei Geschwister wie zu einem Mosaik zusammenführte. Nach Joels Tod im

August 1929 arbeitete Dora ebenfalls mit Fritz Fränkel eng zusammen. Hier konnte sie ihr Thema »Kulturschande Kinderarbeit« wieder aufnehmen. In den Ergebnissen ihrer Zusammenarbeit mit Fränkel, der als Suchtmediziner sowie als Psychologe und als Mitbegründer der KPD wie so viele andere in Vergessenheit geriet, war sie ihrer Zeit erneut weit voraus. Zusammen mit Fränkel erarbeitete sie sich ein Maß an Kompetenz, das weit über die eng gezogenen Grenzen der damaligen Schulmedizin hinausging. Dazu gehörte die Arbeit an dem von dem Schweizer Psychiater Hermann Rorschach entwickelten Test zur Persönlichkeitsdiagnostik. In der Praxis von Fränkel arbeitete sie mit jungen Patienten an der Frage, in welcher Weise der Rorschach-Test vor allem in der Kinderdiagnostik eingesetzt werden könnte. Außerdem arbeitete sie als Erzieherin bei Internationalen Arbeiterhilfe (IAH).

Ein weiterer Schwerpunkt war die Suchthilfe. Neben den Drogen, wie etwa Kokain, war es vor allem der Alkoholismus, der Menschen zerstörte und Familien zerrüttete. Ihr Credo: »Jedenfalls muss von jeder fürsorgerischen Betreuung die Einstellung erwartet werden: Sucht gleich Krankheit, nicht Verbrechen. Nur so kann sie von Erfolg sein, und nur so kann sie dem Patienten Äquivalente bringen, die für eine Bewahrung vor dem Gift unumgänglich erforderlich sind. Denn das dringlichste Gebot für die Giftsüchtigenfürsorge ist: Nicht nur nehmen, sondern auch geben.«

Und wiederum, wie so oft, wenn ich die wenigen Einblicke sichte, die mir Briefe und Dokumente in das Leben von Dora Benjamin verschaffen, bewundere ich ihr fortschrittliches Denken, das viele Vorurteile hinter sich lässt, die bis heute unser gesellschaftliches Handeln bestimmen, mehr als siebzig Jahre nach ihrem Tod. Wenn sie für den Alkoholismus soziale Ursachen betont – Wohnungselend, Arbeitslosigkeit – und soziale Folgen der Trunksucht in den Mittelpunkt ihrer »Erfahrungen und Ergebnisse der Trinkerfürsorge« stellt, in denen auch die Probleme von Trinkerkindern breiten Raum einnehmen, liegt die Assoziation zu den sich ins Koma saufenden Trinkerkindern unserer Tage auf der Hand.

Knapp vier Jahre später, 1933, hatte das Weltbild der Nazis die differenzierte und humanistische Sichtweise des Gesundheitshauses in Trümmer gelegt. Es gab niemanden, der ausreichend Phantasie gehabt hätte, vorherzusehen, dass die mit Hass aufgeladene kleinbürgerliche Wut des Nationalsozialismus all das, was da vorgedacht war, vergessen machen würde. Der Hitlerfaschismus räumte auf seine Weise die sozialen Lasten einer durch Krieg und Nachkriegszeit zerrütteten Gesellschaft beiseite und ließ die Menschen von einer Zukunft träumen, die von diesen sozialen Lasten befreit sein sollte, weil er wie mit einem Fallbeil unwertes von wertem Leben trennen würde. Gleichzeitig wurde unter dem Stichwort Arisierung ein Bevölkerungsteil ausgeraubt, der kulturell und ökonomisch großen Anteil am gesellschaftlich erarbeiteten Reichtum hatte. Das führte nach 1933 in zwei Schritten zur sogenannten »Endlösung« – in der Reichspogromnacht 1938 mit der Zertrümmerung jüdischer Geschäfte und dem Raub ihrer privaten Güter und 1941 mit dem Beginn der Deportationen und dem Massenmord an den europäischen Juden.

1933 war Dora gerade 32 Jahre alt. Sie war dabei, sich wissenschaftlich einen Namen zu machen, und ihr hätten alle Wege zu einer erfolgreichen Karriere offengestanden.

Aber die Machtübergabe an Hitler zerstörte zugleich »das Netzwerk von professionellen, politischen und zwischenmenschlichen Kontakten«, die es dazu brauchte, wie es in den biografischen Anmerkungen der Bremer Universität über sie heißt. Es begann die schmachvolle und oft entbehrungsreiche Zeit der Emigration mit Verfolgung und Inhaftierung und der Flucht aus Deutschland.

1933 beleuchteten die Flammen des brennenden Reichstags ein Land, das sich schrittweise in eine Diktatur verwandelte, die Mordlust und räuberische Erpressung zu politischen Waffen machte und Europa innerhalb von zwölf Jahren in Trümmer legte. Für Dora waren die Verhaftungen ihres Bruders Georg und ihres Mentors Professor Fränkel eine nicht zu übersehende Warnung. Fritz Fränkel wurde offenbar vor allem durch die couragierte Intervention seiner Frau Hilde nach Haft und Folter durch die SA entlassen mit der Auflage, das Deutsche Reich sofort zu verlassen. Dass ihm dies gelang, daran hatte offenbar auch der Schriftsteller Wolfgang Hellmert Anteil, einer der zahlreichen vergessenen Dichter, die vor 1933 auf dem Weg zu Ruhm waren und heute nur noch von wenigen Experten erinnert werden. Hellmert gehörte zum Kreis von Klaus Mann, emigrierte nach Paris, wo er mit 28 Jahren starb. Er galt als Dichter der neuen Sachlichkeit. Seine Bücher landeten wie die vieler anderer Schriftsteller auf dem Scheiterhaufen, den eine studentische Jugend 1933 entzündete, die unter den Hetztiraden von Hitlers Herold Joseph Goebbels zu Herrenmenschen heranwachsen sollte.

Die Fränkels nahmen die Schweiz als kurze Zwischenstation auf ihrer Flucht, ehe sie nach Paris gingen, wo Fritz Fränkel eine Arztpraxis eröffnete. Walter Benjamin, der 1933 Deutschland verließ, emigrierte ebenfalls in seine zweite Heimat Paris, wo er zeitweilig bei den Fränkels unterkam. Dort landete schließlich auch Dora. Sie hielt sich um Ostern 1933 in der Schweiz auf, kehrte wohl noch einmal nach Berlin zurück, musste erkennen, dass jede Hoffnung auf eine Überwindung des Naziterrors vergeblich war, und ging im August 1933 endgültig nach Frankreich ins Exil. Es war zugleich ein Abschied von einer wissenschaftlichen Karriere und akademischen Existenz. Ihr Leben zerfiel in einen zweiten Teil, in dem es buchstäblich darum ging, zu überleben.

In Frankreich herrschte gegenüber Hitlerdeutschland eine merkwürdige Zwiespältigkeit. Dass die französische Olympiamannschaft 1936 mit dem Hitlergruß in das Olympiastadion einmarschierte, ist vielfältig kommentiert worden. Viele Emigranten erzählen in ihren Erinnerungen, wie gering das Verständnis vor allem in den Verwaltungen und Passbehörden für diejenigen war, die aus Deutschland flohen. Vor allem jüdische Emigranten trafen auf Vorbehalte. Und als der Zustrom der Emigranten bei Kriegsbeginn anwuchs, ging die Asylpolitik Frankreichs in eine Internierungspolitik über.

Das Hauptproblem – und das gilt für das restriktive Ausländer- und Aufenthaltsrecht in Deutschland bis heute – ist die Aufenthaltsgenehmigung für Emigranten oder Flüchtlinge. Unmittelbar nach ihrer Ankunft in Paris stellte Dora am 17. August 1933 den Antrag auf die Carte d'identité, auf die sie bis März 1934 bangend warten musste. Und dann: Wie Geld verdienen? Eine Arbeitsgenehmigung war damit nicht verbunden.

Wie ist unter solchen Umständen in Paris das Leben zu bestreiten? Dora suchte sich diverse Jobs und arbeitete als Haushaltshilfe und Putzfrau. Spätestens 1935/36 musste sie erkennen, dass sie an der Bechterew'schen Krankheit litt, einer schmerzhaften rheumatischen Gelenkentzündung – unheilbar. Einer Erkrankung, die in Schüben auftritt und zur allmählichen vollständigen Versteifung des Rückgrats führt. Ihre Freundin Hilde, die bis zum Ausbruch des Krieges im Briefkontakt mit Dora stand, hatte Georg im Gefängnis davon erzählt. Er schrieb 1936 aus der Untersuchungshaft in Berlin-Moabit einen besorgten Brief und fragte Hilde, ob »Dodo«, wie er Dora nannte, sich über die Tragweite der Erkrankung im Klaren sei. Georg bangte um die Schwester, denn »das schlimme ist das unaufhaltsame, wenn auch meist – wie bei ihr ja noch – sehr langsame Fortschreiten« der Krankheit, schrieb er an Hilde im September 1936.

Die fortschreitende Erkrankung führte unter anderem dazu, dass Dora die anstrengende körperliche Tätigkeit als Haushaltshilfe aufgab und versuchte, an ihr Gebiet der Berliner Zeit anzuknüpfen. Sie arbeitete für eine Flüchtlingsorganisation mit traumatisierten Kindern aus Flüchtlingsfamilien in ihrer kleinen Wohnung in der Rue Robert Lindet 7, und was sie verdiente, reichte gerade für die Miete und ein paar karge Mahlzeiten. Als Walter anfragte, ob sie ihm mit etwas Geld helfen könne, schilderte sie ihm ihre Misere, die durch die Krankheit mitverursacht war. Schon die Arbeit mit den Kindern würde sie an den Rand ihrer Kräfte bringen. Sie schreibt ihm einen Brief, in dem es unter anderem heißt:

»Aber ich glaube, Du machst Dir nicht genügend klar, was für mich der Existenzkampf bedeutet, was es bedeutet, mit fast täglich starken Schmerzen zu arbeiten. Wenn ich der Möglichkeit beraubt bin, gelegentlich ein paar Wochen auszusetzen, so wird sich meine Lage so gestalten, dass ich mir auch gleich das Leben nehmen könnte. Und dazu habe ich im Augenblick keine Lust (...) Die politische Situation trägt auch nicht gerade zu einer ruhigeren Gestaltung des Lebens bei.«

Möglich, dass Fritz Fränkel sie auf einen Arzt in Berlin aufmerksam machte, der auf ihre Krankheit spezialisiert war. Doras Beziehungen zu den Fränkels waren auch in Paris immer sehr eng. Jedenfalls wagte sie noch im Januar 1938 die Reise nach Berlin, wo sie bis März 1938 behandelt wurde. Ganz sicher hatte sie in dieser Zeit mit ihrer Schwägerin Hilde Kontakt, die mit hoher Wahrscheinlichkeit alles in Bewegung setzte, damit Dora sich erholen konnte. Was immer das deutsche Konsulat in Paris ihr für Zusicherungen gegeben hat, nach drei Monaten Behandlung in Berlin gelangte sie jedenfalls unbehelligt nach Paris zurück. Im November desselben Jahres beleuchteten brennende Synagogen die wüsten Pogrome in den Straßen Berlins und des Reichs.

Doras Rückkehr nach Paris war von doppeltem Glück begleitet. Die Behandlung in Berlin hatte ihr eine gewisse Erleichterung von den Schmerzen gebracht, und sie lernte Gert kennen. Ein kurzes Glück und der Traum von einer gemeinsamen Zukunft. Wer immer Gert war, was immer ihn nach Paris gebracht hatte, bleibt im Dunkeln. Im Juli erreicht Walter Benjamin ein Geburtstagsgruß von Dora. Walter war wohl zu Besuch bei seinem Freund Bertolt Brecht in Dänemark: »Wenn Du nicht allzu spät zurückkommst, so wirst Du Gert noch kennen lernen. Er wird wohl bis in die letzten Septembertage hier sein. Wie sich unsere Zukunftspläne gestalten, ist natürlich noch ungewiss. Es wird natürlich nicht leicht werden und für die nähere Zukunft wird sich bei mir auch nichts ändern. Gert muss noch sein Examen machen.«

Was diese Beziehung für sie war, wie wichtig und intensiv, für einige Monate Erfüllung und Liebe, endlich wenigstens eine kleine Pause von alldem, was sie bis dahin und danach bedrängte und bedrängen würde – wir wissen es nicht. Ein Liebessommer in Paris, und gut ein Jahr später schrieb sie an Walter Benjamin, der seit Kriegsausbruch im Lager Nevers interniert war:»Mon ami est parti (...) et je ne sais pas du tout où il est actuellement!«

War es der Kriegsausbruch, musste Gert Frankreich verlassen und nach Deutschland zurückkehren? War er eingezogen worden? Und lebte er überhaupt noch, oder war er als Soldat am Überfall auf Polen beteiligt gewesen und gefallen? Wer er war, wie er dachte, aus welchen Gründen er in Paris war, wie er Dora kennengelernt hatte, das alles sind Fragen, auf die wir die Antworten nicht kennen. Durchaus möglich, dass er eines Tages bei den Fränkels aufgekreuzt war. Vielleicht von einem Freund in den Salon in dem heute berühmten Haus Rue Dombasle 10 mitgenommen, wo sich oft eine illustre Schar von Emigranten einfand. Omi Fränkel, Mutter von Fritz, wohnte zeitweise bei Dora und machte ihr den Haushalt. Auch Walter wohnte ab 1938 im Haus der Fränkels zur Untermiete, in dem die Exilgemeinde sich traf und ein lebhaftes Kommen und Gehen war. Unter den Besuchern waren Hannah Arendt und ihr Lebensgefährte Heinrich Blücher anzutreffen oder der Schweizer Theologe Fritz Lieb, Ernst Bloch und eben Dora, wenn ihre Krankheit es erlaubte.

Auf einem Schwarzweißfoto sehe ich Dora vor mir. Sie trägt, ganz nach der Mode der Zeit, einen breitkrempigen Hut, ein wenig schräg aufgesetzt und vermutlich eine

Kurzhaarfrisur, vielleicht den Ende der zwanziger Jahre modernen Bubikopf. Ihr Gesicht ist von der breiten Krempe leicht verschattet. Ein skeptischer Blick, nach links gerichtet, vom Betrachter abgewandt. Eine schmale Nase und ein voller Mund, der ein wenig selbstironisch in den Mundwinkeln ein Lächeln eher unterdrückt als es freigibt. Eine attraktive junge und selbstbewusste Frau, ein Brustbild, das auf einen mittelgroßen Körper schließen lässt.

Sie muss sich am 15. Mai 1940, wie alle unverheirateten kinderlosen Frauen zwischen 17 und 55 Jahren, im Vélodrome d'Hiver, einer Radsporthalle, melden. Das Gepäck ist auf dreißig Kilogramm begrenzt und besteht, neben der Verpflegung für zwei Tage und Essgeschirr, aus Bekleidung und etwas Unterwäsche. Es könnte gut sein, dass sie dort Lisa Fittko begegnet ist, die den Flüchtling Walter Benjamin später in den Pyrenäen über die Grenze nach Spanien brachte, und ebenso Hannah Arendt und Fränze Neumann, Freundin von Fritz Fränkel, der sich 1935 von seiner Frau Hilde getrennt hatte. Wenige Tage später wurde Dora mit dem ersten Transport und mit mehr als 2000 Frauen in das berüchtigte Internierungslager Gurs in den Pyrenäen eingeliefert. Nach dem Aufmarsch der Wehrmacht vor der Grenze nach Holland und der folgenden Bombardierung und Besetzung der Benelux-Länder im Mai war absehbar, wann Hitler ganz Westeuropa einschließlich Frankreich beherrschen würde.

Am 14. Juni 1940 besetzte die Wehrmacht Paris. Mit dem Waffenstillstandsabkommen am 22. Juni und der Teilbesetzung Frankreichs konnten viele Internierte im Vichy-Frankreich Gurs verlassen. Dora Bejamin schlug sich nach Lourdes durch und traf dort ihren Bruder Walter. Hannah Arendt war ebenfalls in der berühmten Wallfahrtsstadt. Sie traf dort Walter Benjamin, dem sie freundschaftlich verbunden war, und berichtete darüber in einem Brief nach New York an Theodor W. Adorno, allerdings ohne zu erwähnen, ob auch Dora zugegen war. Möglicherweise haben sich die beiden gar nicht gesehen, denn es war durchaus möglich, dass Dora seit ihrem erzwungenen Abschied aus Paris und den Wochen der Internierung einen starken Rückfall ihrer rheumatischen Erkrankung hatte und bettlägerig war. Die Geschwister wohnten in der Rue Notre Dame. Sie trennen sich Ende Juli, als Walter nach Marseille aufbricht. Er hoffte auf Ausreise in die USA, für die ihm Max Horkheimer ein Visum besorgt hatte. Sie sahen sich nicht wieder.

Aus dem Fragebogen der Schweizer Behörden geht hervor, dass Dora noch ein weiteres Jahr in Lourdes blieb, ehe sie im August 1941 ebenfalls nach Marseille fährt. Sie hat zwar ein für die Einreise in die USA notwendiges Affidavit. Sollte sie gehofft haben, wie Walter über das Emergency Rescue Committee ein Visum zu erhalten, kam sie jedoch möglicherweise zu spät. Das Büro des Committee in Marseille war vermutlich zu der Zeit schon geschlossen und ihr Leiter, der Amerikaner Varian Fry, verhaftet. Die Lage für die jüdischen Flüchtlinge aus Deutschland war dramatisch. Die Nazibehörden verlangten von Frankreich ihre Auslieferung nach Deutschland. Die Deportationen aus Frankreich begannen. 1942 besetzte die Wehrmacht auch den Süden des Landes, und damit standen Dora nur noch wenige Alternativen zur Verfügung, wenn sie ihr Leben retten wollte. Entweder der Fluchtweg über die Pyrenäen oder im Land unterzutauchen oder illegal über die

Grenze in die Schweiz zu gelangen. Dora entschied sich für den Weg in die Schweiz.

Über ihre letzten Monate in Frankreich gibt es ein Protokoll der Schweizer Behörden, in dem sie erklärte: »Im August (1942) sollte ich von der französischen Polizei verhaftet und deportiert werden, wurde aber dank eines ärztlichen Zeugnisses freigelassen. Seit dem Einmarsch der Deutschen in die freie Zone war ich gezwungen, mich ständig zu verstecken. Trotz meiner monatelangen Bemühungen, das Einreisevisum für die Schweiz zu erhalten, habe ich es nicht erhalten. Da ich jeden Augenblick befürchten musste, von den Deutschen aufgegriffen zu werden, verließ ich Aix-en-Provence am 17. ds. (Dezember 1942) und überschritt am gleichen Tag die Schweizer Grenze bei Landecy, wo (wir uns freiwillig) ich mich freiwillig den Soldaten stellte. Diese übergaben uns dann den militärischen Behörden.«

Auf welchem Weg sie von Aix-en-Provence zur Schweizer Grenze kam, beschreibt Dora in einem Brief im März 1946 an Theodor W. Adorno, der ihn in New York erreicht. Sie schreibt: »Im August 1942 sollte ich zur Deportation abgeholt werden und wurde damals nur gerettet durch ein amtsärztliches Zeugnis, das meine Transportunfähigkeit bestätigte; ich lag damals monatelang mit schwerem Gelenkrheumatismus. Die Krankheit hinderte mich, in die Schweiz zu fliehen, bevor auch der Rest Frankreichs besetzt war. Ich hatte das Glück, beim Einmarsch der Deutschen mich auf einer Ferme in der Nähe von Aix-en-Provence, wo ich gelebt hatte, verstecken zu können. Ende Dezember 42 konnte ich dann in die Schweiz fliehen, ein damals schon sehr gefährliches Unternehmen, da die Grenze von den Deutschen bewacht wurde. In Frankreich reiste ich mit falschen Papieren. Die Grenzpassage selbst war ein ungeheuer aufregender und abenteuerlicher Fußmarsch bei Nacht. Auf Schweizer Boden hatte ich das Pech, in eine Zollstation zu geraten, wo man mich zunächst über die Grenze zurückzustellen drohte. Das in dem Augenblick, wo man sich gerettet glaubte! Es war ein ungeheurer Schock. Ich hatte die Absicht, lieber Walters Beispiel zu folgen, als zurückzugehen, was fast sichere Deportation bedeutet hätte. Glücklicherweise gelang es mir dann nach stundenlangen Verhandlungen zugelassen zu werden. – Die Ereignisse dieser Jahre sind natürlich nicht spurlos an mir vorübergegangen und ich führe die Verschlechterung meines Gesundheitszustandes wesentlich auch darauf zurück. Ich leide seit vielen Jahren an einer endokrinen Störung, die sich in letzter Zeit so verschärft hat, dass ich fast fünf Monate hindurch fest liegen musste. Außerdem habe ich eine sehr unangenehme Entzündung des rechten Arms, der fast gebrauchsunfähig ist. Daher die äußerlich vernachlässigte Form des Briefes, die ich zu entschuldigen bitte!«

Die Härte, mit der die Schweiz Flüchtlinge abwies und sich vor allem weigerte, jüdische Flüchtlinge aufzunehmen, geht aus einer Anordnung des Chefs der Polizeiabteilung des Eidgenössischen Justiz- und Polizeidepartements hervor: Die Grenzen sollten vollständig geschlossen werden. Alle Zivilflüchtlinge wurden zurückgeschickt. »Flüchtlinge nur aus Rassegründen, zum Beispiel Juden, gelten nicht als politische Flüchtlinge!« Ein unbekannter Schweizer Offizier war es, der den Befehl gab, dass Dora von den Grenzbeamten Ernest Strasser und G. A. Schoenbachler nicht unmittelbar »ausgeschafft«, sondern festgenommen und in das Lager Charmilles gebracht wurde.

Der Anlass dieses Briefes hat allerdings nichts mit ihrer Leidensgeschichte zu tun. Sie beschreibt sie ohnehin mit einer inneren Distanz, so dass Adorno sie nur als Erklärung für die ungewöhnliche Form des Schreibens nehmen sollte. Wichtig ist ihr allein, dass das Lebenswerk ihres Bruders Walter angemessen gewürdigt und möglichst umfangreich und gut geordnet veröffentlicht wird, wozu sie Adorno ermuntert. Gleichzeitig informiert sie den Freund Walters in New York, dass ihr zweiter Bruder Georg, nachdem er eine sechsjährige Zuchthausstrafe verbüßt hatte, im August 1942 im Konzentrationslager Mauthausen umgebracht wurde.

Dann kommt sie auf Walter zurück und erzählt, dass sie unmittelbar nach seinem Tod in Portbou und wohl unmittelbar in Verbindung damit, in Frankreich sehr große Schwierigkeiten hatte. »Vernehmungen, Haussuchungen etc., ohne dass ich habe herausbekommen können, was man eigentlich von mir wollte.« Dieser eher allgemeine Hinweis erinnert noch einmal daran, dass der Verdacht nie ausgeräumt wurde, ob denn die Version von Walter Benjamins Ende in Portbou den Tatsachen entsprach. Dem Verdacht, dass die Gestapo der Nazis in Verbindung mit den spanischen Franco-Faschisten möglicherweise ihre Hände im Spiel hatte, geht auch der argentinische Dokumentarfilm von David Mauas »Wer tötete Walter Benjamin?« nach, der 2005 in die Kinos kam. Darin wird aufgedeckt, dass sowohl der Arzt, der die Todesursache beurkundete, als auch der Besitzer der Pension, in der Benjamin angeblich Selbstmord verübte, eine gewichtige Rolle bei den spanischen Falangisten in der Region spielten. Das Rätsel des verschwundenen Manuskripts, das Walter Benjamin bei sich trug und über das er zu Lisa

Fittko sagte, die ihn über die Pyrenäen zur spanischen Grenze brachte, es sei »wichtiger als sein Leben«, wo ist es geblieben? Nur seine leere Aktentasche wurde registriert. Wer nahm das Manuskript an sich und warum, wer wurde dazu ermuntert? Ebenso fehlen seine Brille und Pfeife und eine Röntgenaufnahme. Vielleicht werden diese Fragen nie beantwortet, und vielleicht ist ja auch die Tatsache ohne Bedeutung, dass der Jude Walter Benjamin auf einem katholischen Friedhof beigesetzt wurde, was dennoch außergewöhnlich war. Dora jedenfalls ist überzeugt, dass der Bruder Selbstmord beging.

In einem Brief an den Schweizer Theologen Fritz Lieb, Professor in Basel, den sie in Paris bei den Fränkels kennengelernt hatte, berichtet sie Anfang 1943: »Ich bin allmählich – allerdings nachdem ich Jahre heftig gekämpft habe, gezwungen worden, die Krankheit zu bejahen, die mir im letzten Jahr – so paradox dies klingen mag – zweimal das Leben rettete: zum ersten Mal bei den Deportationen und zum zweiten Mal beim Grenzübertritt.« Für Dora war das Exil in der Schweiz wie ein Netz, das aus Vorurteilen vor allem gegen jüdische Emigranten bestand und das aus Verordnungen und Verboten geknüpft war. Ein Netz, das faktisch keine Bewegungsfreiheit erlaubte und mit Arbeitsverbot einherging. Am dringlichsten war ihr, möglichst rasch aus dem berüchtigten Lager Charmilles herauszukommen. Anhand des Briefwechsels mit Fritz Lieb von 1942 lässt sich sehr genau nachvollziehen, wie die Lage der Emigranten war, die in der Schweiz bleiben durften. Fritz Lieb war einflussreich genug, um mit Hilfe wichtiger Freunde einen Beitrag zu leisten, der schließlich dazu führte, dass ihr Krankenurlaub gewährt und sie in Zürich behandelt werden konnte. Gleichzeitig wurde die Internierung im Lager durch eine »private« Internierung erheblich gemildert. Mit Hilfe des schweizerischen Abeiterhilfswerks erhält sie tatsächlich eine unbezahlte Stelle bei einem Lehrer in Regensberg, im Kanton Zürich. Er ist Leiter eines Erziehungsheims für schwachsinnige, aber erziehungsfähige Kinder.

Im Mai 1943 heißt es in einem Brief, »seit dem 5. des Monats bin ich hier auf dem Regensberg in der Familie des Lehrers der großen hiesigen Schwachsinnigen-Anstalt«. Sie sei sehr liebevoll aufgenommen worden und habe die Möglichkeit, Erholung mit einer interessanten Tätigkeit verbinden zu können. Da sie nicht in der Anstalt wohne, könne sie frei über ihre Zeit verfügen. Erste positive Kontakte mit der Anstalt habe sie gewonnen, sie könne dort auf ihrem speziellen Fachgebiet arbeiten und hoffe, dem einen oder anderen Kind auch psychotherapeutisch nutzen zu können. Nach wie vor allerdings muss sie sich regelmäßig bei der Militärverwaltung melden, jede Entfernung oder kleine Reise, die von Regensberg wegführt, bedarf ebenfalls der Genehmigung.

In den kurzen biografischen Hinweisen der Bremer Universität wird hervorgehoben, dass Dora wieder an die Zukunft dachte, auf das Kriegsende hoffte und darauf, in den USA an ihre wissenschaftliche und praktische Arbeit anknüpfen zu können. An Fritz Lieb schreibt sie im Juni 1943: »Ich lebe hier – ein wenig verzaubert – in einem eigentümlichen Milieu mitten zwischen Schwachsinnigen und Taubstummen und den wenigen nominell ›normalen‹ Bewohnern unseres Dörfchens, das aus zehn Häusern besteht. Aber ich bin natürlich ungeheuer glücklich, diese Gastfreundschaft – und darüber hinaus auch schon Freundschaft – gefunden zu haben, und ich sehne den

Augenblick herbei, wo meine Gesundheit wissenschaftliche Arbeit in etwas größerem Ausmaß erlaubt. Ich muss allmählich rüsten, denn ich hoffe, nach dem Krieg in Amerika arbeiten zu können.«

Schon vier Wochen später schreibt sie, sie habe viel Hoffnung, dass »Sie (Fritz Lieb) mit ihrer optimistischen Auffassung über das Ende des Krieges Recht behalten werden«. Sie wolle versuchen, schon jetzt Schritte zu tun, damit ein Amerika-Visum im gegebenen Augenblick wirklich bereit sei. Es sähe ja so aus, als ob die Ausreise über Italien schon vor Kriegsende möglich werden könnte. Sie verfolge die Radiomeldungen – »das Radio ist hier oben ja die einzige lebendige Verbindung mit der Außenwelt – mit fieberhafter Spannung«.

Dora musste allerdings erneut zu einem längeren Aufenthalt in das Zürcher Kantonsspital, an dessen Ende eine mit Hoffen und Bangen erwartete und dann niederschmetternde Diagnose stand: Brustkrebs. Die Lebenserwartung nach Einschätzung der Ärzte betrug höchstens ein bis drei Jahre. Ich finde keine Äußerung von ihr oder ihren Freunden, wie sie mit dieser Nachricht fertig wurde. Sicher ist allerdings, dass sie sich erneut in der Arbeit vergrub.

Sie führte zugleich einen intensiven Austausch über die künftige Gestaltung pädagogischer Anstalten in einem Nachkriegsdeutschland. Ein Vorschlag war – den sie allerdings selbst als wohl ›völlig undurchführbar‹ bezeichnete –, für Deutschland zweierlei Pässe einzuführen: den gewöhnlichen und eine »Art Präferenzpass für alle diejenigen, deren eindeutige antifaschistische Haltung nachweisbar ist«. Sie war überzeugt, dass dadurch Auslandsreisen für die zweite Kategorie erleichtert beziehungsweise überhaupt erst möglich würden. Zumal sie es für unbedingt erforderlich hielt, dass künftige Lehrer »eine Erweiterung ihres Horizontes durch das Kennenlernen anderer Länder erfahren, – das ist jetzt wohl wichtiger als je«. Wie hätte sie wohl reagiert, hätte sie in das zweigeteilte Land blicken und in Westdeutschland mit ansehen können, mit welcher Kontinuität die alten Eliten aus der Nazizeit in Amt und Würden bleiben sollten?

Intensiv beschäftigte sie sich auch mit der Ausbildung von Menschen, die mit durch Konzentrationslager, Flucht und Krieg entwurzelten Kindern und Jugendlichen schon jetzt und in der Nachkriegszeit zu tun haben würden. Es war sicher eine glückliche Erfahrung für sie, dass ihr Wissen und ihre Kompetenz gefragt waren. Als im Februar 1944 von schweizerischen und internationalen Hilfsorganisationen ein Aktionskomitee gebildet wurde, das Schulungskurse für Hilfskräfte in der Nachkriegszeit organisieren sollte, wurden auch Flüchtlinge als Dozenten einbezogen. Dora Benjamin war im Lehrplan für das Gebiet Psychologie und Pädagogik vorgesehen. Das spezielle Thema ihres Seminars war die psychologische Betreuung kriegsgeschädigter Kinder.

Die Niederlage des Hitlerstaates gab Dora offenkundig noch einmal Kraft, Hoffnung und Zuversicht, so dass sich die eigene Hinfälligkeit in den Hintergrund drängen ließ. Engagiert mischte sie sich in den Konflikt zwischen dem Schweizer Roten Kreuz und den Betreuern von polnischen und jüdischen Jugendlichen ein, die das Konzentrationslager Buchenwald überlebt hatten. Sie sammelte Unterschriften für eine Protestresolution gegen die »empörenden Eingriffe« des Roten Kreuzes und den Umgang mit traumatisierten Kindern und Jugendlichen: »Mit meinem Referat bin ich noch nicht weiter; Material scheint es kaum zu geben; dafür habe ich aber seit meinem Besuch auf dem Zugerberg die nötige Wut. Ich hoffe, das wird genügen, um das Referat zusammenzubringen. Nachgedacht habe ich ja über die Dinge viel und seit langem.« Das Referat wurde ein leidenschaftlicher Appell, sich der traumatisierten Jugend anzunehmen. Ihr war kurz nach dem Krieg die Aufmerksamkeit eines Teils der Schweizer Öffentlichkeit sicher. Ebenso sicher ist, dass sie die Grundlage legte für eine psychologisch-pädagogische Arbeit mit traumatisierten Kindern und Jugendlichen, die ihnen einen Neuanfang im Leben ermöglichen sollte.

Heute erinnert der nach ihr benannte Dora-Benjamin-Park im östlichen Berliner Stadtteil Friedrichshain an sie. Sie starb 1946 im Schweizer Exil.

4. KAPITEL
Das Exil

Für Walter Benjamin war es ohne Alternative, 1933 Paris als den Ort zu wählen, an dem er Deutschland den Rücken kehren konnte. Dora, seine Schwester, folgte ihm nach, und Gleiches hätte man vielleicht auch über Georg Benjamin und seine Familie sagen können, wäre er nicht unmittelbar 1933 nach dem Reichstagsbrand als Kommunist und Nazigegner in »Schutzhaft« genommen worden. So wurden die Geschwister auseinandergerissen. Dies folgte der Logik einer Zeit, die revanchelüstern zu jedem nationalistischen Horror bereit war. Der deutsche Faschismus hatte zudem den pathologisch anmutenden Ehrgeiz, seine »Gossenideologie« (Hannah Arendt) rassistisch aufzuladen. Das war eine mörderische Mischung, die zugleich selbstzerstörerisch wirken sollte.

Walter und Dora Benjamin folgten mit der Wahl ihres Exillandes Frankreich Heinrich Heine oder Ludwig Börne und anderen revolutionären und missliebigen Intellektuellen, die im Lauf der Jahre aus Deutschland vertrieben wurden. Die Auswanderungswelle, die der niedergeschlagenen Revolution 1848 folgte, sollte sich wiederholen. 1934 hatten ungefähr 60 000 Menschen Deutschland verlassen, zwei Jahre später waren es schon über 100 000. Insgesamt wurden es mehr als eine halbe Millionen Menschen, die Deutschland hinter sich ließen, davon gut neunzig Prozent rassisch verfolgte. Viele aus solchen Berufen, die in Nazideutschland für Juden verboten waren. Der Kulturbetrieb verarmte schlagartig. Die Werke »entarteter Künstler« in der bildenden Kunst und in der Literatur wurden zerstört oder verbrannt, und damit wurde die Existenz ihrer Schöpfer vernichtet. Sie flohen oder wurden ausgebürgert, ebenso linke Intellektuelle wie Benjamin oder Sozialdemokraten und Kommunisten. Sie fanden Aufenthalt im klassischen Asylland Frankreich, in dem 1933 eine Aufenthaltserlaubnis noch großzügig erteilt wurde. Doch das endete 1940, als Frankreich überfallen und von der Wehrmacht in zwei Phasen besetzt wurde.

Die nach 1933 zudem dramatisch anwachsende Zahl Asylsuchender in Frankreich brachte soziale und politische Probleme für das auch sonst innenpolitisch keineswegs gefestigte Land. Zeitweilig drohte Frankreich in den Faschismus abzugleiten, wie Italien und Deutschland und später Spanien. Es war durchaus Ausdruck des aktuellen politischen Klimas in Frankreich, dass die französische Nationalmannschaft am Eröffnungstag der Olympiade 1936 im Berliner Olympiastadion mit dem Hitlergruß an der Führerloge vorbeidefilierte.

Auslöser zeitweilig bürgerkriegsähnlicher Verhältnisse in Frankreich waren ein wachsender und aggressiver Rechtsextremismus und eine fast vergessene Betrugsaffäre, die am Jahreswechsel 1933/34 zu einer schweren innenpolitischen Krise führte. Im Mittelpunkt stand der russisch-jüdische Bankier Serge A. Stavisky, mit engen Kontakten in die Politik, der nach Aufklärung der schweren Betrügereien auf der Flucht vor der Polizei den Tod fand. Aus Angst vor Aufdeckung der eigenen Verstrickung in die Affäre, vor allem in die Ermordung des Bankiers, suchte die radikale Rechte, unterstützt von einer rechtslastigen Presse, die Alleinschuld bei der liberalen Regierung von Ministerpräsident Chautemps abzuladen. Das wurde erleichtert, da auch Mitglieder seines Kabinetts erheblich belastet waren. Der Rücktritt der Regierung Chautemps brachte den Konflikt zwischen den politischen Lagern auf die Straße mit Toten und Verletzten, ein Bürgerkrieg schien zu drohen.

Das tödliche Attentat kroatischer Nationalisten in Marseille 1934 auf den jugoslawischen König, der auf Staatsbesuch in Frankreich war, in seiner Begleitung der französische Außenminister, feuerte die grassierende Fremdenfeindlichkeit und den Antisemitismus im Land erneut an, was auch dazu führte, Emigranten an ihre Verfolger, vor allem nach Deutschland, auszuliefern. Erst eine breite »Burgfriedenkoalition« rettete die Dritte Republik und das demokratische Frankreich, bevor mit dem Überfall der Wehrmacht ihr Ende kam.

Die ungeklärte innenpolitische Lage in Frankreich war für manche Flüchtlinge ein Grund, vorübergehend nach Spanien auszuweichen, und manche Emigranten entdeckten die ihnen bis dahin unbekannte Insel Ibiza. Auch Walter Benjamin war dort und versuchte sich mit Hilfe des französischen Schriftstellers Jean Selz an einer Übersetzung seiner »Berliner Kindheit um neunzehnhundert«. Das Projekt scheiterte, ebenso scheiterte es, einen Verlag zu finden für sein Buch »Einbahnstraße«. Am Ende waren es aber schwerste Fieberanfälle, die seine Zusammenarbeit mit Selz beendeten und den an Malaria leidenden

Benjamin zwangen, Ibiza zu verlassen und nach Paris zurückzukehren, wo er sich in die Behandlung eines befreundeten Arztes begab.

Biograf Fuld erinnert daran, dass Walter Benjamin Ende des Jahres 1933, wieder in Paris, in einer in jeder Hinsicht verzweifelten Situation war. Von seiner Krankheit war er so geschwächt, dass er die Stufen zu seinem drittklassigen Hotel in einer Pariser Vorstadt nicht hinaufsteigen konnte. Aus Scham über seine Armut lebte er isoliert und versuchte dennoch, Kontakte zu französischen Literaten zu knüpfen, die Publikationsmöglichkeiten versprachen.

Nach ihrer Rückkehr aus den Sommerferien, in denen sich die Seinestadt weitgehend geleert hatte, stießen die Pariser auf unzählige Emigranten, die in den überfüllten Wartesälen schnell eingerichteter Hilfskomitees auf Unterstützung hofften. Auch Benjamin gehörte dazu. Daraus erklärt sich sein Brief an die Schwester, die selbst krank und mittellos war, ob sie ihm mit einer kleinen Summe Geld aushelfen könne. Sie allerdings verdiente so wenig, dass es gerade für die Miete, aber kaum für eine tägliche Mahlzeit reichte.

Später bessert sich seine Situation, als Gretel Adorno, die ihm immer mal wieder mit unregelmäßigen Beträgen unter die Arme greift, erneut einen Geldbetrag überweist. Zugleich erhält er vom »Institut für Sozialforschung« für regelmäßige Mitarbeit ein monatliches Honorar von 500 Franc. Das Institut zog derweil von Genf, wohin es nach der Machtergreifung der Nazis übergesiedelt war, nach New York, weil Theodor W. Adorno und Max Horkheimer befürchteten, dass auch die Schweiz vom Faschismus überrannt werden könnte.

In Paris trifft Benjamin auf Bertolt Brecht, und es entwickelt sich zwischen den beiden so gegensätzlichen Temperamenten eine Freundschaft, die vor allem für Brecht eher außergewöhnlich war. Mindestens dreimal ist Benjamin mehrere Wochen Gast in Brechts Haus auf der Insel Fünen in Dänemark. Eine Freundschaft, die Brechts Neigung, ihm nahestehende Menschen für sich zu vereinnahmen und »zu verbrauchen«, tatsächlich standhalten sollte.

Wenn Benjamin über etwas Geld verfügte, gab er es zumeist für Bücher und Zeitschriften aus, immer in der Hoffnung, selbst einen Aufsatz gegen Honorar platzieren zu können. So entsteht in Paris auch der berühmte Aufsatz »Das Kunstwerk im Zeitalter seiner technischen Reproduzierbarkeit«. In einem Brief dazu an Max Horkheimer nach New York wird auch seine private Lage in Paris klar: »Meine Situation ist so schwierig, wie eine Lage ohne Schulden überhaupt sein kann. Ich will mir damit nicht etwa das geringste Verdienst zuschreiben, sondern nur sagen, dass jede Hilfe, die Sie mir gewähren, eine unmittelbare Entlastung für mich bewirkt.«

In dem Brief berichtet Walter Benjamin, er wohne jetzt zur Untermiete bei Emigranten. Es sei ihm außerdem gelungen, Anrecht auf einen Mittagstisch zu bekommen, der für französische Intellektuelle veranstaltet werde. Aber erstens sei diese Zulassung provisorisch, zweitens könne er von ihr nur an Tagen Gebrauch machen, die er nicht in der Bibliothek verbringe, denn das Lokal liege weit von ihr ab. Nur beiläufig erwähnte er, dass er die »Carte d'identité« erneuern müsse, ohne die dafür notwendigen 100 Franc zu haben.

Im Band 19 von »Werke und Nachlass«, herausgegeben vom Suhrkamp Verlag, »Über den Begriff der Geschichte«, erscheint regelmäßig auch der Name von Dora Benjamin, wenn ihr das Typoskript, die Abschrift, von Walter Benjamins Aufzeichnungen zu danken ist. Ein Zeichen dafür, wie eng sie in Paris zusammengearbeitet haben. Beide litten unter der materiellen Unsicherheit, die nicht zu bessern war. Nach eigenem Bekunden benötigte Walter Benjamin ein monatliches Existenzminimum von 1000 Franc, das waren umgerechnet rund 150 Mark. Der Markt für Honorare im wissenschaftlich-literarischen bzw. universitären Bereich, in Instituten und Verlagen war auch in Paris übersichtlich, und daher waren auch die französischen Intellektuellen durchaus nicht erfreut über die neuen Konkurrenten. Mit anderen Worten, die Chance, über Aufsätze und Vorträge an Honorare zu gelangen, war ausgesprochen gering. Entsprechend die Hoffnung, aus dem faschistisch belagerten Europa Aufnahme in Süd- oder Nordamerika zu finden.

In einem Brief an Gershom Scholem erzählt Hannah Arendt von ihrer letzten gemeinsamen Zeit mit Walter Benjamin. Sie schreibt, dass sie sich zusammen mit Freunden, darunter Walter (Benji) Benjamin, bei Ausbruch des Krieges zur Erholung »in einem kleinen französischen Nest« nahe Paris befand. Walter Benjamin sei vom Ausbruch des Krieges über die Maßen erschrocken gewesen. Wie alle anderen Flüchtlinge auch wurde er interniert. Im vorläufigen Lager »Colombes« sei er dann ihrem Mann begegnet, der ihn ziemlich verzweifelt fand. Im endgültigen Lager angekommen, habe er in den folgenden Monaten seine geschichtsphilosophischen Thesen geschrieben, von denen er Scholem – »wie er mir sagte« – auch ein Exemplar geschickt habe.

In dem Brief erinnert Hannah Arendt daran, dass »Benji« für den Arbeitsdienst, zu dem alle Internierten bis zu einem Alter von 48 Jahren gemustert wurden, untauglich geschrieben wurde. Gleichzeitig sei er »wie durch ein Wunder« von der »gründlicheren Internierung« Mitte Mai verschont geblieben. Da sie selbst ebenfalls interniert war, hätten Freunde ihr erzählt, dass er sich überhaupt nicht mehr auf die Straße gewagt habe und in einer dauernden Panik gewesen sei. Er sei mit dem letzten Zug, der Paris verließ, nach Lourdes gefahren. Sie sei Mitte Juni aus dem Internierungslager in Gurs entlassen worden und ebenfalls zufällig nach Lourdes gekommen, wo sie auf Benjamins Bitte mehrere Wochen blieb. »Benji und ich spielten von morgens bis abends Schach und lasen in den Pausen Zeitungen, soweit es welche gab.« Bis zu dem Augenblick, wo der Waffenstillstandsvertrag mit der berüchtigten Auslieferungsklausel bekannt wurde, war alles noch ganz gut gegangen. Danach sei ihnen allerdings sehr viel unwohler geworden. Sie könne nicht sagen, dass Benji in Panik geraten sei, obwohl sie von den ersten Selbstmorden von Internierten auf der Flucht vor den Deutschen erfuhren. Auch habe er zum ersten Mal und wiederholt zu ihr von Selbstmord gesprochen. Dass dieser Ausweg eben doch bliebe. Auf ihre höchst energische Ansprache, dass man dazu immer noch Zeit habe, hätte er sehr stereotyp wiederholt, dass man das nie wissen könne und dass man damit auf keinen Fall zu spät kommen dürfe.

Hannah Arendt reiste Anfang Juli aus Lourdes ab und blieb bis September mit Walter Benjamin brieflich in Kontakt. Er habe sehr deprimiert davon geschrieben, dass die Gestapo in seiner Pariser Wohnung gewesen sei und alles beschlagnahmt habe. Ähnliches berichtete Dora, die in

Paris mehrfach verhört worden war. Hannah Arendt traf Walter Benjamin noch einmal im September in Marseille, weil ihre Visa in die USA eingetroffen waren. Das Visum für Walter Benjamin hatte Max Horkheimer besorgt. Benjamin hatte auch das notwendige spanische und portugiesische Transitpapier und machte sich auf den Weg in die Pyrenäen, um dort Lisa Fittko zu treffen, die ihn im französisch-spanischen Grenzgebiet über die Berge sicher nach Spanien führen sollte.

5. KAPITEL
Das letzte Biwak vor Portbou

Nachtkühle. Ein kurzer Hang. Seine Schritte hinauf und hinunter sind verhalten. Er weiß, dass sein Herz mitmachen muss. Er atmet schwer, fröstelt und hofft, dass die Bewegung gegen die Abendkühle hilft. Er muss die Nacht durchhalten auf dem Berg in den Pyrenäen, noch in Frankreich, nahe der spanischen Grenze. Auch jetzt, da er allein zurückgeblieben ist, hält er Blickkontakt zu seiner Aktentasche: Die sei wichtiger als sein Leben, hatte er Lisa Fittko zugeraunt, als sie sich vor Stunden vom Bürgermeister von Banyuls-sur-Mer verabschiedet hatten. Als Lisa die Tasche anhebt, spürt sie ihr Gewicht und die Sorge, dass sie dem »alten Benjamin«, wie sie ihn in Gedanken nennt, auf dem Weg zu schwer werden könnte. Er hatte von einem Manuskript gemurmelt, das in der Tasche verstaut sei und das auf keinen Fall verloren gehen dürfe.

Lisa ist Fluchthelferin und wird die kleine Gruppe, Walter Benjamin, Henny Gurland und ihren Sohn Joseph, über die Berge bis zur spanischen Grenze führen. Sie haben ein Visum für die USA und gültige Transitvisen über Spanien und weiter nach Portugal, wo sie auf ein Schiff hoffen, das sie nach Amerika bringt. Lisa und ihr Mann Hans hatten sich in Prag kennengelernt, wohin sie 1933 aus Berlin geflohen waren. Sie gehörten zur linken Opposition und mussten sich mit Kriegsbeginn nach Frankreich absetzen. 1940 arbeiten sie als Fluchthelfer für das Büro der amerikanischen Gewerkschaften in Marseille. Das Büro verhilft Nazi-Gegnern zu einem Visum für die Einreise in die USA. Dutzende Flüchtlinge haben die Fittkos bereits über die Pyrenäen in Sicherheit gebracht.

Den Fluchtweg zur nahen spanischen Grenze, den sie am nächsten Tag nehmen wollen, kennt Lisa noch nicht. Es ist ein alter Schmugglerpfad, wie sich herausstellt. Daher wollen sie das erste Drittel des Weges am Nachmittag ausprobieren. Das hatte ihnen der Bürgermeister geraten. Die Wegskizze, die er ihnen gibt, zeigt jeden Abzweig, den sie sich einprägen müssen, um nicht vom Weg abzukommen. Die übliche Route war nicht mehr sicher, aber sie waren rechtzeitig gewarnt worden vor den französischen Grenzpatrouillen. Lisa und Walter samt Aktentasche und Manuskript, von denen er sich nicht trennt, und Henny Gurland und ihr Sohn Joseph machen sich auf den Weg.

Nach drei Stunden erreichen sie ein Pinienwäldchen an einem Berghang. Da hätten sie schon nach einer, höchstens eineinhalb Stunden sein sollen, so war die Voraussage des Maire von Banyuls. Durch das Bürofenster im Rathaus war für sie das Wäldchen zwar weit entfernt, aber noch gut erkennbar gewesen. »Ein Spaziergang«, hatte der hilfsbereite Bürgermeister noch hinzugefügt, »zur Probe«. Aber Walter Benjamin war weder kräftig genug, noch hätte sein Herz es erlaubt, den Testmarsch als »Spaziergang« zu empfinden. Es schien ihm daher wenig plausibel, jetzt die gleiche Strecke nach Banyuls wieder zurückzugehen, nur um am nächsten Morgen erneut hierherzukommen, vermutlich nicht weniger erschöpft.

Und so teilt der »alte Benjamin« – tatsächlich war er gerade 48 Jahre alt geworden – seiner Fluchthelferin mit: »Ich werde die Nacht hier verbringen.« Sie stehen unter einer Pinie, den Blick auf den abfallenden Pfad gerichtet, der nach Banyuls-sur-Mer führt. Von dort grüßen die zum Tagesende aufscheinenden Lichter der kleinen Stadt. Walter Benjamin muss seine Kräfte einteilen, lässt sich aber von seinem Entschluss nicht abbringen.

Als kein Überredungsversuch daran etwas ändern kann, unterdrückt Lisa ihren Impuls, zu bleiben, ihn nicht allein zu lassen. Sie muss ohnehin für den nächsten Tag, an dem sie zur spanischen Grenzstadt Portbou aufbrechen wollen, noch Wasser und Proviant auftreiben.

So teilt sich die Gruppe. Ihr Plan ist, in der Frühe von Banyuls-sur-Mer aufzubrechen und sich unter die Weinbauern zu mischen, die gegen vier Uhr morgens zur Lese in die Weinberge ziehen. Das sei die beste Tarnung, hatte ihnen der Bürgermeister versichert.

Allein auf dem Weinberg, muss sich Walter erst mal erholen; als Sitzunterlage dient ihm die Aktentasche mit dem Manuskript, das »mir wichtiger ist als mein Leben«, wie Lisa Fittko in ihren Erinnerungen schreibt. Der Boden ist noch warm von der Herbstsonne. Er sucht sich Zweige für ein Feuer und hebt mit bloßen Händen eine Mulde aus, damit das kleine Lagerfeuer aus der Entfernung nicht sichtbar ist. Es reicht, um sich daran zu wärmen.

Die Nacht ist sternenklar. Der Mond sendet ein milchiges Licht; ein Nachthimmel, wie er nur in den Bergen zu erleben ist. Ein tiefes Atemholen für den Mann auf dem Berg, ein Moment der Stille, wie geschaffen, um in Gedanken seinem Lebensweg von Berlin über München,

Freiburg, Bern nach Frankfurt und immer wieder nach Paris noch einmal zu folgen. Einem Weg, der ihn bis in die Abgeschiedenheit der Pyrenäen geführt hat. Er will dem gewaltigen Beben entkommen, dessen Zerstörungskraft Europa insgesamt treffen wird, und hat kommen sehen, was sich da zusammenbraut.

Es gibt viele Zeugnisse aus den Jahren nach dem Ersten Weltkrieg, die den politischen Weg der kritischen Intelligenz, der Künstler und Literaten in dieser zerrissenen Zeit beschreiben. Viele hofften auf die von den Kommunisten herbeigesehnte und von ihnen als unabwendbar erwartete Revolution. Die Massen entzündete das nicht. Die nach ihrer Gründung 1919 jedes Jahr in Moskau tagende Kommunistische Internationale wartete vergeblich auf die Gesetzmäßigkeit der Weltrevolution.

Die reformistische Sozialdemokratie teilte ohnehin nicht die Erwartung, das ehemalige Kaiserreich sei reif für eine Revolution nach dem Vorbild des Roten Oktober. Benjamins Skepsis klingt zwar an, ist aber geringer als die des Schriftstellers Werner Kraft, dessen Hinweis er in einem Briefwechsel aufnimmt, »den Kommunismus ›als Menschheitslösung‹ vorderhand nicht annehmen zu wollen«. Er antwortet: »Aber es handelt sich ja eben darum, durch die praktikablen Lösungen desselben, die unfruchtbare Prätension auf Menschheitslösungen abzustellen, ja überhaupt die unbescheidene Perspektive auf ›totale Systeme‹ aufzugeben, und so den Versuch zumindest zu unternehmen, den Lebenstag der Menschheit ebenso locker aufzubauen, wie ein gut ausgeschlafener vernünftiger Mensch seinen Tag antritt.« Einige Jahre später legt er mit einem Denkbild nach, das vielschichtig und zugleich einsichtig nahelegt, wie sehr es im Kommunismus auch um

»Religionsersatz« geht. Die Vermutung liegt nahe, dass er auf dem Berg an das »bucklicht Männlein« gedacht haben könnte: »Bekanntlich soll es einen Automaten gegeben haben, der so konstruiert gewesen sei, dass er jeden Zug eines Schachspielers mit einem Gegenzug erwidert habe, der ihm den Gewinn der Partie sicherte. Eine Puppe (...) saß vor dem Brett, das auf einem geräumigen Tisch aufruhte. Durch ein System von Spiegeln wurde die Illusion erweckt, dieser Tisch sei durchsichtig. In Wahrheit saß ein buckliger Zwerg darin, der ein Meister im Schachspiel war und die Hand der Puppe an Schnüren lenkte. Zu dieser Apparatur kann man sich ein Gegenstück in der Philosophie vorstellen. Gewinnen soll immer die Puppe, die man ›historischen Materialismus‹ nennt. Sie kann es ohne weiteres mit jedem aufnehmen, wenn sie die Theologie in ihren Dienst nimmt, die heute bekanntlich klein und hässlich ist und sich ohnehin nicht darf blicken lassen (...).«

Sein Freund Adorno sprach vom »theologischen Glutkern«, ohne den der Materialismus seine Hauptantriebskraft verliere. Doch es brauchte dafür den Tod Stalins im März 1953 und dessen nachträgliche Entthronung 1956 auf dem XX. Parteitag der KPdSU, bis seine Mordtaten bekannt gemacht wurden. Viele gläubige Kommunisten, die den Mann im Kreml verehrt hatten, wurden in ihren bis dahin gepflegten Gewissheiten tief erschüttert: ein Gott, der keiner war.

Kritik richtet Benjamin auch an die SPD und ihren Fortschrittsbegriff, der sich nicht an die »Wirklichkeit« halte, gleichwohl einen dogmatischen Anspruch habe. Er kritisiert die »Ausbeutung der Natur« und Überhöhung der Arbeit als »heilig«. Und tatsächlich bedurfte es erst der ökologischen Bewegung und der Grünen in den acht-

ziger Jahren des 20. Jahrhunderts, damit sich die Sozialdemokratie zur »Versöhnung« von Arbeit und Umwelt
durchrang.

Was wird Walter Benjamin gedacht haben, als er die Irr-
tümer und Fehleinschätzungen des Exekutivkomitees der
Kommunistischen Internationale vom 1. April 1933 zur
Machtübergabe an Hitler nachlesen konnte? In einer damals verbreiteten Presseverlautbarung heißt es: »Die Errichtung der offen faschistischen Diktatur, die alle demokratischen Illusionen in den Massen zunichte macht und
die Massen aus dem Einfluss der Sozialdemokraten befreit, beschleunigt das Tempo der Entwicklung Deutschlands zur proletarischen Revolution.« Welch ein Irrtum.
Der Kampf gegen die SPD, von den Kommunisten als »So-
zialfaschisten« beschimpft, war ihnen wichtiger als der gemeinsame Widerstand gegen die Nazis, weil die Sozialdemokraten der Weltrevolution im Wege standen. Moskau
irrte sich und zeigte sich lange blind für das Ausmaß und
die Folgen dieses Irrtums. Schon im Spanischen Bürgerkrieg war diese Melodie zu hören, als hinter den Kampf-
linien Genossen liquidiert wurden, die nicht auf die Moskauer Linie zu bringen waren.

In Spanien war es der Widerschein des stalinistischen
Terrors, der schon lange in der Sowjetunion tobte. Stalins
Fehleinschätzung, Hitler werde sich an den Nichtangriffs-
pakt mit der Sowjetunion halten, verlängerte die Leiden
der überfallenen Völker und brachte für Russland vier
Jahre Verfolgung, Vernichtungslager, Raubkrieg und Völ-
kermord. Hitler hatte sich in seinem Hauptquartier, der
Wolfsschanze, nichts Geringeres vorgenommen als die Er-
oberung der russischen Landmasse für »das Volk ohne
Raum«. Wer überlebte, sollte dem Herrenvolk als Sklave

dienen. Dieser Plan versank in der Bodenlosigkeit der un-
gesicherten Wege im russischen Landregen oder blieb bei
Temperaturen von vierzig Grad unter null in den Schnee-
massen stecken.

Seine »Gedanken zu einer Analysis des Zustands von
Mitteleuropa«, die Benjamin seinem Freund Gershom
Scholem als Schriftrolle zugeeignet hatte, als Geschenk
aus Anlass von dessen Auswanderung nach Palästina, ist
ein seherischer Text, im Jahr 1923 geschrieben: »Eine
sonderbare Paradoxie: die Leute haben nur das engher-
zigste Privatinteresse im Sinne, wenn sie handeln, zugleich aber werden sie in ihrem Verhalten mehr als jemals
bestimmt durch die Instinkte der Masse. Und mehr als jemals sind die Masseninstinkte irr und dem Leben fremd
geworden (...), so dass es, die eigentlich menschliche An-
wendung des Intellekts, das Bild der Dummheit sich vollendet: Unsicherheit, ja Perversion der lebenswichtigen Instinkte und Ohnmacht, ja Verfall des Intellekts. Dieses ist
die Verfassung der Gesamtheit der deutschen Bürger.«
Wie anders ist dieser Text zu lesen als eine Voraussicht
auf das Kommende, die rassistische völkische Ideologie,
die im Herrenmenschentum ihre absonderliche Konse-
quenz erfährt?

Der SS-Staat, wie ihn Eugen Kogon nach dem Zusammenbruch Nazideutschlands und dem Desaster der
Deutschen beschreibt, scheint schon nebelhaft auf. Die
Massenaufmärsche im Naziland, die Fackelzüge und End-
zeitphantasien, das messianische Auftreten seines Führers, den die »Vorsehung« leitet, begleitet von einer unter-
tänigen Bürgerlichkeit, deren moralischer Zusammenbruch
sich mit Fanfaren und gewaltiger Musik ankündigt.

Zurück zu Walter Benjamin im Jahr 1940 an der französisch-spanischen Grenze. Welche Stimmungen und Gefühle mögen ihn beherrscht haben? Konnte er mit einem Lächeln sich seiner Kindheit erinnern und seiner ganz unterschiedlichen und widersprüchlichen anderen Lebensphasen? Benjamin selbst ist es, der mich ermutigt, ihn mir dort träumend vorzustellen. Er schreibt: »Im Jahre 1932, als ich im Ausland war, begann ich mir klar zu werden, dass ich in Bälde einen längeren, vielleicht einen dauernden Abschied von der Stadt, in der ich geboren wurde, würde nehmen müssen. Ich hatte das Verfahren der Impfung mehrmals in meinem Leben als heilsam erfahren; ich hielt mich auch in dieser Lage daran und rief die Bilder, die im Exil das Heimweh am stärksten zu wecken pflegen – die Kindheit – mit Absicht in mir hervor.«

Er vollendet im Pariser Exil das Manuskript über seine »Berliner Kindheit um neunzehnhundert«. Ob er im Rückblick sich an den Walter erinnert, der er mit 15 oder 16 Jahren war, und an eine Kindheit in Berlin, die nicht ohne den Berliner Zoo denkbar war?

Erinnerungen an die eigene Kindheit und Pubertät sind Erwachsenen nicht fremd. Sie blitzen auf, wenn Kinder oder Jugendliche an einem vorbeitoben, wenn ihr Lachen aufklingt, das an eigene fröhliche Augenblicke erinnert. Walter Benjamin auf dem Berg. Ich stelle mir vor, dass er im Gras sitzt, an einen Baum gelehnt, die Hände hinter dem Kopf verschränkt, wie ihm dieses und anderes durch die Gedanken weht.

Bis heute gibt es Menschen, die nur deshalb nach Berlin reisen, um endlich den Fuß in den berühmten Zoo zu setzen. Walter Benjamin war oft genug dort. Er könnte das Löwentor genommen haben, um in den Zoologischen

Garten zu gelangen, als er sich, irgendwann zwischen 1908 und 1910, im unendlichen Strom der Besucher wiederfindet. Längst hatte er sich zwischen Käfigen und Gehegen an allem exotischen Getier schon müde geguckt. Dennoch lockte es ihn immer wieder, und er schreibt es auf: »Zwischen den Sandplätzen der Gnus und Zebras, den kahlen Bäumen und Riffen, wo die Aasgeier und die Condore nisteten, den stinkenden Wolfsgattern und den Brutplätzen der Pelikane und Reiher, (...) das war die Luft, in der zum ersten Mal der Blick des Knaben einer Vorübergehenden sich anzudrängen suchte, während umso eifriger er mit seinem Freund sprach.«

Das spricht für die Attraktivität des Zoos auch als Platz für erste Flirts in sicherer Umgebung. Da wurde flaniert, und es wurden Blicke getauscht. Walter, um die 16 Jahre jung, machte seine ersten tastenden Erfahrungen mit den ihn elektrisierenden Rundungen der Frauen und Mädchen, die an ihm vorbeidefilieren. Dabei wird er manchen aufmunternden und ihn ermutigenden Blick aufgefangen haben. Denn sie sind nicht zu übersehen, die Dirnen von Berlin, und auch Walter Benjamin übersieht sie nicht. Er entdeckt das »sündige« Berlin. Der Spross aus der Delbrückstraße im vornehmen Grunewald ist zugleich schockiert und magisch angezogen, da er »die Dienste« erahnt, welche diese Frauen den »erwachenden Trieben leisten sollten«.

Und er beschreibt diesen Widerstreit zwischen Erziehung und Lust, gefangen im Korsett angelernter Zurückhaltung und bürgerlicher Moral, die das erwachende und überwältigende sexuelle Begehren herausfordert. Er erinnert die Überwindung, »auf offener Straße eine Hure anzusprechen. Stunden konnte es dauern, bis es dahin kam.

Das Grauen, das ich dabei fühlte«, notiert er, »war das gleiche, mit dem mich ein Automat erfüllt hätte, den in Betrieb zu setzen es an einer Frage genug gewesen wäre. Und so warf ich denn meine Frage durch den Schlitz. Dann sauste das Blut in meinen Ohren und ich war nicht fähig, die Worte aufzulesen. Ich lief davon, um in der gleichen Nacht den tollkühnen Versuch zu wiederholen. Wenn ich dann gegen Morgen in einer Toreinfahrt innehielt, hatte ich mich in die asphaltenen Bänder der Straße hoffnungslos verstrickt, und die saubersten Hände waren es nicht, die mich freimachten.«

Eine ebenso kryptische wie klare Erinnerung, die Teil seines Frauenbildes blieb, das der frühe erregte Blick auf die Hure im engen Matrosenanzug schon prägte und von dem bei Benjamin immer wieder, auch zwischen den Zeilen, zu lesen ist. Was ihm erst später deutlich wird, ist die elende Lage des Proletariats in Berlin, auch in seinem Geburtsjahr 1892 bereits eine Millionenstadt. Behördlich registriert, boten sich mindestens 10000 Huren an. Die Dunkelziffer war ungleich höher. Die Industrialisierung zerstörte die agrarisch geprägten sozialen Strukturen; die Großfamilie zerbrach und damit die relative Sicherheit für die Alten auf das Altenteil und für die Kranken auf die Pflege zu Hause. Die Landarbeiter suchten Arbeit in den neuen Fabriken, und das sich herausbildende industrielle Proletariat war rechtlos und ausgebeutet. Erst das Fressen, dann die Moral, wie Freund Brecht es in der »Dreigroschenoper« besingt. Kirche und sonntägliche Predigt, die noch im Dorf den Moralkodex bestimmt hatten, waren in der Stadt und dem Überlebenskampf der rechtlosen Proletarier wenig hilfreich.

Es gibt zahlreiche literarische Zeugnisse über die Jahr-

hundertwende, die, wie die späten zwanziger Jahre, als
»golden« verklärt wird. Die Fotografien aus dieser Zeit
sind vergilbt wie die Epoche, der sie entstammen. Die
Menschen wirken seltsam steif ausstaffiert und uniform
auf diesen Fotos, die Männer in festem Schuhwerk, bekleidet mit Anzug und Weste, der steife Kragen mit Fliege
zwingt zu erhobenem Haupt; die Frauen in hochgeschlos-
senem Kleid; Jungs im Matrosenanzug und Mädchen mit
gehäkelter Bordüre am weißen Rock wie auf dem Cousi-
nenfoto aus dem Jahre 1906. Die stinkenden Kloaken in
den Hinterhöfen der Berliner Mietskasernen, das Leid der
geschundenen Menschen, Kinderarbeit und Siebzigstun-
denwoche, was Wut erzeugt und Ventile sucht, wird nur
von wenigen beschrieben. Realistisch gezeichnet ist das
»Milljöh« in den Bildern von Heinrich Zille, dem Maler
der Epoche.

In der Grunewaldvilla oder in den Sommerwohnungen
der großbürgerlichen Familie Benjamin in Babelsberg
und in Potsdam am Brauhausberg ist die Verzweiflung vieler Menschen im wilhelminischen Berlin wohl kaum ein
Thema. Und Sohn Walter, dessen Eltern schon bei seiner
Geburt sicher waren, einen Schriftsteller auf die Welt gebracht zu haben, wird kaum über seine pubertären Sehnsüchte und sein sexuelles Begehren gesprochen haben.
Das aber kann er dort ausleben, wo Armut Frauen und
Mädchen zwingt, als Huren zu überleben.

In den Beschreibungen und Erinnerungen über das
Berlin um 1900 und danach spielen die von »Huren ge-
sprenkelten Boulevards« immer wieder eine Rolle. Benjamin auf dem Berg allein, die Nachtkühle spürend, wird
Ernst Ludwig Kirchners Bild »Potsdamer Platz« kennen,
darauf mit großen Hüten verhüllte Liebesdienerinnen.

Für die jungen Söhne der Besitzbürger waren sie kaum zu übersehen, und noch schwerer war es, ihnen auszuweichen. Die preußische Regierung, auf Moral bedacht, hatte den Bordellbetrieb verboten, und so blieb den Frauen, die auf diese Weise ihren Unterhalt oder den der Familie erwerben mussten, oft nur der Straßenstrich.

Aber der Liebesmarkt, der zu allen Zeiten Konjunktur hat, breitete sich immer weiter aus und war auch anderswo zu finden. In einer Biografie über Benjamin wird ein kleines Buch von Georg Zivier zitiert über »Das Romanische Café«. Er berichtet von den Treffpunkten der Berliner intellektuellen Boheme nach der Jahrhundertwende und beschreibt Mädchen, junge Frauen, die sich »wie heimatlos zwischen den Tischen hin und her schlängeln, mit diesem oder jenem, mit dieser oder jener ein Gespräch führen, da und dort Platz nehmen und bald wieder unrastig weiterpendeln«.

Viele Mädchen in dieser Kaffeehaus-Erinnerung »waren Lyrikerinnen oder Malmädchen mit zweifelhaften Geldquellen«. Hin und wieder ist auch Walter Benjamin dort anzutreffen. Die Kaffeehauskurtisanen waren ebenfalls Ausdruck der Verfügbarkeit der Frauen in der patriarchalischen Welt vor und nach dem Ersten Weltkrieg. Die bürgerliche Moral machte aber feine Unterschiede. Nur der Straßenstrich, die zugleich ärmlichste und ausbeuterischste Form des Liebesgewerbes, wurde als Milieu der Huren verstanden. Also das Leben außerhalb der Cafés. Benjamins Frauenbild war auch davon geprägt; da gab es nicht viel, was ihn zu fortschrittlichem Denken drängte. Auch nicht in Paris.

Den träumenden jungen und unpolitischen Intellektuellen wecken der Erste Weltkrieg und der brutale Grabenkrieg sowie das der deutschen Niederlage folgende soziale Desaster auf. Er erkennt, dass die Lage derer am unteren Ende der Gesellschaft nur durch politisches Handeln zu bessern ist. Benjamin beginnt die Wut des entrechteten Proletariats zu verstehen, die sich nach dem Ersten Weltkrieg erst in Russland, dann auch in Berlin revolutionär Bahn bricht. Früh erkennt er die Gefahr, dass sich diese Wut auch als faschistische Variante reaktionär entladen kann. Der große Sinnstifter revolutionärer und kommunistischer Ideen war Karl Marx. An ihm nahmen viele Maß, auch Walter Benjamin. Dagegen stand die sich gegen jede emanzipatorische Entwicklung stemmende klein- und großbürgerliche Welt, die in der überwiegend konservativ-nationalen Presse ihre schärfsten Anwälte fand und in Adolf Hitler ihren Vollstrecker.

In dieser Nacht auf dem Weinberg nahe Portbou sehe ich weniger den Philosophen und scharfen Denker als den Menschen aus Fleisch und Blut, seine Sehnsüchte, Hoffnungen und die Verzweiflung, auch über ein Deutschland, das ihn schändlich behandelt hat. Das gilt auch für die Goethe-Universität in Frankfurt am Main und die dort wirksame antisemitische Gesinnung. Er hatte seine Habilitationsschrift »Ursprung des deutschen Trauerspiels« zurückgezogen, um der offiziellen Zurückweisung zuvorzukommen.

Das letzte Biwak vor Portbou. Ob Walter Benjamin die fragmentarischen »Passagen« überarbeitet hatte? War es vielleicht ein neues »Passagen«-Manuskript, das er da über die Pyrenäen trug, in dem »alles aufgeschrieben« war und das er für »wichtiger als sein Leben« hielt? Er hat – damals wie heute – für viele, die ihn verehren, die von seinem Verstand und seiner emotionalen Intelligenz beeindruckt sind, etwas, das Theodor W. Adorno so beschreibt: »Wenn ich das Äußere wiedergeben soll, so müsste ich sagen, dass Benjamin etwas von einem Zauberer hatte, aber in einem sehr unmetaphorischen, sehr wörtlichen Sinn. Man hätte ihn sich gut mit einem sehr hohen Hut und mit einer Art von Zauberstock vorstellen können.«

Und Hannah Arendt, die gute Freundin, die wie eine Löwin dafür kämpfte, dass seine Manuskripte veröffentlicht wurden und er damit einen Platz an der Seite der großen Denker bekam – irgendwo zwischen Kant und Karl Marx. Ein großer Deutscher, den die Deutschen wegstießen in dieser Schreckenszeit des großen Kulturbruchs. Es gab auch andere Stimmen, die in ihm das ewige verwöhnte Kind sahen, das nie ganz erwachsen werden wollte. Auch daran wird er in dieser Nacht gedacht haben. An Anfechtungen vieler Art, und nicht allen mag er sich gewachsen gefühlt haben.

Hannah Arendt, ebenfalls vor den Nazis geflohen wie viele andere Deutsche mit jüdischen Wurzeln, nahm wenige Monate nach Walter Benjamin die Hürde Portbou, die Benjamin nicht überwinden konnte. Auch für sie war er von einem Geheimnis umgeben. Und wenn sie an ihn dachte, begleitete sie dieses Gefühl: »Was an Benjamin so schwer zu verstehen war, ist, dass er ohne ein Dichter zu sein dichterisch dachte und dass die Metapher daher für ihn das größte und geheimnisvollste Geschenk der Sprache sein musste, weil sie es in der Übertragung möglich macht, das Unsichtbare zu versinnlichen.«

Was Arendt an ihm so bewunderte, hat keiner besser beschrieben als er selbst: »Worte zu dem zu finden, was man vor Augen hat – wie schwer kann das sein. Wenn sie dann aber kommen, stoßen sie mit kleinen Hämmern gegen das

Wirkliche, bis sie das Bild aus ihm wie aus einer kupfernen Platte getrieben haben.« Die Beschreibung des Stadtbildes von San Gimignano will ihm erst mit diesem Satz gelingen: »Abends versammeln sich die Frauen am Brunnen vorm Stadttor, um in Krügen Wasser zu holen – erst als ich diese Worte gefunden hatte, trat aus dem allzu blendenden Erlebten mit harten Beulen und tiefen Schatten das Bild. Was hatte ich vorher von den weiß flammenden Weiden gewusst, die am Nachmittage mit ihren Flämmchen vor dem Stadtwalle wachen? Wie enge mussten sich vordem die dreizehn Türme behelfen und wie besonnen nahmen sie von nun ab jeder seinen Platz ein, und zwischen ihnen war es noch sehr geräumig. Kommt man von fern, so ist die Stadt plötzlich so unhörbar wie durch eine Tür in die Landschaft getreten. Sie sieht nicht danach aus, als solle man ihr näher kommen. Ist es aber gelungen, so fällt man in ihren Schoß und kann vor Grillengesumm und Kinderschreien nicht zu sich finden.«

Manchem Freund wird er in der Nacht auf dem Berg begegnet sein. Erinnerung an einen Händedruck, ein ermutigendes Schulterklopfen. Vielleicht denkt er an den Freund Bertolt Brecht. Auch an den ältesten seiner Freunde (Gerhard) Gershom Scholem; das Fundament ihrer Freundschaft blieb immer unversehrt, kein noch so hitziger Streit änderte das.

Geradezu lebenserhaltend waren seine Freundschaften zu Frauen, die dabei halfen, ihn aus dem Internierungslager Vernuche herauszuholen. Ihre Namen stehen in seinem Adressbuch, das zusammen mit anderen Papieren und Manuskripten in Paris geblieben war. Einundsiebzig Namen und Adressen sind darin zu finden. Darunter auch die Namen von sieben Frauen, die Himmel und Hölle in

Bewegung setzten, um seine Entlassung zu erwirken. Hierzu gehören neben seiner Schwester Dora die Buchhändlerinnen Adrienne Monnier und Sylvia Beach, die englische Schriftstellerin Winifred Ellermann, die Fotografin Gisèle Freund und Juliane Favez, die Sekretärin des Instituts für Sozialforschung in New York.

Lächelte er, wenn er Hans Fittko vor sich sah? Eine Begegnung im Lager Vernuche? Benjamin hatte Hans Fittko eröffnet, er sei dabei, sich das Rauchen abzugewöhnen, und beschrieb die Qualen des Entzugs. Für Hans eindeutig der falsche Zeitpunkt. Und so versucht er Walter Benjamin eine Grundregel nahezubringen, die ihm immer geholfen habe, Krisen zu überstehen und den Verstand nicht zu verlieren: »Immer nach Erfreulichem suchen und nicht nach zusätzlichen Härten.« Benjamin habe die Regel zurückgewiesen, schreibt Lisa in ihren Erinnerungen, und für sich das genaue Gegenteil reklamiert: »Ich kann die Zustände im Lager nur ertragen, wenn ich gezwungen bin, meine geistigen Kräfte ganz und gar auf eine gewaltige Anstrengung zu konzentrieren. Das Rauchen aufzugeben kostet mich diese Anstrengung, und so wird es mir zur Rettung.«

Ob ihm dieser Rat in den Sinn geriet auf dem Berg? Er und Hans Fittko – zwei Männer, die unterschiedlicher nicht sein können und doch so verwandt sind. Ob er in der Nacht vor seiner letzten Entscheidung jenen Dämmerzustand erreichte, den es braucht, wenn ein Film im Kopf in Gang kommen soll mit den Bildern, die sich da angesammelt haben in den Jahren vor und nach dem Ersten Weltkrieg? Einem Krieg, der dazu beigetragen hatte, die Welt auf den Kopf zu stellen. Im verbissenen Stellungskrieg geopferte Soldaten. Jede Anhöhe wurde von jeder Seite mehrfach erobert und wieder verloren, Bajonette wurden in Feinde gerammt; es wurde auf moderne Weise getötet, mit Giftgas, das die Lungen zersetzte und zum Erstickungstod führte. Nach dem großen Schlachten: neun Millionen tote Soldaten. Die Städte waren voll mit bettelnden, verstümmelten Kriegsversehrten. Walter Benjamin war verschont geblieben; er war ja kriegsdienstunfähig eingestuft worden. Dennoch sieht er auf allen Seiten ungestillte Rachegefühle. Revanchegelüste liegen wie auf Wiedervorlage. Sie münden in den Zweiten Weltkrieg und bringen den Bombenkrieg, der die Todesrate vervielfachen wird.

Welche Bilder mag ihm sein innerer Film zugespielt haben? Da oben auf dem Berg der Ort, der wie kein anderer seine Einsamkeit spiegelt. Dieses Mal geht es ihm ums Überleben und nicht darum, auszusteigen. Wie oft hat er an das Gegenteil gedacht, einfach aufhören zu wollen, das Leben loszulassen. Und jetzt unterstelle ich ihm das Gegenteil, noch einmal davonkommen zu wollen. In den Jahren vorher war ihm Ariadne treu geblieben, die ihn in unterschiedlicher Gestalt immer wieder geführt hatte, wenn er sich lebensmüde zu verirren drohte. Wie damals im Tiergarten in Berlin, als er Königin Luise auf dem steinernen Sockel trifft und ihm das Wort »Liebe« zufällt. In der Biografie von Werner Fuld wird sein »Tagebuch vom siebenten August neunzehnhunderteinunddreißig bis zum Todestag« zitiert: »Sehr lang verspricht dieses Tagebuch nicht zu werden.« Er erinnert sich darin auch seiner drei großen Liebeserlebnisse – Dora, Jula, Asja. »Ich habe drei verschiedene Frauen im Leben kennen gelernt und drei verschiedene Männer in mir.«

Diese Unterschiedlichkeit seines Wesens beschreibt Dora Sophie, seine Frau, auf dem Höhepunkt der Auseinandersetzung, die 1930 zur Scheidung ihrer Ehe mit Walter führt. Für sie ist er kein anderer, er ist nicht verwandelt, sondern gewisse Seiten seines Wesens sind einfach ins Maßlose gesteigert. Sie klagt darüber, dass er sich überhaupt nicht um seinen Sohn Stefan kümmern würde. Diese Zeilen entnehme ich dem Buch »Benjaminiana«, das Hans Puttnies und Gary Smith anlässlich der Ausstellung »Bucklicht Männlein und Engel der Geschichte. Walter Benjamin, Theoretiker der Moderne« im Jahre 1990 herausgegeben haben. Die Ausstellung wurde im Martin-Gropius-Bau in Berlin gezeigt. In einem Brief an Gershom Scholem bedauerte Dora, dass die »skrupellose Asja« ihn ausbeutet, »was zwar wie ein übler Roman klingt, aber wahr ist«. Dennoch wird Dora ihn in den Hungerjahren der Pariser Emigration mehrfach aufnehmen und unentgeltlich in ihrer Pension in San Remo wohnen lassen, ehe sie nach London emigriert.

Der Film in seinem Kopf, mit ihm in der Hauptrolle, ist nicht denkbar, ohne an Sohn Stefan und an Dora Sophie, seine geschiedene Frau, denken zu lassen. Seiner großen Liebe Asja Lacis war er auf Capri begegnet. Sie ist Kommunistin und war Regissseurin, Schauspielerin und Theaterleiterin. Zu ihr eilt er, weil sie schwer erkrankt ist und ihn in Moskau zu sehen wünscht. Als er endlich kommen kann, ist sie schon auf dem Weg der Besserung, erholt sich von einem Nervenzusammenbruch. Er besucht sie jeden Tag, und sie schreibt: »Geduldig spielte er mit mir Domino. Er hatte den guten Willen, sich in das ungewöhnliche Milieu einzuleben und es zu verstehen.« Sie besuchte ihn Ende 1928 in Berlin, wo sie sich ein letztes Mal sahen.

Was er im »ungewöhnlichen Milieu« Moskaus wahrnimmt, steigert seine Skepsis. In einem Brief an Scholem vom Dezember 1928 schreibt er: »Es ist völlig unabsehbar, was (dabei) in Russland zunächst herauskommen wird. Vielleicht eine wirklich sozialistische Gemeinschaft, vielleicht etwas ganz anderes. Der Kampf darüber ist ununterbrochen im Gange. Sachlich mit diesen Verhältnissen verbunden zu sein ist höchst fruchtbar – sich aus grundsätzlichen Erwägungen in sie hineinzustellen, wäre mir nicht möglich.«

Auch der Bruder Georg wird ihm auf der Berglichtung nahe sein; er hat ihn seit über sieben Jahren nicht mehr gesehen. Der Rassenwahn hatte sich wie ein schnell wucherndes Krebsgeschwür ausgebreitet. Die christlichen Kirchen tun wenig, die Liebesbotschaft der Bergpredigt durch ihr Handeln einzulösen. Manches klingt dort ebenso rassistisch, wenn auch religiös drapiert, es gibt kaum einen Unterschied zu den Blut-und-Boden-Apologeten jener Zeit. Ob in Sonnenburg oder im Zuchthaus Brandenburg und – zwei Jahre nach Walters Tod – im KZ Mauthausen als letzter Station: Georg Benjamin litt vor allem, weil er Jude war und dazu noch Kommunist. Wie mag Walter Benjamins Phantasie gearbeitet haben, wenn er an den Bruder dachte? Sie hatten sieben mal 365 Tage ohne einander auskommen müssen, was bleibt da? Hatten sie sich verloren?

Walter Benjamin hätte auf die verzweifelte Rationalisierung des Hitler-Stalin-Paktes seines Bruders sicher anders reagiert als Hilde, die Georgs Argumenten in seinen Briefen aus dem Zuchthaus folgte und wie er hinter diesem Teufelspakt eine rationale Strategie vermuten wollte. Walter hätte das nicht überzeugt. Seine Skepsis wird deutlich in dem Bild von Paul Klee »Angelus Novus«, das er in seiner Schrift »Über den Begriff der Geschichte« interpretiert. Er stellt der neunten These des Textes ein Zitat aus einem Gedicht von Scholem voran:

> Mein Flügel ist zum Schwung bereit
> Ich kehrte gern zurück
> Denn blieb' ich auch lebendige Zeit
> Ich hätte wenig Glück.

Und schreibt: »Ein Engel ist darauf dargestellt, der aussieht, als wäre er im Begriff, sich von etwas zu entfernen, worauf er starrt. Seine Augen sind aufgerissen, sein Mund steht offen und seine Flügel sind ausgespannt. Der Engel der Geschichte muss so aussehen. Er hat das Antlitz der Vergangenheit zugewendet. Wo eine Kette von Begebenheiten vor uns erscheint, da sieht er eine einzige Katastrophe, die unablässig Trümmer auf Trümmer häuft und sie ihm vor die Füße schleudert. Er möchte wohl verweilen, die Toten wecken und das Zerschlagene zusammenfügen. Aber ein Sturm weht vom Paradiese her, der sich in seinen Flügeln verfangen hat und so stark ist, dass der Engel sie nicht schließen kann. Dieser Sturm treibt ihn unaufhaltsam in die Zukunft, der er den Rücken kehrt, während der Trümmerhaufen vor ihm zum Himmel wächst. Das, was wir Fortschritt nennen, ist dieser Sturm.«

Der »Sturm vom Paradiese«, der ihn unaufhaltsam antreibt – »das lässt sich vieldeutig dechiffrieren«, lese ich bei Sven Kramer, einem ausgewiesenen Kenner Benjamins. In Kombination mit einer anderen Sentenz kommt mir erneut ein skeptischer Benjamin entgegen, wenn er Karl Marx zitiert: »Die Revolutionen sind die Lokomotiven der Weltgeschichte.« Er setzt skeptisch dagegen: »Aber vielleicht ist dem gänzlich anders. Vielleicht sind Revolutionen der Griff des in diesem Zug reisenden Menschengeschlechts nach der Notbremse?«

Dies könnte er Georg, dem gläubigen Kommunisten, entgegengehalten haben, für den seine kommunistische Überzeugung die Planke war, an der er sich in der frustrierenden Wirklichkeit seiner Zelle festhielt; nichts durfte falsch sein an dem, was da aus Moskau zu hören war. Hilde wiederum wurde seine Überzeugung ein Vermächtnis, dem sie folgte: »Die Partei, die Partei, die hat immer recht.«

Niemand kann wirklich wissen, wie Walter Benjamin diese Nacht auf dem Berg überstanden hat. Dass ihn Erinnerungen beschäftigten, das lässt sich vermuten. Vielleicht so wie in seiner »Berliner Kindheit um neunzehnhundert« sind es auch Gerüche und Geräusche, die er in den hintersten Winkeln findet und assoziativ nutzt. So das Klingeln des Telefons und seine ersten Erfahrungen mit diesem neumodischen Ding und dessen irritierendem Klingeln, von dem er nicht sicher ist, ob es »der Bau der Apparate« war oder seiner brüchigen »Erinnerung« geschuldet, dass die ersten Telefongespräche »ihm anders in den Ohren liegen als die heutigen«. Für ihn waren es »Nachtgeräusche, die keine Muse vermeldet. Die Nacht, aus der sie kamen, war die gleiche, die jeder wahren Geburt vorhergeht«, lese ich. »Und eine Neugeborene war die Stimme, die in den Apparaten schlummerte. Auf Tag und Stunde war das Telefon mein Zwillingsbruder. Ich durfte erleben, wie es die Erniedrigungen der Erstlingsjahre im Rücken ließ.« Und er greift auf, was bis heute, erst recht in Zeiten der elektronischen Medien, in jeder Familie größere und kleinere Bruchstellen verursacht, wenn die Kinder über Stunden telefonieren. Vielleicht rauscht es ihm noch im Ohr, wenn seine Gedanken zurückfliegen in das erste Jahrzehnt des 20. Jahrhunderts: »Nicht viele, die den Apparat benutzen, wissen, welche Verheerungen einst sein Erscheinen in den Familien verursacht hat. Der Laut, mit dem er zwischen zwei und vier, wenn wieder ein Schulfreund mich zu sprechen wünschte, anschlug, war ein Alarmsignal, das nicht allein die Mittagsruhe meiner Eltern, sondern das Zeitalter, in dessen Herzen sie sich ihr ergaben, gefährdete.« Er war eben auch ein guter Schriftsteller.

Und so gelingt ihm an einer anderen Stelle des »Kindheits«-Manuskripts die Beschreibung einer nicht jedem Kind widerfahrenden Erinnerung: »Es war, so unglaubhaft es klingt, der Laut, welchen das Messer, mit (dem) meine Mutter die Brötchen bestrichen hatte, die mein Vater am Morgen mit in sein Geschäft nahm, von sich gab, wenn es ein letztes Mal, um von seinen Butterresten es zu säubern, die noch an ihm haften mochten, gegen die knusperigen Schnittflächen des Brötchens abgestrichen wurde. Dieser Klang ging dem Tagewerk meines Vaters voran, für mich nicht weniger erregend als, in späteren Jahren, das Klingelzeichen, welches im Theater den Beginn der Vorstellung ankündigt.«

Wer die Begegnung mit dem Mann auf dem Berg je gesucht hat und ihm nahegekommen ist, der wird zustimmen, dass sein Leben tatsächlich einer Passage ähnelte, jede seiner Lebensphasen mit einem eigenen Ein- und Ausgang. So wie sie in den gleißenden und wie Kathedralen angelegten mondänen Einkaufspassagen zu finden sind: Bücher, vielleicht auch Antiquarisches, daneben Luxuriöses, elegante Bekleidungsgeschäfte und Maßschneidereien, Juweliere, Hutmacher und noble Restaurants, und alles nebeneinander unter einem Dach. Hier fand sich tout Paris ein, oder auch tout Madrid oder tout Budapest – die Reichen und Schönen ihrer Zeit. Dass er die schönste dieser Passagen nicht in Mailand oder in London, sondern in seiner Stadt, in Paris, findet, im Palais Royal, versteht sich fast von selbst. Hier reift die Idee zu seinem »Passagen«-Werk. Er will am Beispiel von Paris die Geschichte des 19. Jahrhunderts erzählen. Zugleich ist es mir Anlass, auf die verzwickte Familie der Benjamins zu schauen und auf ihre Lebenswege, die vom 20. Jahrhundert nicht zu trennen sind. Dort finden sich ihre Prägungen und ihre Kämpfe, immer in der Hoffnung, zu einer besseren Welt einen Beitrag zu leisten.

Und für mich ist eben diese einsame Nacht wie eine Chiffre für seinen Lebenskampf. Auf der Flucht vor denen, die er mit kühl analytischem Blick betrachtet und in all ihren schrecklichen Vereinfachungen durchschaut. Und in diesen einsamen Stunden da oben, als er auf die Rückkehr Lisa Fittkos wartet, könnte er diesen seinen Lebensfilm betrachtet haben. Vielleicht mit anderen Details, solchen, die ihm näher gewesen sein mögen, als ich es wissen kann. Er sagt es ja wieder einmal selbst: »Wer einmal den Fächer der Erinnerung aufzuklappen begonnen hat, der findet immer neue Glieder, neue Stäbe, kein Bild genügt ihm, denn er hat erkannt: es ließe sich entfalten, in den Falten erst sitzt das Eigentliche: jenes Bild, jener Geschmack, jenes Tasten, um dessentwillen wir dies alles aufgespalten, entfaltet haben; und nun geht die Erinnerung vom Kleinen ins Kleinste, vom Kleinsten ins Winzigste und immer gewaltiger wird, was ihr in diesen Mikrokosmen entgegentritt.« Und so zitiere ich ihn erneut und gern: »Erinnerungen, selbst wenn sie ins Breite gehen, stellen nicht immer eine Autobiographie dar.«

Als Walter Benjamin in Port Vendres an die Tür des Dachstübchens von Lisa Fittko klopft, am späten Vormittag des 24. September 1940, hatten die ersten Deportationen bereits begonnen. Juden wurde im selben Jahr der Besitz eines Telefonanschlusses verboten oder der Kauf von Seife. Wenig später werden ihnen die Haustiere verboten sein. Keinem Juden, keinem seiner Kinder war es erlaubt, Hund, Katze, einen Kanarienvogel, Hamster oder Hasen zu halten. So wie ihnen schließlich alles, selbst das Sitzen auf einer Parkbank, verboten wurde. Ursprünglich sollten im Reich Haustiere generell verboten werden. Das Wirtschaftsministerium in Berlin erhoffte sich davon tonnenweise Einsparungen von Getreide, das an die Haustiere verfüttert wurde. Hitler selbst soll es gewesen sein, der vor einem solchen Verbot zurückschreckte, obwohl es, kriegswirtschaftlich betrachtet, vielleicht hilfreich für die Ernährung der Bevölkerung gewesen wäre. Er scheute davor zurück und schätzte damit wohl richtig ein, dass dafür kein Verständnis zu erwarten gewesen wäre. Zumal das ja vorausgesetzt hätte, die Herrenmenschen von der tatsächlichen schwierigen Versorgungslage in Kenntnis zu setzen.

Vermutlich wusste Walter Benjamin davon nichts, als er an die Tür klopfte und nach einer Weile eine verschlafene Lisa öffnete. Lisa kann sich selbst nicht erklären, warum sie den freundlichen Besucher bei sich nur den »alten Benjamin« nennt. »Ich weiß nicht recht warum«, schreibt sie. »Er war ungefähr achtundvierzig.« Von den letzten sieben Jahren Benjamins im französischen Exil, die ihn gezeichnet haben, kann sie nichts wissen, sie werden ihm anzusehen gewesen sein. In Paris musste er jeden Sou umdrehen, und Hunger war der beste Koch. Dort fand er wenig Bereitschaft, dem deutschen Intellektuellen in den Gazetten und Instituten Platz für Veröffentlichungen und Honorare einzuräumen. So blieben ihm nur die Zuwendungen aus dem Institut für Sozialforschung in New York. Weder Max Horkheimer noch der ihm freundschaftlich verbundene Theodor W. Adorno hatten offenbar eine Ahnung davon, wie es um ihn stand. Hannah Arendt brachte das immer wieder zu wütenden Äußerungen in ihren Briefen an den Freund Gershom Scholem.

Als das Institut von Frankfurt über die Schweiz ins rettende New York umzog, plagte Benjamin sogar die Furcht, damit könnte seine einzige Erwerbsquelle verloren gehen. In einem Brief von Horkheimer, der ihn 1934 in Paris erreichte, versicherte der zwar, dass Benjamin trotz der Übersiedlung nach Amerika weiter Mitarbeiter am Institut bleibe, doch die Angst, die letzte verbliebene Geldquelle zu verlieren, hat ihn nie wirklich verlassen. Dabei war das Institut für Sozialforschung finanziell durch eine Stiftung des Getreidehändlers Weil und später durch eine Spende von dessen Sohn Felix abgesichert.

Zurück nach Port Vendres: Benjamin entschuldigt sich bei der verschlafenen Lisa Fittko mit vollendeter Höflichkeit, wie Lisa sich erinnert, für die Störung: »Hoffentlich komme ich nicht ungelegen«, und er fügt hinzu: »Ihr Herr Gemahl hat mir erklärt, wie ich Sie finden kann. Er sagte, Sie würden mich über die Grenze nach Spanien bringen.«

Lisa Fittko beschreibt die Unruhe, die sie erfasste, als sie sich am nächsten Morgen dem Platz nähert, an dem sie und die beiden Mitflüchtlinge Walter Benjamin verlassen hatten. »Endlich die Lichtung! Und der alte Benjamin? Am Leben!« Und dann ihr Schreck über die braunen Flecken um seine Augen – Symptome eines Herzanfalls? Er beruhigt sie. Es seien nur die in der Nachtfeuchte oxydierenden Ränder des Brillengestells, die um die Augen herum abgefärbt haben.

Der Weg bleibt anstrengend, und die Zeitangaben des Bürgermeisters von Banyuls-sur-Mer sind nicht einzuhalten. Selbst ein gesunder und trainierter Wanderer hätte seine Mühe, auf diesem steil durch die Weingärten bergauf führenden Weg entsprechend voranzukommen. Alle zehn Minuten eine Pause, das Herz zur Ruhe bringen. Dann wieder ein gleichmäßiger Schritt.

Als sie den Pass erreichen – ein Blick zurück, ganz weit unten das tiefblaue Mittelmeer und zur anderen Seite, so beschreibt es Lisa, »fallen schroffe Klippen ab auf eine Glasplatte aus durchsichtigem Türkis – ein zweites Meer?« – Es ist die spanische Küste, unglaublich schön. Sie sind auf spanischem Boden. Obwohl sie auf keinen Fall von der spanischen Grenzpolizei entdeckt werden durfte, blieb die Fluchthelferin bei der Gruppe und kehrte erst um, als die ersten Häuser von Portbou auszumachen waren. Jetzt schien ihr, dass die drei sicher über die Grenze gehen und den Zug nach Lissabon erreichen werden.

In Portbou angekommen, im kleinen Pensionszimmer, schrieb Benjamin eine letzte Notiz: Er sei in eine ausweglose Situation geraten, in der er keine andere Wahl habe, als seinem Leben ein Ende zu setzen. Er habe keine Zeit mehr, all die Briefe zu schreiben, die er hätte schreiben wollen. »Dem Augenblick der übermächtigen Gefahr, dem kein Aufschub – also keine Hoffnung abzuringen ist, trete ich mit einer existenziellen Entscheidung entgegen.«

Die Aktentasche, nicht aber das Manuskript wurde gefunden, ordentlich vermerkt im amtlichen Sterberegister. Henny Gurland hat das Grab für fünf Jahre im Voraus bezahlt. Ob Benjamins Tod die spanischen Grenzbeamten veranlasste, die Gurlands auch ohne den französischen Ausreisestempel durchzulassen, was sie Walter Benjamin noch verweigert hatten? Doch das fehlende Manuskript schafft auch andere Vermutungen.

Auch die letzte Notiz von ihm ließe jede Interpretation zu. Auch die des argentinischen Dokumentarfilmers Mauas, der den Freitod anzweifelt.

Bertolt Brecht schreibt »Zum Freitod des Flüchtlings W. B.«:

Ich höre, dass du die Hand gegen dich erhoben hast
Dem Schlächter zuvorkommend.
Acht Jahre verbannt, den Aufstieg des Feindes beobachtend
Zuletzt an eine unüberschreitbare Grenze getrieben
Hast du, heißt es, eine überschreitbare überschritten.

Reiche stürzen. Die Bandenführer
Schreiten daher wie Staatsmänner. Die Völker
Sieht man nicht mehr unter den Rüstungen.

So liegt die Zukunft in Finsternis und die guten Kräfte
Sind schwach. All das sahst du
Als du den quälbaren Leib zerstörtest.

6. KAPITEL
Hilde Benjamin

»Doch, da ist einer!« Eine Kinderhand greift nach dem Käfer, der sehr klein und gelblich mit schwarzen Streifen auf den Flügeln auf der Unterseite eines Blattes an einer Kartoffelpflanze zu finden ist. Lärmende Fröhlichkeit auf dem Kartoffelacker, viele Kinder tollen herum und suchen die Pflanzen nach Kartoffelkäfern ab. Immer wieder der Ruf: »Ich habe einen gefangen!« Der Käfer fällt in ein großes Einweckglas, das jedes der Kinder mit auf das Feld genommen hat. Ein großer Spaß unter blauem Himmel. Wir hatten ihn als aufregendes Abenteuer erwartet. Als die Lehrerin ankündigte, wir würden am nächsten Morgen gleich nach Schulbeginn mit einem Bus vor die Stadt fahren, um Kartoffelkäfer abzusammeln und die Ernte zu retten, war lärmende Begeisterung die Antwort. Eine Missernte wäre eine Katastrophe bei der schwierigen Ernährungslage nach Ende des Zweiten Weltkriegs. Und so wurde die Rettung der Ernte zur nationalen Pflicht, an der sich alle Schulen und die Belegschaften von Betrieben und Verwaltungen beteiligen mussten.

An einem Schultag um 1950 hörten wir, wem dieser Tag zu danken war, den ich als unverhofften Ferientag in Erinnerung habe, ebenso wie die Gulaschkanone, die mit einer fetten Erbsensuppe im Kessel zu den Kindern aufs

Feld geschickt wurde. Ältere Jungen und Mädchen im Blauhemd der FDJ schöpften jeweils zwei Kellen Suppe aus einem Kessel, die wir schmatzend aus mitgebrachten Schüsseln löffelten. Wir schlugen uns den Bauch voll. Die Gulaschkanone gehörte der Roten Armee, erkennbar am Stern und an den kyrillischen Buchstaben. Eine tolle Mittagspause.

Unser Dank für den schulfreien Tag hätte dem imperialistischen Feind gelten müssen. Wir wurden aufgeklärt, dass nur er es gewesen sein konnte, der die Kartoffelkäfer von Flugzeugen aus auf die Felder regnen ließ. Wir lernten am nächsten Tag auch, dass wir mit der Käferjagd eine Schlacht geschlagen und gewonnen hatten. Die Imperialisten in Westdeutschland und in den USA hatten eine herbe Niederlage erlitten. Wir waren die Helden. Wir hatten die Käferfront im Sturm genommen.

So erinnere ich mich an einen besonderen Schultag in der DDR, an dem auch ich das blaue Halstuch der Pioniere trug. Wir lebten nach der Flucht aus Danzig in Rostock, in der zur Stalin-Straße umbenannten Kröpeliner Straße, ehe wir die DDR auf abenteuerliche Weise wieder verließen. Nur Großmutter und Großvater blieben dort zurück. Sie folgten uns in den Westen, als sie das Rentenalter erreicht hatten.

Im Trommelfeuer der Propaganda erreichte der Krieg der Worte damit ein weiteres Kapitel. Er wurde heftig und unter der Gürtellinie geführt. Die Kriegsallianz war zerbrochen, es folgte der Kalte Krieg. Ich hörte den Namen Hilde Benjamin zum ersten Mal. Bis 1953 war sie Vizepräsidentin des Obersten Gerichts der DDR und danach Justizministerin des Landes. In der DDR wurde über sie getuschelt. Die »Russin« wurde sie genannt. Und das war durchaus abfällig und mit Gruselfaktor gemeint. Den Spitznamen »Russin« verdankte sie ihrer Frisur: Sie trug die streng nach hinten gekämmten Haare in einem Zopf, den sie als Kranz rings um den Kopf gelegt hatte. Eine Haartracht, wie sie bei russischen Frauen beliebt war. Und dann gab es das besonders von den westlichen Medien gepflegte Klischee der gnadenlosen Richterin, die mit krachenden Strafurteilen ihre Prozesse beendete und die Angeklagten für viele Jahre hinter Gitter brachte. Zwei Todesurteile werden ihr zugerechnet. Im Westen war die öffentliche Meinung eindeutig: Alle Angeklagten waren Opfer einer unmenschlichen Justiz im zweiten deutschen Staat, der Deutschen Demokratischen Republik, Kürzel DDR, die 45 Jahre lang als das antifaschistische Deutschland gelten wollte. Erst mit der Lektüre einer Biographie brachte ich dann Hilde mit Walter Benjamin in Verbindung und unter ein gemeinsames familiäres Dach. Sie war Walter Benjamins Schwägerin, mit seinem Bruder Georg verheiratet. Damals wusste ich nichts über sie, ihre Familie oder über ihr Schicksal.

Immer wieder im Verlauf der Jahre, da es als Ergebnis des Hitlerkrieges zwei deutsche Staaten gab, begegnete ich ihrem Namen. Im Westen schwang oft ein verächtlicher Unterton mit, wenn es um die »Sowjetzone« und ihre oberste Juristin ging. Sie wurde »Blut-Hilde« genannt, bestenfalls »rote Hilde« oder sogar mit dem Nazi-Sonderrichter Roland Freisler verglichen. Vieles von dem, was ich da las, schien mir wenig glaubwürdig. Ich hatte sieben Jahre meines Lebens in der SBZ bzw. der DDR verbracht und flüchtete mit meiner Mutter und Schwester 1951 von einem in den anderen deutschen Staat. Schon als Kind lernte ich, dass jeweils in dem Deutschland, in das ich gerade geriet, die angeblich höhere Moral zu finden war.

Aber anders als die Bundesrepublik machte die DDR Ernst damit, ehemalige NSDAP-Angehörige aus Justiz, Verwaltung und dem Schuldienst zu entfernen. Hilde Benjamin war es, die mit der Idee der Volksrichter dafür sorgte, dass Rechtsprechung, wenn auch zögerlich und oft angreifbar, weiter möglich war. Sowjetische und deutsche Behörden, die politische Führung und die Parteikader sahen gemeinsam ihre dringlichste Aufgabe darin, möglichst rasch Neulehrer, Volksrichter und Verwaltungsfunktionäre auszubilden, die in die vakanten Stellen einrücken sollten. Sie setzten dabei auf die Lernbereitschaft der jungen Generation und stießen auf großen Bildungshunger. Bei diesem Umbau knirschte und quietschte es, und die geschassten Täter von gestern sahen sich als unschuldige Opfer des »Unrechtsregimes« DDR. Es gab Opfer, etwa bei der Zwangsehe von KPD und SPD zur Sozialistischen Einheitspartei (SED), und danach auch Opfer in den eigenen Reihen. Eine Partei, die »immer« recht hat, und jede Abweichung unter Fraktionierungsverdacht stellte, die schaffte es spielend, die Zahl ihrer Opfer täglich zu mehren.

Im Kalten Krieg zwischen Ost und West entwickelten sich zunehmend heiße Stellvertreterkriege – in Korea oder Afrika. Realität war der Antagonismus der beiden Großmächte. Entsprechend rasch erlahmte das Interesse der Siegermächte an der Umerziehung der Deutschen und ihrer Entnazifizierung. Den Nürnberger Prozessen folgte nichts, was den Erinnerungsverlust aufgehalten hätte. Aber nicht nur unter Literaten wurde die Frage gestellt, ob nach Auschwitz Dichtung noch möglich sei. So viele entwertete Begriffe wie Ehre, Treue, Volk, Rasse, Gerech-

114

tigkeit, Moral, gar Vaterland, Kultur. Nicht mehr zu gebrauchen. Wie also beschreiben, was zu Geschichte gefror und im Namen Deutschlands geschah? »Kahlschlag« in der Sprache. Worte neu bestimmen.

Wie ist der Hilde Benjamin dieser Zeit näherzukommen? Wie zu verstehen, was sie angetrieben hat, was war ihre Prägung, was hat das blutige 20. Jahrhundert aus ihr gemacht? Es hätte ein deutsches Jahrhundert werden können, wäre die Weimarer Republik eine starke Demokratie geworden und hätte sie sich gegen Hitler behaupten können. Hilde Benjamin war auch eine Zeugin für die Zeit nach 1945. Als der Schrecken zu Ende und das Kriegsende in Potsdam besiegelt war, schrieb sie: »Nun begann das, wofür wir die vergangenen 12 Jahre gekämpft, worauf wir uns die letzten Monate vorbereitet hatten.« Sie bekam vom russischen Kommandanten den Auftrag, das Gericht in Steglitz-Lichterfelde neu zu organisieren. Das war am 12. Mai 1945.

Nach der Aufteilung Berlins in vier Sektoren zog sie in den sowjetisch besetzten Teil der Stadt. Sie war Mitglied der Kommunistischen Partei und dann der SED. Aber wie sollte gedeihen, was sich da im sowjetischen Machtbereich als eigenständiger Staat von Moskaus Gnaden entwickelte? Auch die Kommunisten in Ost-Berlin trafen auf eine postfaschistische Bevölkerung, die den Alltag des Nazistaates ohne sichtliche Regung erlebt hatte. Konnte gedeihen, was viele von der DDR erhofften? Man hatte gerade zwölf Jahre antibolschewistisches Trommelfeuer hinter sich, das mit dem Hitler-Stalin-Pakt am 23. August 1939 nur eine kurze Pause hatte, bevor die Wehrmacht auf Befehl Hitlers am 12. Juni 1941 die Sowjetunion überfiel.

Der als Vernichtungskrieg gegen Russland und seine

Bevölkerung angelegte Feldzug wurde zum blutigsten Gemetzel des Zweiten Weltkriegs. Die Menschen wussten oder ahnten, in welche Gräuel die Wehrmacht verstrickt war. Die Angst vor der Rache der heranrückenden Roten Armee ließ im Osten viele panikartig Haus und Hof verlassen. Daraus erwuchs nach 1945 bei vielen Deutschen eine psychologisch disponierte Abwehrhaltung gegen alles, was mit Moskau zu tun hatte. Dazu trug auch der Besatzungsalltag bei und nicht zuletzt die mit der deutsch-sowjetischen Zwangsfreundschaft auferlegten Tabus wie Übergriffe von Rotarmisten, immer wieder Vergewaltigungen – und die gab es jeden Tag. Sie waren der Stoff, die Verbrechen in deutschem Namen und die von den Deutschen durch Russland gewalzte Schneise des Todes aufzurechnen.

Die Führungskader der SED, so erinnerte sich Rudolf Herrnstadt, der erste Chefredakteur des »Neuen Deutschland«, ignorierten die Angst der Frauen und die massenhaften Vergewaltigungen. Das Misstrauen der Menschen ging in zwei Richtungen: gegen die Besatzer, die Angst und Schrecken verbreiteten, und gegen deutsche Kommunisten der ersten Stunde, die es nicht wagten, der Besatzungsmacht entgegenzutreten und Übergriffe und Verbrechen beim Namen zu nennen. Hilde Benjamin, vom Kommandeur der Roten Armee 1945 als Staatsanwältin in Steglitz eingesetzt, erinnerte sich, dass in den Gängen des Amtsgerichts lautstarke Empörung über solche Ereignisse hörbar wurde, und dabei klang nicht selten zugleich die Sehnsucht nach Ruhe und Ordnung der Nazi-Zeit durch. Das Misstrauen der Funktionäre gegen das braun gesprenkelte eigene Volk ist damit vorgeprägt und findet in der Staatssicherheit seine entsprechende und mit den Jahren immer niederträchtiger werdende Ausdrucksform.

In der frühen DDR hoffen dennoch manche auf einen dritten Weg zwischen Kapitalismus und Faschismus. Ob auch Walter Benjamin diese Hoffnung geteilt hätte? Danach befragt, gibt Hilde Benjamin sich überzeugt, dass er den Weg in die SED gefunden hätte. Skepsis ist da angebracht. Dabei kommt mir die Postkarte in den Sinn, die ich an seinem Grab in Portbou fand. Die Karte war wie ein verspäteter Gruß aus der untergegangenen DDR auf den Gedenkstein geflattert; sie lag auf frischen Blumen auf dem offiziellen Kranz der Stadt Portbou zu seinem 71. Todestag. Eine unbeschriebene Karte, die Textseite blank, ohne Absender. Auf der Vorderseite die Ansicht des Alexanderplatzes im geteilten Berlin der achtziger Jahre. Als wollte jemand daran erinnern, dass die Verbindung von Walter Benjamin und der DDR eine Leerstelle bleiben muss.

Walter Benjamin hätte vermutlich Distanz zu beiden deutschen Staaten gehalten. Der anlässlich des Aufstandes am 17. Juni 1953 in Ungnade gefallene Chefredakteur des »Neuen Deutschland« Rudolf Herrnstadt, den Hilde ganz sicher kannte, benannte kurz vor seinem Tod das, was für ihn »das Krebsgeschwür in den eigenen Reihen« war: »Dieses schwer fassbare, spezifisch deutsche Kleinbürgertum, das sich kommunistisch verbarrikadiert. Von allen Russen auf Anhieb gesehen. Aber von vielen aus unerfindlichen Gründen toleriert. Heute gar nicht mehr unerfindlich: sie brauchten einander; der Personenkult Stalins war ja nicht weniger kleinbürgerlich – und sein Terror brauchte Knechte.«

Viel spricht dafür, dass Walter Benjamin ganz ähnlich

empfunden und die DDR kaum ertragen hätte. Aber wohl auch nicht die restaurative Bundesrepublik Deutschland, die bis weit in die sechziger Jahre brauchte, um die Nazi-Zeit aus den verdrängten kollektiven Tiefenzonen wieder zu vergegenwärtigen. Dass dies mehr als fünfzehn Jahre dauerte, hatte Gründe. Einer davon war die fast bruchlose Übernahme der nationalsozialistischen Funktionseliten in Wirtschaft, Verwaltung und Justiz der Bundesrepublik und in die Redaktionsstuben von »Zeit« bis »Spiegel«. Darin dürfte auch die hasserfüllte Reaktion westlicher Medien auf Hilde Benjamins Versuch begründet gewesen sein, in der DDR mit den Nazi-Tätern aufzuräumen.

Dieses Virus sollte möglichst nicht nach Westdeutschland eindringen. Der Frankfurter Generalstaatsanwalt Fritz Bauer war es, der im Westen mit Aufräumarbeiten in der Justiz begann. Eine Geschichte mit großen Rückschlägen. Dass überhaupt davon erzählt werden kann, daran haben beide, Fritz Bauer West, und Hilde Benjamin Ost, einen wesentlichen Anteil.

Helene Marie Hildegard Benjamin kam aus Bernburg bei Halle, wo sie 1902 geboren wurde. Ihre Familie zog dann nach Berlin. Achtundvierzig Jahre später sollte Hilde Benjamin wieder an ihren Geburtsort zurückkehren als Vorsitzende des ersten Strafsenats des obersten Gerichts der DDR, um in Bernburg Gericht zu halten. Eine Visite, die Vorbild für das Bühnendrama von Friedrich Dürrenmatt hätte sein können: »Der Besuch der alten Dame«.

Knapp ein Meter sechzig groß und zierlich, so wird die junge Hilde Lange beschrieben. Ihr dunkler Teint und ihre schwarzen Haare führten zu ihrem Spitznamen »Inderin«. Ein wenig oberflächlich wird in der Biographie »Die

Machtfrau« ihre Schulzeit abgehandelt: »Latein und Mathematik galten als unweiblich«, meint die Autorin Marianne Brentzel und notiert: »Die Mädchen lernen auf dem Lyzeum nur, was man für angemessen und nützlich für die Gattinnen späterer Militärs, Beamter, Unternehmer und Professoren hielt: Handarbeit, Zeichnen, Religion, Gesellschaftstanz, Konversation in Deutsch, Englisch und Französisch. Die naturwissenschaftlichen Fächer und Mathematik spielten dagegen eine untergeordnete Rolle.« Hilde Benjamins Sohn Michael, dem die umfassende Bildung seiner Mutter zugutekam, weil ihm, dem »Mischling«, der Besuch der höheren Schule verboten war, wies diese Annahme für seine Mutter als falsch zurück. Liebevoll erinnert er sich, dass ein großer Teil seiner botanischen Kenntnisse seiner Mutter zu danken sei. Ihre gemeinsame »Forschungsarbeit« ergab sogar eine kleine »Monographie« über die »Blütenpflanzen der Löcknitzwiese«.

Michael berichtete, dass Hildes Zeit der Einschulung vielmehr in eine »interessante Phase« der Entwicklung der Frauenbildung in Deutschland gefallen sei. Der Kampf um eine höhere Mädchenbildung hatte begonnen. Ein Ergebnis waren Real- und Gymnasialkurse in Berlin, die von Helene Lange begründet wurden und die eine prinzipielle Angleichung der Mädchenbildung an diejenige der Jungen nach sich ziehen sollten. Damit wurde Frauen das Universitätsstudium ermöglicht, wenn auch mit kleiner Fächerauswahl. Die offizielle Begründung für diesen Schritt hätte noch in den sechziger Jahren nicht nur in Bayern die CSU überzeugen können:

»Die rasche Entwicklung unserer Kultur und die damit gegebene Verschiebung der Gesellschafts-, Erwerbs- und Bildungsverhältnisse der Gegenwart haben es mit sich gebracht, dass gerade in den mittleren und höheren Ständen viele Mädchen unversorgt bleiben und viele für die Gesamtheit wertvolle Frauenkraft brachliegt. Der Überschuss der weiblichen über die männliche Bevölkerung und die zunehmende Ehelosigkeit der Männer in den höheren Ständen zwingen einen größeren Prozentsatz der Mädchen gebildeter Kreise zum Verzicht auf ihren natürlichen Beruf als Gattin und Mutter. Ihnen sind die Wege zu einem ihrer Erziehung angemessenen Berufe zu bahnen, bei den meisten auch zwecks Erwerbung der nötigen Mittel zum Lebensunterhalte, nicht allein in der Oberlehrerinnenlaufbahn, sondern auch in anderen auf Universitätsstudien begründeten Lebensstellungen, soweit sie für Frauen in Betracht kommen.«

Hilde Benjamin verließ 1918 das Auguste-Viktoria-Lyzeum, um auf die realgymnasiale Studienanstalt zu wechseln, wo sie 1921 das Abitur ablegte. Sie studierte Jura und absolvierte 1928 das zweite Staatsexamen mit »voll befriedigend«. Worin immer ich blättere, um über sie zu lesen, entdecke ich eine als klug, aufgeklärt und belesen geschilderte Frau. Das galt schon für die Grundschule, in der sie sich langweilte, weil sie kaum noch etwas dazulernen konnte. Sie spielte Klavier und liebte klassische Musik.

Ihre politische Überzeugung wurde in Berlin nach dem Ersten Weltkrieg geformt, der mit dem einer Kapitulation gleichkommenden Waffenstillstand geendet hatte. Der Versailler Friedensvertrag kam knüppelhart über das Land, der Kaiser hackte Holz im holländischen Exil. Das Land war im Chaos. Damals aber, zu Beginn der zwanziger Jahre, war das Lebensgefühl der drei Geschwister Benjamin und ihrer Freundin Hilde erfüllt von der Überzeugung, dass die kümmerlichen Reste der bürgerlichen Welt und des kaiserlichen Untertanenstaates endgültig auf die Müllhalde der Geschichte gehörten. Vieles schien dafür zu sprechen, dass eine neue Zeit anbrechen würde, in der die Kluft zwischen Oben und Unten, zwischen Arm und Reich endlich überwunden und die linke, die sozialistische Perspektive verwirklicht werden könnte.

Vielleicht erinnerte sich Hilde an gemeinschaftliche Ausflüge mit den Brüdern Walter und Georg und der Freundin Dora. Auf den Namen von Dora Benjamin stieß Sohn Michael, der den Nachlass seiner 1989 verstorbenen Mutter ordnete, erstmals in einem Tagebucheintrag aus dem Oktober 1920. Doras Brüder Walter und Georg Benjamin lasen und debattierten gemeinsam mit den jungen Frauen die neuesten Werke Heinrich Manns, Lion Feuchtwangers Moskauer Tagebuch, Friedrich Wolfs »Cyankali«, Kurt Tucholsky, Walter Mehring und natürlich Thomas Mann. Über dessen »Zauberberg«, den Hilde noch nicht kannte, fanden Georg und Hilde zueinander. Georg Benjamin lieh ihr seine Ausgabe. Nicht nur für ihn ein guter Anlass, die damals gerade 22 Jahre junge Frau, die mitten in ihrem Jurastudium stand, wiederzusehen.

Sie gingen in die Theater Berlins, zu Inszenierungen von Max Reinhardt im Deutschen Theater oder Otto Falckenberg und natürlich Erwin Piscator. Dazu die Kabarettszene und die Konzerte des swingenden und jazzenden Berlin, in Brechts »Dreigroschenoper«, die 1928 Premiere hatte und die fast ein Jahr das Publikum in das Theater am Schiffbauer Damm lockte. Es schien der Klang des neuen Jahrhunderts zu werden, den Brechts Komponist Kurt Weill hier anstimmte. Sie empfanden sich als die junge, linke Avantgarde.

So jung, wie sie waren, lag es nahe, dass ihnen die Sozialdemokratie wenig attraktiv, zu anpasslerisch und mit der Zustimmung zu den Kriegskrediten 1914 zutiefst diskreditiert schien. Sie setzten auf die revolutionäre Linke, und Georg und Hilde traten beide in die Kommunistische Partei ein. Gerhart Hauptmann, so etwas wie der Staatsdichter und Sprecher der Republik, wie ihn ein Zeitgenosse euphorisch bezeichnete, hoffte auf den endgültigen Sieg der Demokratie und glaubte an die Wiedergeburt Deutschlands. Es sollte eine schreckliche Missgeburt werden. Die Phrase von der Wiedergeburt Deutschlands wurde auch Teil der Nazipropaganda, die schließlich im Marschtritt der Wehrmacht in den Weiten Europas endete.

In der Biographie »Die Machtfrau« von Marianne Brentzel heißt es über Hilde Benjamin fast vorwurfsvoll, dass sie die politische Arbeit in der Partei besonders wichtig genommen habe. Das stimmt. Sie folgte den Auffassungen ihres Mannes Georg und dessen politischer Überzeugung, und sie war sich sicher, dass nur der Kommunismus die Befreiung der Massen bringen werde. So macht mancher Satz ihrer Biographin deutlich, dass sie Hildes politische Überzeugung nicht billigt. Die Lektüre der 1997 erschienenen Biographie zeigt: Sie traut ihren Lesern wohl nicht zu, sich selbst ein Urteil über ihre Protagonistin und ihre Prägungen und Muster zu machen.

Gemessen am Anspruch auf die Hälfte des Himmels, war Emanzipation zu Hildes Schul- und Studienzeiten kaum gelebte Wirklichkeit. Die Kommilitoninnen, die mit ihr in den Seminaren der Rechtswissenschaften saßen, waren an einer Hand abzählbar. Dass sie im Studium dazuverdienen musste, um über die Runden zu kommen, machte sie zur Außenseiterin; ihre Studienkollegen hatten das zumeist nicht nötig. Aber es stärkte ihr soziales Engagement. Nach dem ersten Staatsexamen arbeitete sie als Referendarin in Berlin in der Jugendgerichtshilfe, beim Jugendamt und im Frauengefängnis.

Während ich an diesem Text arbeite, flimmert eine Nachricht auf meinen Computerbildschirm. Ursula Benjamins Mail kündigt Tagebucheintragungen und Briefe von Hilde an, die ihr Mann, Hildes Sohn Michael, gesammelt, sortiert und eingeordnet hatte, als er sich mit dem Nachlass seiner Mutter beschäftigte. Auf dem Postweg erhalte ich einen Tag später einen Gruß und einen dicken Umschlag. Beschriebenes Papier aus der analogen Welt. Auf gut fünfzig Seiten finde ich Wortmeldungen der jungen Hilde Lange, datiert nach 1933, als Georg Benjamin unmittelbar nach Machtübernahme der Nazis verhaftet wurde und mit Hilde kurze Briefe oder Kassiber tauschte.

Ich hatte Ursula Benjamin einen Manuskriptplan geschickt und vorläufige Kapitelüberschriften formuliert, um ihr die Suche im umfänglichen Nachlass zu erleichtern, weitere Spuren aus Hildes Leben zu finden. Was wird ihr Sohn empfunden haben, als er die Aufzeichnungen seiner Mutter las? In einer so feindlichen Umwelt muss eine besondere Nähe entstehen. Er folgte der politischen Überzeugung der Mutter, wen könnte das verwundern?

Die Briefe erzählen auch vom Lebensgefühl der Jugend nach dem Ersten Weltkrieg. Gerade war das Jahr 1922 angebrochen, Hilde begann ihr Jurastudium. Noch spiegelte sich in ihren Tagebucheintragungen ein sehr rückwärts gewandtes Frauenbild; sie fragte sich wenig selbstbewusst, ob sie sich unterwerfen müsse, um eine Liebe zu gewinnen. Erst an der Seite Georg Benjamins änderte sich der selbstzweifelnde Ton.

In einer Notiz im Jahre 1922 schrieb sie nach einer enttäuschten Liebe:

»Hilde Lange, nun bist Du ganz klein geworden. Auch der Schein der Stärke ist nicht mehr da. Ganz klein und schwach – und lässt Dich führen wie ein kleines Kind. Und Du, Rudi, hast mit einem Male die Güte, mich bei der Hand zu nehmen. Du hast mich sehr klein gemacht, und ich werde Zeit brauchen, mich davon wieder aufzurichten. Ich möchte diese Wochen in Deiner Güte ausruhen – ob das jetzt noch geht?« Am Tag danach fügte sie hinzu: »Das schrieb ich ihm – und die Antwort?« – »Ich empfinde es als unwürdig für Dich, wenn Du mich wieder rufst, wenn Du Dich ein paar Tage wieder erholt hast und ›stark genug‹ bist. Ich bin es auch der Achtung vor mir selbst schuldig, dass ich nicht komme.« Ihre zweifelnde Reaktion auf diesen Brief, der eher ein abweisender Schlusspunkt ist: »Musste das sein?«

Doch die Briefe erzählen nicht ausschließlich von persönlichen Erfahrungen, von Liebschaften oder der großen Liebe, sie sind auch geprägt vom Studium, später von beruflichen Erfahrungen und zunehmender Politisierung, die schließlich immer deutlicher ins Zentrum ihres Lebens rückte. Noch scheute sie davor zurück: »Ich will doch nur nicht alles von Arbeit und Schwere und Berlin verschlingen lassen.« Sie hofft auf eine »gefühlsbetonte Arbeit« und dann nachdenklich: »Es steckt vielleicht ein Stückchen Künstlertum in mir, das hier zum Durchbruch kommt.« Und mit Blick auf die zunehmend brutale Wirklichkeit und die Schlacht, die sich ankündigt, fragt sie:»Mein Sozialismus? Meine Religion? Meine Idee, eine Idee? Nichts!« Sie kennt das aus ihrem Job: »So ist es auch mit dem Gefängniswesen.«

Die Morde an Rosa Luxemburg und Karl Liebknecht 1919 sind für viele Intellektuelle die Antwort auf die Frage nach ihrem politischen Standort. Die junge Republik zeigte sich unfähig, die Exekution der beiden Wortführer des Spartakusbundes durch Mitglieder des rechtsextremen Freikorps zu verhindern. Hilde Benjamin erinnert sich lebhaft, wie sehr die Morde sie und ihre Familie erschreckten: »Meine Mutter und ich brachten in unserem Haus und ich in meiner reaktionären Schule unsere Empörung und Abscheu zum Ausdruck.«

Den Morden folgten die Kämpfe und Streiks in Berlin. Der Spartakus-Aufstand, die Novemberrevolution geriet zum Mythos, und noch in jeden Mythos ist die Lüge eingewoben. So auch hier, wenn – jeden eigenen Fehler zudeckend – skandiert wird: »Wer hat uns verraten, Sozialdemokraten«.

Die Kluft zwischen den aus der Arbeiterbewegung gewachsenen linken Parteien SPD und KPD war tief und unüberbrückbar. Die brutale Niederschlagung des Spartakusaufstandes blieb mit dem Namen des Sozialdemokraten Gustav Noske verknüpft, des Volksbeauftragten und späteren Ministers für Heer und Marine im ersten Kabinett Scheidemann. Gestärkt wurden vor allem die extreme bürgerliche Rechte und die reaktionären Kräfte. Unter den linken Parteien gab es eine Feindseligkeit im Umgang, die auch dazu beitrug, den Traum von einer Revolution zu begraben und zugleich die Republik tödlich zu schwächen. »Republik«, so skandierten die kommunistischen Arbeiter in Berlin, »das ist nicht viel, Sozialismus ist das Ziel.«

Es war eine Republik ohne Republikaner. Bayern lehnte die Weimarer Verfassung vom August 1919 ebenso ab wie nach dem Zweiten Weltkrieg das Grundgesetz der Bundesrepublik Deutschland. Die Weimarer Demokratie wurde als schwächlich und unfähig empfunden, den »Diktatfrieden« von Versailles zu überwinden und Deutschland zu erneuern. Dass die Inflation mit der Einführung der Rentenmark, mit amerikanischen Krediten und der Modernisierung der Industrie 1924 kurzzeitig überwunden schien und die schöne Legende der »Goldenen Zwanziger« ihren Anfang nahm, änderte daran nichts. Und nachdem 1929 mit Beginn der Weltwirtschaftskrise die amerikanischen Kredite platzten und die Großbanken die Schalter schlossen, markierte das Jahr 1930 mit fünf bis sechs Millionen Arbeitslosen das Ende aller Illusionen.

Die Justiz war durchgängig ein Bollwerk der Restauration. Es war eine Klassenjustiz vom Leipziger Reichsgericht abwärts. Wer die Justizgeschichte der Weimarer Republik kennt, den wundert nicht, dass die Justiz nach 1933 übergangslos willfähriger Diener der Nationalsozialisten wurde. Arthur Schnitzlers »Reigen« wurde von Berliner Richtern als unzüchtig verdammt, Carl von Ossietzky als Landesverräter verurteilt, weil seine »Weltbühne« über die illegale Aufrüstung der Reichswehr berichtet hatte. Johannes R. Becher entging mit seiner Schrift gegen den Gaskrieg, den deutsche Konzerne vorbereiteten und damit Auschwitz möglich machten, nur knapp einer Verurteilung. Mit einer unendlichen Folge von Bevormundungen und Zensur machten die Feinde der Republik die Gerichtssäle zu ihrem bevorzugten Kampfplatz. Die im

Buch von Emil Julius Gumbel schon 1924 beschriebenen »Vier Jahre politischer Mord« enthüllten die Bereitschaft der Justiz, die erklärten Gegner der Republik zu schonen. Ermittlungen wegen Mordtaten von Rechtsextremisten wurden verschleppt oder niedergeschlagen. In den seltensten Fällen kam es zum Prozess.

Hilde Benjamin, die Suchende, fand politisch vorläufig zur SPD. Sie notierte: »Noch zaudre ich ja immer vor dem einen Schritt aktive Parteiarbeit. Noch – und auch der muss bald oder nicht getan werden. Jetzt ist's noch Übergang in mir, wohliges Treibenlassen – so ist's wohl, wenn man krank war und die Kräfte wiederkommen.«

Sie wird diese Justiz hautnah erlebt haben, als sie sich nach dem Studium in Berlin als Anwältin niederließ. Von Georg angeregt, begann sie sich mit dem Kommunismus zu beschäftigen. Ein Eintrag dazu in ihrem Tagebuch:

»Bei meinen politischen Auseinandersetzungen mit den Kommunisten stolpere ich immer wieder über Georg Benjamin, den ich doch als Mensch unbedingt anerkenne.« Es wurde eine vorsichtige Annäherung. Keine Erweckung, die mit der Liebe zu Georg begann. Ihr gemeinsames Leben und die wenigen Jahre auch gemeinsamer politischer Arbeit werden sie prägen.

Noch aber, vor der Erfahrung halber Siege und ganzer Niederlagen, die sie später vor Gericht erlebte, litt sie an ihrer Unsicherheit in politischen Gesprächen. Was sie wirklich dachte, konnte sie nur schwer begründen, und mit der Wiederholung von »Zeitungsphrasen« wollte sie es nicht bewenden lassen. In ihrem Tagebuch heißt es: »Ich komme mir vor wie ein zweiwertiges Atom, das mit seiner freien Bindekraft umhersucht.«

Über die USPD hatte Georg den Weg in die Kommunistische Partei gefunden. Dabei wurde ihm vielfach nachgesagt, kein Dogmatiker gewesen zu sein: Er sei offen für Argumente und nachsichtig in der Debatte gewesen. In seinem Alltag war das Elend allgegenwärtig, das unter der goldenen Fassade der zwanziger Jahre zugedeckt wurde. Zu seinen Patienten im Wedding gehörten Straßenkinder, die zu Tausenden bettelnd durch die proletarischen Randbezirke zogen. Kinder, die sich durchschlugen, Väter vermisst oder gefallen. Millionen Familien ohne Ernährer. Dazu miserable Wohnverhältnisse und Hunger. Georg Benjamin verfasste Denkschriften an die Gesundheitsbehörden. Auf einem Kongress für Kinderhilfe 1922 in Genf, der Stadt des Völkerbundes, des Vorläufers der Vereinten Nationen, wurde als Ergebnis festgehalten, dass in Deutschland zwei Millionen Kinder »dem Tod geweiht« und weitere sechs Millionen ernstlich gefährdet seien.

Hildes Tagebucheintragungen und Georgs Briefe zeigen, mit welcher Vorsicht die beiden ihre Zuneigung leben und wie sie erst nach und nach lernen, ihren Gefühlen zu vertrauen. Beide hatten Enttäuschungen hinter sich. Die zur Liebe reifende Freundschaft sollte halten. Georg schrieb, ohne Datum, vermutlich 1926: »Donnerstag Nacht – Liebe, ich bin sicher, dass ich ganz ohne Furcht bin. Auch Du solltest so ruhig sein. Es brauchte Dir keine Angst werden: Dann würdest Du nicht so ernst-traurig mich manchmal anschauen. Dein Georg.«

Ein Brief von Hilde: »Du Lieber, ich vergaß, Dir zu erzählen: Als ich neulich unterwegs die Kätzchen pflückte, machte ich mit mir ein Orakel aus: wenn sie aufgehen und stäuben ... und jetzt sind sie alle auf, auch die Haseln, und grüner Blütenstaub liegt auf dem Tisch, und ich stoße sie leise an, und es fliegt eine ganze Wolke auf. – Ich will noch ein bisschen lesen, aber Dein Bild guckt mich immer an, und ich glaube, das stört mich mehr, als ich Dich gestern gestört habe. – Und mein Vater rechnet und macht ein langes Gesicht, und für manches werden wir vielleicht noch Auswege oder Ersatz finden müssen. – Und ich höre Dich immer lachen und sagen: Ist das ulkig. Vielleicht klingt mir das so im Ohr, weil ich es früher nie gehört habe. Du Lieber Du. Es ist, als ob man's sähe, wie die Liebe jeden Tag ein Stückchen tiefer in einen hineinwächst. (...) Ach Du, gute Nacht, und ich möcht's laut rausschreien: ich hab Dich lieb. Deine«

Kurz vor Hildes und Georgs Heirat schrieb Walter Benjamin an einen Freund: »Mein Bruder wird in einigen Tagen ein sympathisches, junges Mädchen heiraten, eine Freundin meiner Schwester, die er zur Kommunistin sich herangebildet hat. Es haben also seine christlichen Schwiegereltern in einen doppelt bitteren Apfel zu beißen.« Der kurze Brief, gern zitiert, ist bis auf die Mitteilung der Heirat der beiden voller Missverständnisse. Hilde wundert sich in ihren Erinnerungen über Walters Einschätzung seines Bruders. Sie schreibt: »Dass Georg mich zur Kommunistin herangebildet hätte – ich trat erst 1927 in die KPD ein – wäre seinem Wesen so fremd wie irgendetwas gewesen und widersprach der Achtung, die er der Freiheit jedes Menschen entgegenbrachte.« Ebenso wies sie die Unterstellung zurück, ihre »christlichen Eltern« könnten der jüdischen Tradition der Benjamins ablehnend gegenüberstehen: »Sie waren niemals Antisemiten gewesen und verkehrten seit langem auch mit jüdischen Familien.« Am 27. Februar 1926 heirateten Hilde und Georg, und aus Hilde Lange wurde Hilde Benjamin. 1928 bestand sie das zweite Staatsexamen und ließ sich im April 1929 als Rechtsanwältin nieder. In zwei möblierten Zimmern neben dem Rathaus Wedding eröffnete sie ihre erste Kanzlei.

Es war die Zeit immer neuer Zusammenstöße zwischen Anhängern der Kommunisten und Sozialdemokraten und den Schlägertrupps der Nazis. 1. Mai 1929. Der Polizeipräsident von Berlin hatte die Maidemonstration der KPD verboten. Im Parteiblatt »Rote Fahne« lesen die Genossen: »Trotz Verbot – der 1. Mai bleibt rot!« Es wurde eine Schlacht mit vielen Verletzten und zahlreichen Verhaftungen. Hilde Benjamin übernahm die Verteidigung der wegen Landfriedensbruch oder Widerstand gegen die Staatsgewalt Angeklagten. Sie machte sich einen Namen, ihre Plädoyers fallen auf, und die »Rote Hilfe« beauftragte die Genossin Benjamin gern mit der Vertretung angeklagter Genossen.

Endgültig im Rampenlicht und auf der juristischen Bühne stand sie mit dem Prozess um den Anschlag auf den Nazi Horst Wessel. Er war in seiner Pension von einer Gruppe der KP nahestehenden Kämpfern »besucht« worden. Die »proletarische Abreibung« endete mit einem Schuss, der Wessel traf. Zuerst wollte die KPD den Vorfall als »Eifersuchtsdrama« unter Zuhältern darstellen. Als das misslang, sollte eine Riege erfahrener Anwälte, darunter Hilde Benjamin, die Angeklagten verteidigen. Wessel starb vier Wochen nach dem Überfall. Er hätte wohl überlebt, wenn er sich nicht geweigert hätte, von einem jüdischen Arzt aus der Nachbarschaft behandelt zu werden. Hilde verteidigte Wessels Zimmerwirtin prägnant und erntete Lob von Kollegen und in der Presse. Sie plädierte erfolgreich auf Freispruch für ihre Mandantin. Seit diesem Prozess war sie im Fadenkreuz der Nazis.

Und privat? Im Sommer 1931 notierte sie: »Es ist zu vermerken: Ich werde im November ein Kind haben.« Am 10. Dezember 1931 dann der Eintrag:

»Am 16. November ist Peter geboren. Am 2. Dezember starb er. Wir fanden ihn – Georg fand ihn – morgens, als wir ihn aus dem großen Zimmer holen wollten, bewusstlos in seinem Wagen. Das Gesichtchen unsagbar süß und lieblich, das Körperchen ganz locker und schlaff; das kleine Herz schlug noch, schlug noch gut zwei Stunden – aber alle Versuche der Wiederbelebung nutzten nichts. Man nimmt an, dass es die Folgen einer bei der Geburt erlittenen Blutung waren, die das Atemzentrum lähmten. Hinterher fielen uns verschiedene Dinge auf, die auf einen Reizzustand hätten hindeuten können: das Zittern seiner Ärmchen, die häufig steife Haltung, die große Lebhaftigkeit. Man darf nicht denken, dass es zu vermeiden gewesen wäre, man muss es – wie Georg es nannte – als Unglücksfall nehmen.

Wir haben Abschied von ihm genommen unter den Tönen des Andante der ›Unvollendeten‹. Sein Gesichtchen lag bedeckt mit einem Maiglöckchenstrauß. Das Händchen hatte er am Gesichtchen, wie er es so oft hielt. Auf seinem Sarge lagen weiße Narzissen und Utti hatte ein Kränzchen aus Vergissmeinnicht und Tausendschönchen. Wir haben ihn sehr lieb gehabt, den Peter – wir haben ihn sehr lieb.«

Und am 17. Juli 1933 ein verspäteter Eintrag, vermutlich erst nachgetragen, weil die Freude der Geburt von Mischa am 27. Dezember 1932 alles überlagert hatte. Auch den Beginn einer Leidenszeit, die ihr Leben zeichnen wird: »Seit dem 8. April ist Georg in Schutzhaft. Seit dem 4. Juli ist er im Konzentrationslager Sonnenburg.«

Nur zwei Zeilen – sie wirken auf mich wie ein spitzer Schrei. Einer von der Art, dass für jeden, der ihn hört, zugleich ein tiefer Schrecken mitschwingt. Ein Schrecken, in dem die Ahnung steckt von dem, was da unausweichlich kommt. Ein dunkler Schatten, der noch nicht erkennen lässt, welche Gestalt ihn wirft. Oft genug beobachtet, dass der, der den Schrei ausstößt, mit der Hand zum Mund fährt, als ob er ihn zurücknehmen könnte. Es ist die Ahnung des Augenblicks, die wie eine Tür ist, hinter der sich alles verbirgt, was ängstigt und erschreckt.

Das KZ Sonnenburg war das erste »Umerziehungslager« der Nazis, genauer, das erste Konzentrationslager, 1933 zeitgleich errichtet mit der Machtübergabe an die Nazis. Es gibt zahlreiche Zeugnisse über Sonnenburg. Es war noch nicht so hermetisch abgeschlossen, aber wie man weiß, war die SS zuständig für die KZ und lernfähig. Ab 1934 wurde aus Sonnenburg wieder ein Zuchthaus. In dem Bericht eines ehemaligen Häftlings über die kurze Zeit als Konzentrationslager heißt es, dass Verwaltung, Lazarett, Küche, Handwerkskompanie und andere Lagerfunktionen von zuverlässigen Genossen, Sozialdemokraten oder Kommunisten, übernommen worden waren. Begünstigt wurde dies durch die »grenzenlose Dummheit, Faulheit oder Anfälligkeit für Korruption fast aller Polizeibeamten, der SA und später der SS-Wachmannschaft sowie durch die Rivalität zwischen Polizei, SA und SS«.

Zu den ersten Häftlingen gehörte neben Carl von Ossietzky, Herausgeber der »Weltbühne«, dem Schriftsteller Erich Mühsam, dem Anwalt Hans Litten und vielen anderen auch Georg Benjamin. Sie waren mit insgesamt 200 anderen bekannten Sozialdemokraten und Kommunisten unmittelbar nach dem Reichstagsbrand verhaftet und nach Sonnenburg gebracht worden. Im ganzen Reich wurden mehr als 10 000 Menschen in Schutzhaft genommen, eingesperrt, gefoltert, viele ermordet. Einigen gelang die Flucht aus Sonnenburg. Aus ihren Berichten erfuhr die Welt von brutalen Misshandlungen an Ossietzky und den anderen. Er erhielt 1936 rückwirkend für das Jahr 1935 den Friedensnobelpreis. Sein Leidensweg führte über das KZ Esterwegen. Er starb an Tbc. Es gibt Hinweise, dass ihm die Tbc-Erreger injiziert worden waren.

Hilde war erleichtert darüber, dass Georg nicht von SA-Leuten abgeholt wurde, sondern von uniformierten Polizeibeamten, die von einigen Zivilisten begleitet waren und sich äußerlich korrekt benahmen. Er wurde nicht in einen der SA-Keller gebracht, sondern kam »nur« in das Polizeipräsidium. Was Georgs Schutzhafterlebnisse in Sonnenburg angeht, gibt es eine Äußerung, die er 1942 machte, als er noch hoffte, nach dem Zuchthaus Brandenburg und dem Außenlager Wuhlheide, wo sich Georg und Hilde das letzte Mal sahen, vielleicht in das KZ Sachsenhausen verlegt zu werden: »Nach 1933 und den letzten Jahren gerate ich nicht so leicht aus dem Gleichgewicht.«

Was sich hinter diesem Satz verbirgt, ist auch seine Erfahrung als Schutzhäftling. In Sonnenburg begann der Aufenthalt für jeden Häftling mit einer »barbarischen Misshandlung«. So erinnert sich ein Überlebender nach dem Krieg in einem Brief an Hilde Benjamin. Als Zuchthaus war Sonnenburg aus hygienischen Gründen geschlossen worden. Das Trinkwasser war verseucht, in den feuchten Kellern tummelten sich Ratten und Ungeziefer. Auch Georgs Leben war in Gefahr. Es gab reichlich Hinweise auf die Zustände in Sonnenburg – von ehemaligen Häftlingen oder von Frauen, denen ein Besuch gestattet worden war. Nach 1934 wurden in Sonnenburg vor allem Ausländer aus ganz Europa inhaftiert. Eine Namenskartei gab es nicht. Die Häftlinge hatten nur Nummern. In der Nacht vom 30. auf den 31. Januar 1945 machte die SS kurzen Prozess: Alle Gefangenen wurden erschossen. Die genaue Zahl der Toten kennt man nicht. Schätzungen schwanken zwischen 700 und 1000. Nur drei überlebten.

Am Schicksal von Georg Benjamin wird auch deutlich, wie rasch die organisierte Ärzteschaft den Anschluss an die Nazidiktatur fand. Hilde nennt das zutreffend die »Ausschlussmaschinerie«: Georg Benjamin wurde mit Schreiben vom 29. Juni 1933 aus der kassenärztlichen Vereinigung Berlins als Bezirksverordneter der »Kommunistischen Partei« und vom 28. Juli 1933 aus dem Großberliner Ärztebund wegen »Zugehörigkeit zur Komm. Partei und Betätigung in diesem Sinne als Bezirksverordneter« ausgeschlossen. Der amtliche Bescheid, in dem der Großberliner Ärztebund seine Entscheidung mitteilte, trug eindeutige Zeichen hektischer Willfährigkeit. Er enthielt, wie Hilde Benjamin festhält, als Text nur die Worte: »Begründung: Zugehörigkeit zur Kommunistischen Partei«, ohne Angabe, was eigentlich begründet werden sollte, nämlich der Ausschluss aus dem Ärztebund.

Noch eiliger war den ärztlichen Standesvertretern die Ausfertigung des Ehrengerichtsurteils. Georg Benjamin wurde gleichzeitig mit einer Kollegin beschuldigt, Dr. Käte Held, ebenfalls Genossin der KPD. In dem Urteilsdokument, das Hilde Benjamin zuging, war das Datum der letztentscheidenden Beratung (wohl August 1933) nicht ausgefüllt und als Vorname statt Georg »Erich« angegeben. Die Begründung hatte schon die übliche Diktion der Nazis: »Bei der Strafzumessung ist erwogen worden, dass das

134

Verhalten der beiden Angeschuldigten eines deutschen Arztes unwürdig ist. Sie mussten den Zweck dieser von ihnen verlangten Gefälligkeitsatteste erkennen und haben ihn beide nach der Überzeugung des Ehrengerichts auch erkannt. Sie haben sich also hergegeben, ihre ärztliche Kunst einem Zweck zur Verfügung zu stellen, der den vaterländischen Interessen zuwider handelte.«

Damit hatte die Mehrzahl der jüdischen und kommunistischen Ärzte ihre Existenzgrundlage verloren. Diese Lücke schlossen die »arischen« Ärzte, und die Nazis lösten damit zugleich ihr Versprechen ein, die wirtschaftliche Lage jener Ärzte zu verbessern, die sich in ihrer Regimetreue nicht so schnell übertreffen lassen wollten. Danach war die Approbation zu versagen, »wenn der Bewerber wegen seiner oder seines Ehegatten Abstammung nicht Beamter werden könnte und zur Zeit seiner Bewerbung der Anteil der nicht deutschblütigen Ärzte an der Gesamtzahl der Ärzte im Deutschen Reich den Anteil der Nichtdeutschblütigen an der Bevölkerung des Deutschen Reiches übersteigt. Der Reichsminister des Innern kann in Härtefällen im Einvernehmen mit der Reichsärztekammer Ausnahmen zulassen.«

Die arische Mehrheitsgesellschaft im Sinne der »Rassenhygiene« der Nazis profitierte in vielen anderen Bereichen auf ähnliche Weise. Jüdische Betriebe wurden »arisiert«, enteignet und arischen Anbietern zu günstigen Preisen übereignet. Als »entartet« denunzierte Kunstwerke, so sie in jüdischem Besitz waren, wurden mit hohen Gewinnen auf dem internationalen Markt angeboten. Das alles spülte Milliarden in die staatlichen Kassen des Reiches, womit zugleich zu einem Teil die Finanzierung von Steuernachlässen für die arische Mehrheit gesichert wurde. Und als es im Reich keinen »Nichtarier« mehr gab, der noch hätte enteignet oder staatlich sanktioniert beraubt werden können, begann Hitler den Zweiten Weltkrieg. Die Aufrüstung der Wehrmacht hatte die finanzielle Lage des Reiches zerrüttet. So waren aus der Perspektive der Nazis schon aus materiellen Gründen die Raubzüge durch Resteuropa notwendig.

Aus Sonnenburg sind zwei Briefe an Hilde erhalten, darin fragt Georg auch nach dem Sohn Michael. Mutmaßlich hat er weitere geschrieben, sie wurden wohl unterschlagen. 10. Dezember 1933:

»Mir geht es unverändert einwandfrei. Meine Arbeit ist tagein, tagaus dieselbe; ab und zu – wie auch heute – natürlich halbe oder auch ganze freie Tage. Ins Freie gehe ich jetzt gewöhnlich morgens vor Arbeitsbeginn, manchmal, wenn Zeit ist, noch nachmittags. (...) Von der Entlassung der Fünftausend wird natürlich viel gesprochen. Ich schrieb Dir ja schon, dass ich mir keine besonderen Aussichten verspreche; hoffentlich bist auch Du frei von Illusionen. Wenn es anders kommen sollte, dann umso besser. Wie es in 14 Tagen, zu Weihnachten, mit Schreiben wird, weiß ich noch nicht. Ob ich also noch rechtzeitig zu des Jungen Geburtstag schreiben kann, ist ungewiss. Als Geschenk anbei zwei verschiedene Scherenschnitte vom Jungen. Wie Du Dich erinnern wirst, nach Profilaufnahmen vom Juli geschnitten. Hoffentlich sind sie gut gelungen. Sonst kann ich zum Geburtstag ja nichts weiter liefern als gute Wünsche. –

Die Broschüren des Reichsausschusses für den Volksgesundheitsdienst Nr. 4 bis 6 kannst Du mir ja gelegentlich schicken. Mit Lebensmitteln versorgst Du mich ja reichlich; das Fleisch und der Kuchen ist natürlich immer für die ganze Stube, wie das auch die anderen Kameraden, soweit sie etwas geschickt bekommen, machen. Am meisten wünscht man sich natürlich als Nichtraucher eine gute Tasse Kaffee. Die Kälte hat jetzt nachgelassen. An den kältesten Tagen mögen hier etwa 12 bis 15° gewesen sein. Mit dem Sweater ist es gerade angenehm in der Stube wie im Arbeitsraum. – Auf Eure Anfrage bei der Gestapo habt ihr wohl keine Antwort erhalten? Weiteres wird sich ja wohl jetzt auch erübrigen. Ich lese übrigens zuweilen auch die Wochenzeitschrift ›Blick in die Zeit‹, die nur Zeitungsstimmen bringt. Ich würde sie auch Euch gelegentlich empfehlen. Wenn in der Frankf. Zeitung mal etwas Besonderes steht, schicke sie mir bitte.«

Hilde wird diesen Brief, der erkennbar um die grausame Lagerwirklichkeit herumkurvt, genommen haben, wie er in Wirklichkeit gedacht war: Er sollte zwischen den Zeilen gelesen werden. 1945, im Prozess gegen SS-Lagerkommandant Adrian, sagte der ehemalige Reichstagsabgeordnete der KPD Fritz Emmerich als Zeuge aus. Er berichtete, dass alles versucht wurde, um Häftlinge, die des »besonderen Schutzes« bedurften, durch Unterbringung in eine besondere Funktion »aus der Schusslinie« zu bringen. Andere Zeugen erzählten, dass auch »Genossen in der Aufnahme« arbeiteten und die Parteileitung informierten, wenn neue Gefangene eintrafen. Allerdings konnten sie sie nicht davor schützen, dass, »wenn Adrian Wache hatte (...), es regelmäßig Brutalitäten gab«. Ein anderer Gefangener erinnerte sich an den Arzt Dr. Müller aus Spandau, der insbesondere »den misshandelten Gefangenen half, und an seinen Sanitäter mit Vornamen Georg«. Vielleicht ein Hinweis, heißt es bei Hilde, dass auch Georg Benjamin nach Möglichkeit medizinische Hilfe geben konnte.

Hilde Benjamin hatte Georgs Brief gemeinsam mit Egon Thurau, einem ehemaligen Mithäftling aus Sonnenburg, gelesen, um gemeinsam die Botschaften zwischen den Zeilen zu entschlüsseln. Georg lag auf einer Gemeinschaftsstube. So jedenfalls interpretierte Thurau das Aktenzeichen N.III.8, das auf dem Brief vermerkt ist. Es kann Nordflügel, Station III, Stube 8 bedeutet haben. Die Stubengenossen waren auf Scherenschnitten zu erkennen, die Georg bei seiner Entlassung mitbrachte. Auf der Rückseite der eingerahmten Scherenschnitte hatte Georg die Namen notiert, dokumentarischer Beleg für die Belegung einer Stube im Konzentrationslager Sonnenburg im Dezember 1933.

Es folgte ein zweiter Brief, datiert vom 13. Dezember 1933, diesmal ohne Aktenzeichen. Daraus lässt sich schließen, dass er hinausgeschmuggelt worden war: »Liebe Frau, ich erhielt gestern Deinen Brief mit der Mitteilung über Mischas Krankheit (...). Hoffentlich ist er inzwischen wieder ganz in Ordnung. Fieber hat er wohl nicht gehabt. Ich nehme das an, weil Du nichts darüber schreibst. (...) Von hier gibt es nichts Neues. Wie gefallen Dir die Scherenschnitte vom Jungen? Vor Weihnachten bekommst Du nun ja keinen Brief mehr von mir!« Der Brief endet mit Grüßen für alle und dem Hinweis: »Den beiliegenden Glückwunsch für Mischa hat ein Kamerad gemalt!«

Mit welcher Furcht wird sie manches Mal einen Brief von Georg geöffnet haben, immer in der Erwartung von irgendetwas, das den Magen umdreht? Oder überlagerte alles die Hoffnung, ihren Mann unversehrt zurückzubekommen? Sicher gab es auch Dankbarkeit, überhaupt ein Lebenszeichen zu erhalten. Was war wirklich aus diesen Briefen herauszulesen – neben der Gewissheit, dass er noch lebte? Jede Zeile wird sie geprüft und auf doppelten Sinn abgeklopft haben. Es hatte zumindest den Anschein, dass er sein Schicksal mit einer erstaunlichen inneren Gelassenheit trug. Es gibt nur wenige Hinweise auf die tiefe Sehnsucht nach den beiden Menschen draußen, die ihn dennoch wie ein Kraftdepot mit Zuversicht versorgten.

Hilde Benjamin fühlte sich nicht unmittelbar gefährdet. Sie und der kleine Mischa waren bei ihren Eltern in Berlin-Steglitz polizeilich gemeldet. Nach einer sehr bald auf die Verhaftung folgenden Haussuchung hatten Polizei und Gestapo offenbar kein weiteres Interesse an ihr. Ihre Zulassung als Anwältin war ihr bereits im Mai 1933 aberkannt worden. Ein tatsächlich »furchtbarer« Jurist hatte das »Vertretungsverbot«, das ihr jegliche anwaltliche Tätigkeit untersagte, unterzeichnet. Es war Dr. Roland Freisler, der spätere Präsident von Hitlers Volksgerichtshof. Unmittelbar danach war sie mehrere Wochen untergetaucht. Mischa hatte sie bei den Großeltern gelassen. Als sie wieder auftauchen konnte, zog sie zu den Eltern in die Dünther Straße nach Berlin-Steglitz und sorgte für Mischa. Sie war arbeitslos.

Weihnachten 1933. Die Vorbereitungen für das Fest sind in vollem Gang. Hilde Benjamin ist da keine Ausnahme, obwohl sie aus der Kirche ausgetreten ist. Es ist bei ihren Eltern Tradition, das Fest mit den erwachsenen Töchtern zu feiern, mit Ruth und Hilde und dem kleinen Enkel Mischa. Das Festmahl wird vorbereitet. Irgendwann am Nachmittag klingelt das Telefon. Eine Stimme: »Ich bin am Bahnhof Zoo und komme mit der Straßenbahn zu euch.« Georgs Stimme. Ob sie die Fassung bewahrt, ob sie schluchzt, weint, lacht oder alles gleichzeitig: »Georg ist entlassen!« Ihrer Schwester Ruth fällt sie voller Freude in die Arme. Mischa ruft nur »Papa! Papa!« und lacht, ehe in fliegender Hast Puschen und Strickjacke mit Mäntelchen und festen Schuhen getauscht werden. Auch Hilde, die sich den Mantel überwirft, um mit Mischa zur Haltestelle der Straßenbahn zu eilen, zwanzig Minuten entfernt.

Was für ein Augenblick, der sie durch das nachtdunkle weihnachtliche Berlin treibt. Ein unverhoffter Glanz, der alles überstrahlt. Kurz zuvor hat sie den Baum geschmückt, seinen letzten Brief im Sinn, und versucht, nicht in das tiefe Loch zu fallen, das sich vor ihr auftut, nur gehalten durch den kleinen Mischa, der sie anstrahlt, ihr Lametta und Kugeln reicht und den bunten Baum bewundert. Und jetzt: Mischa läuft Georg entgegen, der aus der Straßenbahn steigt.

Als sie später, 1977, in der DDR ihre Erinnerungen an Georg aufschreibt und damit einen Teil des eigenen Lebens schildert, fällt ihr zu diesem wunderbaren Weihnachtsabend, der mit dem schönsten Geschenk eine so unverhoffte Wendung nahm, folgender Satz ein: »Die Freilassung Georg Benjamins war ein Geschenk für uns und vor allem der Partei gegenüber eine Verpflichtung, die es zu nutzen und zu erfüllen galt ...« Das liest sich schrecklich, wie die Übererfüllung des Pflichtenplans der Genossin Benjamin. Ich will nicht glauben, dass an diesem Abend die Partei wichtiger war als die Freude und Überraschung über ein Glück, das sich nicht wiederholen wird. Knapp zwei Jahre blieben ihnen dann noch, und das in einer feindlichen Umwelt, die ihr Leben einschneidend veränderte.

Für Georg war der ärztliche Beruf Vergangenheit. Dennoch blieb der kleinen Familie das Glück eine Weile treu. Hilde bekam Arbeit in der Rechtsabteilung der sowjetischen Handelsvertretung. Ihr Verdienst ernährte die Familie, und sie konnten auf die Unterstützung durch Hildes Eltern verzichten.

7. KAPITEL
»Grüß Gott« in Mauthausen

Es ist die »Klagemauer«. Mein Blick in Richtung der Mauer ist identisch mit dem Bildausschnitt auf dem Foto im kleinen Gedenkstättenführer, den ich in der Hand halte. Es ist die Mauer gleich neben dem wuchtigen Eingang. Sie wurde zur Klagemauer, weil die Gefangenen, die dort Aufstellung nehmen mussten, zu ahnen begannen, was sie hier erwarten würde. Rechts von mir, längsseitig aufgereiht, begrenzen Holzbaracken die Lagerstraße, links stehen gemauerte Gebäude: das Krankenrevier, das Lagergefängnis und der Bunker, ein Keller unter dem Krankenrevier. An den Kellerwänden hängen gerahmte Fotos von Häftlingen aus halb Europa. Hier wurde gefoltert, Gefangene wurden erschossen und »verhört« oder bestraft, halb zu Tode geprügelt. Nebenan die Küchenbaracke und Wäscherei. Rechts gleich neben dem Eingangstor finden sich Schreibstube und Kantine, dahinter die Baracken sechs und sieben. Ursprünglich waren es fünf Baracken in einer Reihe, die insgesamt ein Lager mit 25 Häftlingsbaracken ergaben, jede davon für 300 Insassen ausgelegt. Tatsächlich wurden bis zu 1000 Menschen hineingepfercht. Die Nummer neun war der Judenblock. Er ist nur noch am Fundament zu erkennen. Die Baracke gibt es nicht mehr.

In den Krematoriumsöfen in den Kellern des Krankenreviers und des Lagergefängnisses wurden die Leichen der verhungerten oder auf andere Weise zu Tode gebrachten Häftlinge verbrannt. Angehörige wurden brieflich über das »unverhoffte Ableben« des Vaters, Onkels oder Bruders informiert, ohne Klärung der genauen Todesumstände, auch ohne das übliche »Bedauern, Ihnen mitteilen zu müssen«. Ich stehe auf der Lagerstraße des Vernichtungslagers Mauthausen. Das ehemalige KZ ist von hohen Mauern umgeben. Regen hat mich durch den Tag begleitet. Jetzt nieselt es noch. Die trostlosen Gebäude spiegeln sich in den Pfützen. Ein Sommertag im Jahr 2011.

Als ich die steile zweispurige Asphaltstraße – »Erinnerungsstraße« steht auf dem Straßenschild – hinaufgefahren bin und der Wagen auf dem Parkplatz ausrollt, sehe ich den mit Quadern aus den nahen Granitsteinbrüchen gemauerten burgähnlichen Klotz, der der kleinen Stadt an der Donau zu Weltbekanntheit verholfen hat: das Konzentrationslager von Mauthausen. Heute Gedenkort und Pilgerstätte für Besucher aus ganz Europa, die hier Verwandte oder Freunde beweinen. Viele Schulklassen, die sich ein Bild davon machen, wie eine der vielen Höllen aussieht, die sich die Menschheit selbst schafft. Alles an dem monströsen Gebäude hat Wucht, der Eingang, die Mauern mit den Türmen. Nur widerwillig gelingt die Annäherung. Der kurze Weg vom Parkplatz hinüber zu dem Mauerkoloss wird lang.

Es hilft, erst zum Besucherzentrum zu gehen, das rechts von dem Konzentrationslager in einem modernen Bau mit hohen Glasfenstern untergebracht ist, mit hellen Seminarräumen und Bildschirmen, die per *Touchscreen* alle erdenklichen Fragen beantworten. Ein Buchladen mit reichhaltigem Angebot an Literatur zur Geschichte des Lagers und über die Hölle von Mauthausen. In der angeschlossenen Cafeteria noch eine kurze Pause, bevor der zögernde Besucher den Weg durch das Lager antritt.

Aber dann, zusammen mit einigen hundert Besuchern an diesem Tag, ist man plötzlich eingereiht und wird zu einer der Elendsgestalten, die halb verhungert vor mehr als siebzig Jahren aus den Eisenbahnwaggons am Bahnhof von Mauthausen kletterten oder einfach herunterfielen und mit gebrüllten Befehlen zu den Marschkolonnen zusammengetrieben wurden, die den Weg auf den Berg nehmen mussten. Ob ihnen die frenetische Zustimmung zum Bau dieser Hölle als Echo in den Ohren klang? Der »Völkische Beobachter« berichtete in seiner Wiener Ausgabe aus Linz über die begeisterte Aufnahme der Nachricht, die der Gauleiter Oberdonau, August Eigruber, im »Heimatgau des Führers« auf dem Adolf-Hitler-Platz 1938 in Gmunden verkündete: Es wird ein »Konzentrationslager für die Volksverräter« gebaut! »Tosender Jubel begleitet diese Ankündigung, so dass der Gauleiter kaum in seiner Rede fortfahren kann.« Die Schlagzeile im »Völkischen Beobachter«: »Bollwerk Salzkammergut. Oberösterreich bewacht künftig alle Volksverräter des Landes«. Die Schlagzeile nahm die rund 200 000 Häftlinge von Mauthausen vorweg, die in den nächsten sieben Jahren auf dem Weg in das Vernichtungslager waren.

Da viele schon den Transport nicht überlebten, wurden zwei Massengräber angelegt. 12 000 Tote wurden dort verscharrt. Eines der Massengräber liegt in der Nähe des Bahnhofs, wo ein ehemaliger Soldatenfriedhof aus dem Ersten Weltkrieg dafür eingeebnet wurde. Allerdings wurde darauf geachtet, dass dort nur solche Häftlinge »beigesetzt« wurden, die eines »natürlichen« Todes gestorben waren. Die anderen, erschlagen, erschossen oder vergast, wurden in den Krematorien des Lagers verbrannt. Dies geschah vermehrt im letzten Kriegsjahr. Wohl ein Versuch der Lagerleitung, Spuren zu verwischen für den Fall, dass der Endsieg sich doch nicht einstellen sollte.

Wer das Lager lebend erreichte, wurde kahl geschoren. Manche Erinnerung erzählt von stumpfen Scheren und Rasiermessern. Der Haarschopf wurde daher weniger geschoren, eher ausgerissen. Mit blutiger Kopfhaut verließen die Männer den Raum und wurden in ihre Baracken eingewiesen. Bis dahin waren sie von jeder Selbstachtung verlassen, von Selbstekel gepackt. Ihre Vernichtung begann mit dem Entzug von Respekt, sie wurden verdinglicht, zu Gegenständen.

Zum Bau des Lagers waren Gefangene aus Dachau und anderen KZ nach Mauthausen gebracht worden. Ein Zeuge, der drei Jahre in Mauthausen zubrachte, berichtete, nachlesbar in der kleinen Broschüre der Gedenkstätte:

»Wir kamen mit 1000 Mann dorthin. Es war nur wenig Handwerkszeug zur Stelle, so dass ein großer Teil mit bloßen Händen die Erdarbeiten verrichten musste. Wir bauten vier Baracken auf, das war das Auffanglager. (...) Zum Mittagessen bekamen wir ¾ lt. Suppe, meistens Kraut mit Wasser. Nach dem Essen ging es sofort wieder an die Arbeit, bis zum Einbruch der Dunkelheit. Wir hatten viel unter dem Hunger zu leiden, aber am schlimmsten unter Durst. Da das Lager oben auf dem Berg errichtet wurde, musste man das Wasser aus der im Tal liegenden Stadt Mauthausen mittels eines alten Wassersprengwagens herführen. Der Wagen kam nur dreimal am Tag hoch, und der meiste Teil wurde ja für die SS-Küche sowie für die SS-Wachmannschaft verwendet!«

Danach kam der Steinbruch. »Ein Steinträgerkommando wurde gebildet. Je vier Mann schleppten auf einer Trage Steine im Gewicht bis zu 300 kg den steilen Berg hinauf und im Laufschritt (...) den Berg wieder hinunter. Die (...) Postenkette schlug noch fest mit Knüppeln dazwischen, wenn einige nicht mehr laufen konnten. Wer eine Meldung bekam wegen Arbeitsverweigerung, bekam im Lager über (...) 25 Stockhiebe mit dem gefürchteten Ochsenziemer.« Danach war »der Arsch schwarz wie Kohle«.

Die Geschichte des KZ Mauthausen ist für den Besucher bis heute spürbar wie ein kalter Schauer. Alles dort erzählt von menschenfeindlicher Niedertracht und Zerstörung.

1942 war das seine letzte Station: Georg Benjamin hielt Mauthausen nur wenige Wochen stand. Er wurde auf dem unter Starkstrom stehenden Stacheldraht unter dem Mauerrand gefunden. Die SS-Wachen machten sich einen Spaß daraus, Häftlinge in den Draht zu jagen. Ein Häftling beschrieb, wie Juden aus dem Transport, »nur mit Hemd und Unterhose bekleidet, in den Draht gejagt« wurden. »Dort blieben sie hängen bis zum Morgen. Nachdem die Arbeitskommandos das Lager verlassen hatten, wurde der Strom abgeschaltet, und die Leichenträger holten den Leichnam aus dem Stacheldraht.«

Im Vernichtungslager Mauthausen und in den Außenlagern Melk und Ebensee starben 130 000 Menschen, darunter 25 000 Juden. Im Judenblock war jedem unmittelbar klar, dass dies die letzte Station sein würde. Nachts schliefen sie auf dem nackten Boden, dicht gedrängt mehr auf- als nebeneinander. Für die Notdurft behalfen sie sich mit Flaschen, der Weg zu den Toiletten ging nicht ohne Tritte ab. Sie stolperten über Arme und Beine der Mitgefangenen. Tagsüber Zwangsarbeit in den Steinbrüchen. Wer das nicht aushielt, wurde erschossen oder erschlagen. Die hygienischen Zustände waren unvorstellbar. Ärztliche Versorgung war nicht vorgesehen, sie litten Hunger und Durst.

Es dauert, ehe die Bedrückung weicht, die mich dort befallen hat. Der Besuch wirkt lange nach. Ich gehe zurück in Richtung Parkplatz, und denke über Zuweisungen wie »die SS«, »die SS-Lagerwache« oder »die Nazis« nach, die ich den schriftlichen Zeugnissen über das Lager entnehme. Sie waren aber nicht gesichtslos, jeder einzelne Wachmann der SS hatte einen Namen. In Österreich vielleicht Sepp, Xaver oder Bertl, und sie waren Söhne und Väter, Ehemänner und Brüder. Sie hatten Freunde, Familie, hatten eine Kindheit. Wie wurden sie zu diesen Schlächtern, zu gesichtslosen SS-Lagerwachen? Was brachten sie dafür mit? Was machte sie so mitleidlos? Welcher Erziehung waren sie ausgesetzt, die sie zu solchen Kreaturen verbiegen sollte?

Ich fahre die »Erinnerungsstraße« zurück und lese auf Hinweisschildern, dass es links zum »Forellenhof« und rechts der Straße zu den »Most-Stuben« geht. Gastlichkeit im Ferienparadies Österreich. Und ich denke an die politischen Debatten im eigenen Land und an die immer noch lebendige rechtsextreme Parteienlandschaft, die erneut Anhänger sammelt. Ich lese am Ortseingang: »Herzliches Grüß Gott in Mauthausen«, und ich lese und spüre es wie einen Stich in die Magengrube. Wird da auf Vergesslichkeit gesetzt? Oder gibt es neues Leben in dieser Stadt, ohne aus der eigenen Geschichte auszusteigen? Seither sind siebzig Jahre ins Land gegangen. »Grüß Gott in Mauthausen«, auf der Höhe über der Stadt ist eine Hölle zu erinnern.

Vermutlich wäre im Winter 1934 für Georg Benjamin ein »Grüß Gott« auf dem Eingangsschild von Mauthausen völlig normal gewesen. Im Land der Kruzifixe, die an jeder Wegkrümmung zu finden sind, wäre das keine Überraschung. Mein Erschrecken darüber hätte er kaum verstehen können. Das KZ gab es ja noch nicht. Es wurde erst vier Jahre später bejubelt.

Nach seiner Entlassung aus Sonnenburg war Georg, sooft er irgend konnte, in die Berge gefahren. In Hilde Benjamins Erinnerung war es das »letzte Erlebnis der Freiheit und des Frühlings in den Bergen«. Er besuchte auch die Schweiz und die oberitalienischen Seen. Sie fügte hinzu: »Wenn er auch Bekannte und Genossen traf, die er informierte und die ihn informierten, so hatte er doch (...) keinen besonderen Auftrag zu erfüllen.«

Er war arbeitslos – und er versuchte, das Beste aus der Situation zu machen. Sie knüpfte daran die Bemerkung: »Wie lange das Geschenk dieser Zeit, zu leben und zu kämpfen, zu arbeiten, dauern würde, das war nicht zu berechnen, und so nutzt es Georg Benjamin von Anfang an so (...) vielseitig wie möglich zum Lernen, zum Arbeiten und nach Möglichkeit zum Erleben mit seinem Jungen, der Natur, mit Büchern, und immer war er für andere da.« Er machte den Führerschein, gerade noch rechtzeitig, bevor es 1935 Juden verboten wurde, und er lernte Russisch. Der Name seines Lehrers diente später in der Zuchthauskorrespondenz öfter als Schlüsselwort. Vom Sommer 1934 an hörte er auch Vorlesungen im Rahmen der Fortbildungskurse für jüdische Ärzte, die von der Gesundheitsverwaltung der jüdischen Gemeinde veranstaltet wurden.

Hilde verdiente das Geld für die Familie. Der kleine Sohn fand »liebevolle Betreuung und Erziehung in dem Kinderheim, das Genossin Edith Fürst gerade in Niederschönhausen eröffnet hatte und in dem nun einige Kinder von Genossen, die zum Teil in Haft waren, zum Teil illegal lebten, und auch einige jüdische Kinder Sicherheit und Geborgenheit fanden«.

14. Mai 1936, Hilde Benjamin notiert: »Als ich (...) von der Arbeit in der Handelsvertretung nach Hause kam, spürte ich, dass etwas ›anders‹ war. Ob, wie vereinbart, als Signal ein Staubtuch aus dem Fenster unseres Parterrezimmers heraushing, wie es mit Tante Grünwald (der Zimmerwirtin und Freundin) vereinbart war, weiß ich nicht mehr. Aber das Gefühl war da, dass etwas nicht stimmte. Von unserer Hausgenossin erfuhr ich: Am Vormittag waren mehrere Gestapoleute mit Georg Benjamin gekommen und hatten eine Haussuchung durchgeführt. Äußerlich war alles korrekt und ordentlich vor sich gegangen, die Schreibmaschine nicht beschlagnahmt, auch nichts erkennbar weggenommen oder beschlagnahmt.«

Am 16. Mai das erste Lebenszeichen von Georg. Er schreibt aus dem KZ Columbia, einem ehemaligen Militärgefängnis am Tempelhofer Feld: »Meine sehr liebe Frau! Das war nun eine böse Überraschung für Dich! Ja, Liebste, Du hast ein schweres Leben mit mir, aber versuche nun auch etwas von dem Gleichmut zu gewinnen, über den wir so oft gesprochen haben. Denkst Du noch an das schöne Buch von (Martin) Gumpert mit den Biographien, das wir zusammen gelesen haben?«

Hilde erinnert sich daran. Gemeinsam haben sie auch

das Schicksal von Miguel Serveto, das Gumpert schildert, gelesen, und sie zitiert: »Am Morgen des 27. Oktobers 1553 klirrten die Schlüssel zum letzten Male in der schweren Tür, man zog ihn hervor aus dem finsteren Loch, in dem er seit Monaten verlauste und vermoderte, um ihn dem Scheiterhaufen zu überliefern.«

Serveto war in Genf als Ketzer verbrannt worden. Er hatte unter anderem das Dogma der Trinität in Frage gestellt, also die Dreieinigkeit Vater, Sohn und Heiliger Geist. Calvin ließ Serveto verhaften und sorgte für seine Verurteilung. Es war ein Schauprozess der frühen Art, an dessen Ende das Todesurteil stand. Religiöser Eifer war Ursache für Pogrome, die vielfachen Tod brachten. Vor allem für jüdische Gemeinden galt das. Das alles wiederholte sich fast vier Jahrhunderte später mit der Zerstörung der jüdischen Schtetl und ihrer Bewohner nach dem Einmarsch der Wehrmacht in die Sowjetunion. Die Erinnerung an die gemeinsame Lektüre ist wie eine Ahnung dessen, was da unheilvoll wartet.

Georgs Brief aber geht weiter: »Liebe Hilde, Du musst jetzt versuchen eine ganz selbständige Lebensführung zusammen mit unserem Jungen und zusammen mit den Freunden und Verwandten, die Dir helfen werden, zu finden. Wir müssen damit rechnen, dass es sich um eine sehr langwierige Sache handeln wird. Du musst und Du sollst in Zukunft alle Entschlüsse fassen, ohne mich dabei entscheidend zu berücksichtigen. – Mein Jungchen, unser Mischa, wird mich vorerst langsam vergessen müssen. Ich hoffe, dass das bei ihm noch ziemlich schnell gehen wird. Oder willst Du ihm ab und an vom verreisten Georg etwas schicken? Das mache, wie Du es für richtig hältst. Liebe Frau, was mir die größte Ruhe geben wird, ist, von Dir zu erfahren, dass auch Du Dich nicht vom Schicksal unterkriegen lässt!

Ich habe nicht viele Wünsche. Die Bemühungen um irgendwelche Rechtshilfe sind im augenblicklichen Stadium ganz unnötig. Sonst decken sich alle meine Wünsche mit dem am Briefkopf mitgeteilten gestatteten: Ein- oder zweimaliger Wäschewechsel (Hemd, lange Unterhose, Socken u. einige Taschentücher); Abonnement des Völkischen Beobachters wie oben vorgeschrieben und zunächst einmal Übersendung von 5 Mark. Am allermeisten werde ich mich über Deine Briefe freuen! – (...)

Hilde, – versuche den Sommer so gut wieder zu genießen, wie vor 3 Jahren. Die warmen Tage haben ja allerdings, scheint's, noch nicht richtig eingesetzt. Schon jetzt eine Bitte für Deinen ersten Besuch: immer ein Bild von Mischa zum Ansehen. Im Apparat ist übrigens noch ein frischer Film eingezogen ...

Nun für heute Schluss! Ich grüße Dich
und Mischa in inniger Liebe. Und Grüße
für die Eltern, Utti, Tante Grünwald und
alle andern.
Dein Georg«

Am 14. Oktober 1936 folgte das Urteil des Kammergerichts gegen Benjamin und andere wegen »Vorbereitung zum Hochverrat«. Der Vorwurf: »Der Angeklagte hat fortlaufend Artikel aus ausländischen – englischen, französischen und russischen Zeitungen – die Deutschland und die deutschen Verhältnisse betrafen, jedoch auch Artikel über die politische Entwicklung Spaniens und Frankreichs übersetzt, um ihre Verbreitung in kommunistischen Kreisen bzw. zu Propagandazwecken zu ermöglichen. (...) Neben seiner Übersetzertätigkeit unterhielt der Angeklagte Verbindung zu einigen Männern, die ihm Berichte über ihre Arbeitsverhältnisse, über Lohnfragen, über die Stimmung bei den Erwerbslosen usw. gaben. Es handelte sich hierbei um zwei Arbeitnehmer, die in der AEG beschäftigt waren, und einem Arbeitslosen, den Mitangeklagten Perleberg. Diese Information gab der Angeklagte der erwähnten Funktionärin weiter.«

Georg Benjamin wurde zu sechs Jahren Zuchthaus unter Anrechnung von fünf Monaten Untersuchungshaft verurteilt, die bürgerlichen Ehrenrechte wurden ihm auf die Dauer von fünf Jahren aberkannt. Zu den Gründen für die Bemessung der Strafe heißt es: »Der Angeklagte, der Rasse nach Jude, steht seit langen Jahren in der kommunistischen Bewegung. Er war früher Bezirksverordneter der KPD im Bezirk Berlin-Wedding und bis 1933 beamteter Schularzt der Stadt Berlin. Er befand sich von April bis September (tatsächlich bis Dezember) 1933 in Schutzhaft. Bei seiner Entlassung unterschrieb er einen Revers, durch den er sich verpflichtete, sich nicht mehr staatsfeindlich zu betätigen. Trotzdem hat der Angeklagte, der seit 1933 erwerbslos ist, seit Frühjahr 1935 für die KPD gearbeitet.«

Zusammenfassend heißt es dann: »Im Übrigen ist davon auszugehen, dass den Angeklagten Benjamin im Hinblick auf seine Persönlichkeit und den Umfang seiner Tätigkeit die bei weitem schwerste Strafe treffen muss. Erschwerend fällt bei ihm ins Gewicht, dass er sein nach der Schutzhaft gegebenes Versprechen, sich nicht mehr staatsfeindlich zu betätigen, nicht gehalten hat. Es zeugt von der Hartnäckigkeit seines rechthaberischen Willens, wenn er trotzdem bald danach seine hochverräterische Tätigkeit in so weitem Umfange aufgenommen hat. Auch ist seine Tätigkeit als besonders gefährlich zu bezeichnen. Er gehört zu der Klasse der jüdischen Intelligenz, die mit allen Mitteln bestrebt ist, durch die Verhetzung der deutschen Arbeiterschaft dem Kommunismus zum Siege zu verhelfen. Zu seinen Gunsten war lediglich in Betracht zu ziehen, dass er, was seine Person betrifft, ein Geständnis abgelegt und im Weltkrieg als Soldat gekämpft hat. Eine Strafe von sechs Jahren Zuchthaus erschien unter diesen Umständen notwendig, aber auch ausreichend.«

Mehr als fünf Jahre Haft also in dem als das »modernste« geltende Zuchthaus in Brandenburg. Seine Zweckmäßigkeit jedenfalls war für Hilde Benjamin bei ihrem ersten Besuch im Winter 1937 deutlich zu spüren. Obwohl damals noch geheizt, spricht sie von einer »kalten, klaren Helle, die sich mir bis heute mit der Erinnerung an das Haus verbindet, einer Helle, die gleichsam die Düsternis des Terrors und drohenden Todes verstecken sollte und die in unüberbrückbarem Widerspruch zu dem verlogen-pietistischen Vers über dem Eingang stand: Arbeit, Disziplin und Güte / lockern auf ein hart' Gemüte, / löschen das Vergang'ne aus, / führen heim ins Vaterhaus.«

Die Besuchszeiten, die Hilde erinnert, sind im ersten Jahr viermal fünfzehn Minuten, also eine Stunde insgesamt, und steigern sich in jedem Jahr um eine Stunde, in fünf Jahren auf fünf Stunden und dreißig Minuten. Im Sprechzimmer sitzen sie sich in Gegenwart eines Beamten gegenüber. Der Beamte an der oberen Seite eines Tisches und sie selbst jeder an einer Längsseite. In Hildes Tagebuch finde ich einen Hinweis: »Es war selbstverständlich, dass die Fülle dessen, was zu sagen war und wozu die

Zeit nie ausreichte«, eine geistige und seelische Anspannung bedeutete, die besonders für Georg Benjamin eine Belastung war, die trotz guter Vorbereitung, der Beherrschung der Schlüsselworte, des Lesens im Blick und Gesicht des anderen nicht immer gemeistert werden konnte. Die Anwesenheit des Beamten hat beide nicht gestört, und manchmal »konnten wir beim Abschied schnell auf die andere Querseite des Tisches treten und wir umarmten uns«.

Um den Briefwechsel zwischen den Eheleuten richtig zu verstehen, muss der Leser die Schlüsselworte kennen, mit denen sie in Briefen und im Sprechzimmer manchen Inhalt verbrämten. Als sie sich daran erinnerte, wurde Hilde klar, dass sie nicht mehr alle Verschlüsselungen wusste. »Die Sowjetunion wurde in der Regel mit ›Sophie‹ (dem Vornamen unserer Ärztin, der Schwester des Reichstagsabgeordneten Eduard Alexander) oder ›Utti‹, dem Kosenamen meiner Schwester, bezeichnet oder auch als mein ehemaliger Chef. »Konrad« bedeutete Kommunistische Partei Deutschlands, Spanien war Frau Götz (nach dem Namen meines Anwaltskollegen Götz Berger, der in Spanien kämpfte), die Mariendorfer Straße (die erste Silbe unterstrichen) war Madrid. Hinter den Namen Dora oder Walter stand natürlich Frankreich und so fort.« Georg Benjamin war der »Babypapa« – ein Name, den ihm die Kinder in Edith Fürsts Heim als dem Vater des kleinsten Babys gegeben hatten und der von allen »aufgenommen« wurde.

Wie sehr müssen sich diese Jahre, die Besuche im Gefängnis, seine Briefe und seine Sehnsucht nach ihr und dem Kind in ihre Seele gebrannt haben. Wie oft wird die eigene Hilflosigkeit, die Unmöglichkeit, helfen zu können, ihm bewusst gewesen sein. Was macht eine Erfahrung dieser Art mit einem Menschen, der die Misere, die sein Leben ohne eigenes Zutun bestimmt, nicht zu beenden vermag? Wie mochte es ihm damit gegangen sein, sich immer wieder zu fragen, ob seine politische Überzeugung es wert war, sich und seine Lieben derart zu gefährden? Wie oft hatte er sich mit Zweifeln plagen müssen? Auch seine Überzeugung, sein fester Glaube an die Genossen in Moskau, wie Hilde Benjamin es beschreibt, konnte nicht völlig frei gewesen sein von jeglicher zweifelnden Heimsuchung. Selbst wenn am Ende es allein der Glaube an die Heilserwartung der kommunistischen Idee war, die ihm die Kraft gab durchzuhalten – das, was Theodor W. Adorno den »theologischen Glutkern« nannte, ohne den der Materialismus seine Hauptantriebskraft verlieren würde. Glaube versetzt eben Berge. Die Briefe seiner Frau waren für ihn die Schlagadern zu einem anderen Leben, von dem er durch die Gefängnismauern abgeschnitten war. Minutiös beschreibt sie für ihn jede Entwicklungsphase, jede Äußerung, berichtet von jeder Veränderung, die Mischa betrifft.

Sie bewunderte, wie Georg selbst im Gefängnis das Wohlergehen der Familienangehörigen umtrieb, wie wichtig ihm jedes Detail im Leben der anderen draußen blieb. Nach dem Überfall auf Frankreich wuchs die Sorge um den Bruder Walter und die Schwester Dora, die ja beide nach Paris geflohen waren. Noch 1938 hatte Walter Benjamin an Hilde einen Brief geschrieben, in dem er für ihre Geburtstagswünsche dankte. Darin bat er, »bei der nächsten Gelegenheit, Georg für seine Glückwünsche zu danken und ihm alles Herzliche von mir zu sagen«. Der Brief kam aus Dänemark, wo Walter Benjamin mehrfach zu Gast bei seinem Freund Bertolt Brecht war. Es war nicht leicht für die Geschwister Georg, Walter und Dora, Informationen voneinander zu bekommen; Nachrichten erreichten sie nur über komplizierte Umwege und mit großer Verzögerung. Georg bat Hilde daher dringend, ihm auch die schlechtesten Nachrichten nicht zu verheimlichen. Wie sehr allerdings auch sie in Hitlers Deutschland von aller Welt abgeschnitten war und wie wenig zu ihr durchdrang, zeigte sich auch daran, dass Hilde von Walters Selbstmord in Portbou erst mit jahrelanger Verspätung erfuhr.

Es fällt auf – und verwundert –, dass Georg Benjamin keine Notwendigkeit sieht, über die außenpolitische Linie der KPdSU nachzudenken. Klar, ihm fehlten seriöse Informationen; wie hätten sie ihn auch erreichen sollen. Dennoch: Was hätte er zur Äußerung der Kommunistischen Internationale (Komintern) gesagt, der zu entnehmen war, dass mit der Machtübernahme der NSDAP 1933 die Revolution in Deutschland nur noch eine Frage der Zeit sei. Nach dem Motto: Die proletarischen Massen werden den Faschismus sicher abschütteln. Die Waffenlieferungen aus der Sowjetunion, mit der schon in Weimar und danach die Aufrüstung in Deutschland vorangetrieben wurde, hat er vielleicht nicht glauben wollen. Es sei denn, ihm wäre jedes Mittel recht erschienen, die schwierige ökonomische Lage, die Hungerjahre in Russland aufzufangen. Es lag auf der Hand, dass der faschistische Staat sich mit der unblutig erworbenen Beute Sudetenland und Österreich nicht zufriedengeben würde. Und der Hitler-Stalin-Pakt, was war er anderes als ein Zeichen dafür, dass

Hitler freie Hand haben wollte, um Polen zu überfallen, was den Zweiten Weltkrieg zur Folge hatte.

Hilde zeigte sich irritiert und schrieb entsprechend an Georg. »Nicht einfach sofort zu verstehen war für viele von uns Genossen in Deutschland der Abschluss des Nichtangriffspaktes, und ich hatte offenbar auch eine solche Andeutung in einem Brief gemacht.« Darauf schrieb Georg zurück und gab eigentlich nur den Rat, das Ereignis nicht voreilig zu kritisieren. Am 17. September 1939, knapp zwei Wochen nach dem Überfall auf Polen, schrieb er: Du wirst mir nicht böse sein, wenn ich bezüglich der Dialektik nicht mit Dir übereinstimme. Nicht sie, die doch eine Denk- und Erklärungsmethode ist, geht über unsere schulmäßige Vorstellung hinweg, sondern die beste Hegelschulung, scheint mir, muss notwendig versagen, wenn eine hinreichende Kenntnis der Verhältnisse und Vorgänge, auf die das dialektische Denken anzuwenden wäre, fehlt. Im Übrigen, so unerwartet mir erst recht vieles war, scheint es mir doch jetzt sehr verständlich und gar nicht mehr im Widerspruch zu meiner Schulweisheit.«

Und dann kam die Gelegenheit, Georg wiederzusehen und mit ihm zu sprechen, auch Mischa durfte dabei sein. Die Zuchthausstrafe seines Vaters war am 14. Mai 1942 beendet, nicht aber sein Leidensweg. Bevor er von Brandenburg an die Gestapo ausgeliefert wurde, konnten sie sich sehen. Hilde fuhr nach Brandenburg, endlich: Mischa auf Papas Schoß. Der kleinen Familie wird eine gute Stunde Beisammensein gegönnt. Danach wurde Georg nach Berlin in das Gestapo-Gefängnis in die Prinz-Albrecht-Straße gebracht. Ein anonymer Anruf erreichte Hilde zwei Wochen später. Sie hörte, dass Georg in das Polizeipräsidium am Alexanderplatz gebracht worden sei.

Sie erfuhr, dass man dort frische Wäsche im Tausch gegen die schmutzige abgeben kann, und so standen die Angehörigen von Gefangenen in langer Schlange im Korridor des Gebäudes. In der frischen Wäsche ließ sich etwas zu essen schicken, auch kleine Kassiber. Auf dem Wäscheverzeichnis die ständige Warnung: »Alle Sachen auskochen wegen Läusegefahr«. Auf dem Zettel vom 30. Mai entzifferte Hilde: »Besuchserlaubnis einholen. Post an mich schicken.« Auf dem zweiten Zettel ein Woche später: »Erbeten außerdem Handtuch, Schachspiel, Hustenpillen oder ähnliches, Briefe schreiben bisher nicht möglich, Besuch nächste Woche wieder versuchen.« Auf dem nächsten Kassiber: »Hier bezüglich Essen, Hygiene, alles völlig unzureichend, keine Freistunde, ungeheure Überfülle, sämtliche europäische Völkerschaften vertreten.«

Hilde gelang es zweimal, Besuchserlaubnis zu erwirken. Am 28. Juni erreichte sie der letzte Brief aus dem Polizeipräsidium:

»L. H. Im Augenblick, da ich dies schreibe, weiß ich nicht, ob Dich dieses Briefchen noch erreichen wird. Ich bin nämlich bestimmt für einen Transport in das ›Arbeitserziehungslager Wuhlheide‹ bei ›Karlshorst‹.(...) Obwohl ich über Wuhlheide hier nicht viel Gutes höre, ist es doch bestimmt gegenüber dem KZ günstig; meist befristet, wenig Juden, u. diese ohne Sonderbehandlung, Polizei, nicht SS. Schreiben absenden und Pakete empfangen kann man angeblich erst nach sechs Wochen. Auch jetzt musst du wieder den Hauptkampf um die Herstellung einer Verbindung führen, vielleicht ist sogar in dringenden Fällen Besuch möglich? – Vielleicht kannst Du gelegentl. vorsprechen im Schutzhaftdez. Allmählich ermitteln, was man mit mir vorhat. Bei aller Vorsicht in der Beurteilung möchte ich doch den Umstand, dass ich nicht ins KZ geschickt werde, obwohl wöchentlicher Transp. nach Sachsenhausen geht, als etw. günstig bewerten. Jedenfalls dürfte wohl eine Entlassung von dort eher denkbar sein als aus dem KZ – Vorläufig bin ich jedenfalls durch diese Wendung günstig gestimmt. Die Arbeit dort – Eisenbahnbau – werde ich, denke ich, auch schaffen. Vielleicht kannst Du mich auch mal auf einem Erkundungsausflug in dieser Gegend bei der Arbeit entdecken!?

Leider habe ich bisher keine Nachricht von Dir. Ich hoffe sehr, dass mit dem Jungen alles in Ordnung ist, vielleicht ist er schon wieder auf? (...) Herzl. Grüße an alle Freunde, Opi, Omi, Utti.

Und Kuss für Dich und den Jungen

Dein Mann

(Auf alle Fälle vergewissere Dich also spätestens in 8 Tagen, oder aber – wegen Verbleib des Pakets – auch noch früher, ob ich bereits fort bin oder nicht; falls nicht, ist vielleicht hier im PP noch ein dringender Besuch denkbar?)

Ist auf dem letzten Evakuierungstransport etwa Onkel Ludw. auch abtransportiert worden?

Größtenteils sind, so weit ich höre, in Wuhlheide von der Arbeit weggelaufene Ausländer, die dort für einige Wochen ›erzogen‹ werden, dann wieder an ihre Arbeitsplätze zurückgeschickt worden. – Bezüglich Hygiene soll es dort gut sein, schlechter als hier ist wohl auch kaum möglich.«

Jetzt ein Sprung in die Gegenwart. Es ist kurz vor dem Jahreswechsel, der 30. Dezember 2011. Kein Schnee, aber Frost, bis zu minus zwanzig Grad. Ich will wie Hilde Benjamin vor knapp siebzig Jahren die Strecke mit der S-Bahn nachfahren, die sie zu einem Wiedersehen mit Georg führte. Ihr Ziel war Wuhlheide. Mit ihrer genauen Beschreibung der Örtlichkeit im Gepäck, warte ich auf die S-Bahn dorthin. Sie hat Georg dann mehrfach unter konspirativen Bedingungen am S-Bahnhof Wuhlheide getroffen, wo er zu Gleisarbeiten eingesetzt war. Sogar das Original einer Bleistiftskizze, von Hilde Benjamin vor Jahrzehnten auf eine herausgerissene liniierte Seite gekritzelt, habe ich bei mir, die sie angefertigt hatte, als sie die Örtlichkeit um den Bahnhof begutachtete. Alles aus Uschi Benjamins Schrank, in dem der Nachlass lagert.

Von Potsdam über Ostkreuz, umsteigen in die S 3, um über Rummelsburg und Karlshorst nach Wuhlheide zu gelangen, habe ich eine gute Stunde Fahrtzeit vor mir. Ich stehe auf dem Bahnsteig der S-Bahn am Potsdamer Hauptbahnhof zusammen mit anderen frierenden Reisenden. Rechts eine wartende Bahn und links, auf der elektronischen Tafel angekündigt, Ankunft und Abfahrt eines Zuges in zwei Minuten. Beide gehen in meine Richtung. Auf den Anzeigetafeln, die unter der Decke des überdachten Bahnsteigs hängen, ist die Abfahrt für den Zug rechts dagegen in zwölf Minuten angegeben. Vor mir eine Gruppe ratloser Menschen. Russische Laute. Sie wissen nicht, welchen Zug sie nehmen sollen.

Drei Frauen, schwerbepackt. Eine stellt ihr Gepäck ab. Sie zögert, ob sie jemanden ansprechen soll, und steht schließlich direkt vor mir. Ein Wort verstehe ich sofort, für das sie bestimmt drei »r« verbraucht: »Berrrlin?« Da sie die Stimme hebt, nehme ich »Berrrlin« als Frage und nicke ihr bestätigend zu und verweise auf die Anzeige, die eben noch zwei Minuten Wartezeit signalisiert hatte, jetzt aber verschwindet und eine Zugdurchfahrt ankündigt. Die Waggons scheppern ohne Halt durch den Bahnhof.

Die elektronischen Anzeigetafeln geraten erneut in Bewegung. Dann wieder eine Ankündigung für die S 7, die über Zoologischer Garten, Hauptbahnhof, Ostbahnhof nach Ahrensfelde fährt. Die Abfahrtzeiten haben indes gewechselt: Auf diesem Gleis, eben noch zwei Minuten, dauert es nun auf einmal zwölf Minuten. Dafür ist für die andere Gleisseite die Abfahrt des Zuges in gleicher Richtung in zwei Minuten angekündigt. Der S-Bahn-Betrieb zwischen Berlin und Potsdam ist eben immer voller Überraschungen. Jetzt wären Russischkenntnisse hilfreich, um die bepackten Damen zu informieren. Hilde Benjamin sprach perfekt russisch. Mit wedelnden Händen dirigiere ich die drei Frauen zum bislang falschen, jetzt aber richtigen Zug. Es gelingt: »Achtung, Türen schließen, Vorsicht bei der Abfahrt des Zuges!«

Auf meiner Reise mit der S-Bahn in die Berliner Vergangenheit von Hilde Benjamin ist sie mir ganz gegenwärtig. Ob es sie gewundert hätte, neben und hinter meinem Fensterplatz lebhafte, russisch geführte Konversation zu hören? In Potsdam gibt es – wie in Berlin – eine große russische Kolonie. Ich erreiche Wuhlheide und verlasse den Zug wie damals Hilde, die vor langer Zeit auf diesem Bahnsteig stand. Sie versuchte, Georg zu entdecken und Kontakt zu ihm aufzunehmen. Sie hoffte, dass er auf der Baustelle der Reichsbahn genau gegenüber dem Bahnsteig zu finden wäre. Ein anonymer Anrufer hatte ihr das zugeflüstert. Ich setze mich auf eine Bank und blicke in die Richtung, die ihre Skizze als Arbeitsplatz von Georg ausweist. Anders als damals sehe ich heute nur aufgeräumte Gleise vor dichtem Baum- und Buschwerk. Hilde Benjamin notierte das genaue Datum, an dem sie ihn entdeckte, es war der 13. Juni 1942. Ihr Mann stand auf einem mit Sand beladenen Güterwagen und trug »eine Art blauen Militäranzug«. Bei ihr heißt es: »Nachdem ich längere Zeit auf dem Bahnsteig gesessen und die Lage beobachtet habe: (...), sahen wir uns fast gleichzeitig.« Er gab ein Zeichen mit dem Arm, rief »dort hin (...) und ich ging in diese Richtung«.

Sie beschrieb das, was dann folgte, mit großer Genauigkeit: »Parallel zum Bahnsteig und zu den Personengleisen lief, nur durch die Gleise von Fernzügen getrennt, ein Güterrangiergleis. Dahinter zogen sich Aufschüttungen von Sand hin mit verschiedenen Gleisen für Loren-Züge. Die Loren wurden von den Sandhaufen aus voll geschippt und auf Güterwagen, die auf dem Rangiergleis standen, gekippt. Kam man aus dem Bahnhof, musste man auf eine Brücke, die über den Bahnkörper führte und an deren beiden Seiten in einem kleinen Wachhaus jeweils ein Wärter saß. Die Brücke setzte sich, zunächst noch erhöht, in einer Waldstraße fort. Unterhalb der Straße stand auf einem Stück Ödland die zu dem Arbeitsplatz gehörende Baubude. Hinter dem ziemlich breiten Streifen Ödland begann ein Waldstück.«

Hilde Benjamin lief die Böschung hinunter, umging die Baubude, in der sie Aufsichtspersonal vermutete, und durchquerte das Waldstück so, dass sie wieder auf der Höhe des Bahnsteiges und der Baustelle herauskam. Zeitgleich hatte sich Georg in Bewegung gesetzt, und beide »steuerten auf einen Haufen Eisenbahnschwellen zu, die uns nach der Baustelle hin verbargen. Er reichte mir zuerst einen Zettel: Nimm erst das.« Und weiter: »Schreibe Du auch immer auf, was ich zu sagen habe. Hast Du Essen da?« Er versteckte dann alles irgendwo am Körper, rief noch: »Du kommst doch nächste Woche wieder, und lief zurück.« Dann konnte sie ungestört den Kassiber lesen, den Georg ihr zugesteckt hatte:

»Einige kurze Informationen, falls der Versuch gelingt. – Lage hier schlimm. Seelisch gleitet ja fast alles an mir ab, obgl. der Mangel an Kameraden schwer fällt. Verhältnisse gleichen in vielerlei Hinsicht dem, was man aus dem KZ weiß. – Körperlich erfordert es die Aufwendung all meiner Energie. Weniger der Arbeit wegen, aber zu wenig Schlaf und viel zu wenig Essen. Was an mir liegt, halte ich natürlich durch.«

Er gab den Hinweis, dass angeblich »Lebensmittelpakete über das Polizeipräsidium am Alex möglich« seien. Allerdings sei ziemlich ungewiss, ob er sie dann auch in Wuhlheide erhalten würde:

»So weit Euch entbehrlich, konzentrierte Nahrungmittel: Süßes, Zucker, Fett, Eier oder dergleichen. Ferner auch Tabakwaren, jedoch nicht über Alex, da nicht erlaubt. Auf heutige Weise, wenn möglich vielleicht einmal wöchentlich, natürlich größte Vorsicht. Außerdem etwa zehn Mark in kleinen Scheinen. Arbeitszeit: Montag bis Freitag 7–4½, vielleicht folgst Du mal unauffällig dem Heimweg!

Vorderste Wagen einsteigen, dann mich suchen. Rechte Hand hoch: Lage gut. Linke Hand hoch: Versuch möglich. Hand in der Tasche, ungünstig. Mittagspause etwa 12–12½, jedoch auch früher und später. Für den Fall keiner oder zu kurzer Sprechzeit, Brief beifügen. Wegen Aufbewahrungsschwierigkeiten nicht zu umfangreich schreiben! Aber auch z. B. fertige Stullen. Ferner bitte Taschenmesser mit einer nicht zu kleinen Klinge für Brot.

Juden nur 2 gz, plus 3/2, daher wenig speziell gegen Juden gerichtete Maßnahmen.«

Hilde Benjamin schaffte es, Georg jede Woche einmal

dort zu treffen, später nach Verabredung auch öfter. Zwischendurch gelang es auch einmal ihrer Schwester und einmal einer Genossin, ihm Lebensmittel zu bringen.

Die Informationen, die Georg in den Hafttagen am Alex über das KZ Wuhlheide erhalten hatte, waren zutreffend. Das Lager war als »Erziehungslager« für »unbotmäßige« ausländische Arbeitskräfte errichtet worden, die für einige Wochen zur »Erziehung« hierhergebracht wurden. Man kann sich ungefähr ausmalen, was die Zwangsarbeiter dort erwartete. Das Lager unterstand der SS, wurde aber von Polizisten bewacht. Die Häftlinge wurden für Gleisarbeiten der Reichsbahn eingesetzt, für die Berliner Baufirmen unter Vertrag standen. Sie waren im Berliner Stadtbezirk Lichtenberg in Baracken untergebracht. Wo sie, längst abgerissen, ehemals standen, befindet sich heute ein Teil des Tierparks.

Kassiber vom 20.7.1942:

»Erhielt am 18.7. Schutzhaftbefehl, also vielleicht in 8 bis 10 Tagen hier weg. Vermutlich Sachsenhausen via Alex. Wenn Du mich nicht mehr siehst, versuche also alsbald nochmals Besuche am Alex. Ich weine der Veränderung keine Träne nach. Der Brückenwärter zwischen Erfrischungshalle und Brücke, also nach Überschreiten der Brücke, übernimmt für Babypapa. In diesem Fall einige kleine verschnürte Päckchen machen, auch Brief mit Adresse für Babypapa. – Als Entgelt soll Marmelade oder etwas Fett erwünscht sein, worüber Du verhandeln musst. Beide in Schicht arbeitenden Männer sind gut. Ich habe zwei Tage geschwelgt. Es war eine große Hilfe. – Der Holländer, der evtl. kommt, hat nur Auftrag zu übergeben und zu erzählen. Sonst noch erwünscht: Seife und neue Zeitungen, aber nur wichtigste Blätter.

Ob anvisierter Franz kommen wird – ein kleiner Deutscher – ist fraglich. Trotz nicht zu schwerer Arbeit körperlich für mich sehr strapaziös.«

Kassiber vom 26. 7. 1942:

»Liebste Frau!

Ich hoffe, es klappt auch weiterhin so vorzüglich direkt. Die andere Möglichkeit ist zur Zeit etwas unsicher. – Du kannst Dir kaum vorstellen, wie mir die Sachen helfen. Ich weiß nicht, ob ich sonst körperlich durchhalten könnte. – Es war wieder alles fabelhaft. Zunächst kein Geld mehr, aber weiter Zigaretten. Auch Karten zunächst nicht mehr. Ich rechne ja mit Wahrscheinlichkeit, diese Woche zum Alex und dann ins KZ zu kommen. Hoffentlich gelingt noch ein Besuch am Alex. Ein dringender Grund wird sich ja finden lassen. Auf alle Fälle erwarte ich zunächst Donnerstag wieder etwas.

Wenn ich nicht gleich komme, die Schneise im Auge behalten. Über Gleis komme ich. Es kann unter Umständen auch mal eine Weile dauern, bis ich abkommen kann. Für jemand, dem ich verpflichtet bin, wäre ein kleines Fläschchen Schnaps erwünscht.«

Hilde notierte, wie sich der Charakter der Treffs zunehmend veränderte: »Georg wurde freier und gelöster, fast möchte ich sagen heiterer.« Sie glaubte zudem, dass er ein wenig unvorsichtiger zu werden begann, und und so war sie es, die ihn zur Vorsicht mahnte. Nur nicht auffallen – das war auf dem spärlich genutzten Bahnsteig bei immer seltener verkehrenden S-Bahnen nicht einfach. Auch führte der Weg regelmäßig an dem Brückenwärter vorbei. Daher zog sie jedes Mal etwas anderes an, »mit blauem Hut, ohne Hut, mit weißem Hut, mit Kopftuch«. Sie trafen sich fast regelmäßig zweimal die Woche, und anscheinend gelang die Camouflage. Sie wagte sogar, einen der Brückenwärter direkt zu fragen, und er sagte, er habe sie nie zuvor gesehen.

Einmal nahm sie Mischa mit und war daher besonders vorsichtig. Den ganzen Nachmittag waren sie in der Nähe der Arbeitsstelle gewesen. Von einem Erfrischungsstand aus beobachteten sie den abziehenden Arbeitertrupp, und Georg, der sich ganz hinten eingereiht hatte, marschierte direkt an ihnen vorbei. Der Junge sah seinen Vater und fand: »Er wirkt ganz anders als die anderen, viel gesünder.« Die anderen trotteten, abgemagert und barfuß, dahin und schleppten einen Kameraden mit sich, der zusammengebrochen war. Ob es zu einer direkten Begegnung kam? Hilde glaubte, nein, anders dagegen Mischa, der sich genau erinnerte, mit dem Vater gesprochen zu haben.

Kassiber vom 30. 7. 1942:

»Ich bin gespannt, ob die Sache morgen klappt, nachdem oben die Angelegenheit – natürlich nicht durch mich – etwas brenzlig wurde. Gleichzeitig ist es vielleicht die letzte Gelegenheit, da ich stark mit der Möglichkeit rechne, Freitag früh zum Alex und eventuell schon Sonnabend früh nach Sachsenhausen zu kommen. Kannst du evtl. am Freitag früh nach mir Ausschau halten und, falls ich nicht mehr dort bin, mittags noch Besuch dort versuchen?

Dienstag Beamtenwechsel, so dass ich nicht weiß, ob dann weiterhin direkter Verkehr möglich, Der Brückenwärter soll evt. ein paar kleine Päckchen durch den Schichtmeister für den Ausmesser schicken. Dem Abzug hier sehe ich trotz Übergang in KZ freudig entgegen! Du kannst also ahnen, wie es hier aussieht!«

Hilde und Georg sahen sich, wie ich dem Tagebuch entnehme, jedenfalls am 6., 8. und 10. August. »Georg kam jeweils über die Böschung, winkte mir, ich sollte im Wald bleiben und kam hinüber.« Es sei ein neuer Beamter da. Sie packte den Kartoffelsalat, Buletten und Pudding mit Kirschen aus, und sie waren heiter, obgleich er ihr erzählte, gestern habe es wüste Szenen gegeben. Die Juden seien beschuldigt worden, mit Zigaretten zu schieben. Sie sprachen wieder über den Krieg. Er rechnete mit ein oder zwei Jahren bis zum Ende des Faschismus und fragte besorgt, ob sie weiter so viele Lebensmittel für ihn aufbringen könne; er fühle sich dank der zusätzlichen Ernährung wieder ganz in Ordnung und leistungsfähig. Und sie verabreden sich für den nächsten Mittwoch. Doch am nächsten Mittwoch wartete sie vergeblich.

Sie ging zum Polizeipräsidium, um sich nach dem Verbleib von Georg zu erkundigen. Das Gespräch finde ich im Wortlaut, von ihr direkt nach der Rückkehr notiert:

»Ihr Mann ist einem Schulungslager zugewiesen. – Und wo ist er jetzt? Bei meinem letzten Besuch sagte er mir, er sei nach Wuhlheide überwiesen. – Ja, das stimmt wohl. Er ist wohl einem Arbeitskommando zugeteilt worden, aber ... seit ... Der Beamte unterbrach. Ich: Ist er jetzt noch dort? Kann ich ihn irgendwo erreichen? Ich sagte weiter, ich müsse wegen der Schule des Jungen ihm wenigstens schreiben können. – Ginge nicht. – Wo ist er jetzt? – Das kann ich nicht sagen. – Auf dem Transport? Ja. – Ob ich wiederkommen könne? – Ja, in 14 Tagen etwa.«

Es dauerte bis Anfang September und dann die Gewissheit: Georg Benjamin war tot. Ein SS-Feldpostbrief erreichte sie aus Mauthausen. Die Kommandantur im KZ-Mauthausen teilte mit:

»Der Jude Georg Benjamin ist am 26. August verstorben. Todesursache: Selbstmord durch Berühren der Starkstromleitung.«

Im Totenbuch von Mauthausen ist die Todesursache vermerkt: »Freitod durch Starkstrom«. Tag und Stunde des Todes »26.8.1942, 1.30 Uhr«, mitten in der Nacht. Sie erhielt ebenfalls über den Postweg die Sterbeurkunde, die Mütze, sechs Taschentücher und ein Handtuch.

Sommer 1942 – Alltag in einem Land und einer Umgebung, die voller Fallen war und jederzeit in einer todbringenden Sackgasse enden konnte. Hilde Benjamin lebte nach einem inneren Kompass, den ihr Mann Georg justiert hatte. Sie besuchte weiter ihre jüdischen Freunde. Sie wollte sich nicht einschüchtern lassen. Sie hielt zu denen, deren einziges »Vergehen« war, Jude zu sein.

Die »Endlösung der Judenfrage« war 1941 von den grauen beamteten Dienern der »Herrenmenschen« unter der Leitung des SS-Obersturmbannführers Reinhard Heydrich auf der Wannseekonferenz beschlossen worden. Seitdem mussten Juden den gelben Stern tragen. Edith Fürst, die noch immer das jüdische Kinderheim in der Auguststraße leitete, hatte den jüdischen Strafgefangenen Emanuel Bruck im Gefängnis geheiratet. Auch sie erhielt die Nachricht, dass ihr Mann im KZ »verstorben« sei.

Ende 1942 wurden die Angestellten der jüdischen Gemeinde Berlins in die Oranienburger Straße beordert. Die Gestapo sortierte aus, wer sich in den nächsten Tagen für den Transport bereithalten sollte. Auch Edith Fürst war dabei. Ihre Freunde rieten ihr, sich zu verstecken. Hilde war es, die sie mit Lebensmitteln versorgte. Sie brachte Edith mit dem Gefängnispfarrer Poelchau zusammen, der sie als Haushaltshilfe einstellte. Edith nannte sich jetzt

Gertrud Heß. Hilde, die als Kommunistin unter Beobachtung der Gestapo stand, hielt konspirativ Kontakt zu ihr und ihren anderen jüdischen Freunden. Ediths Briefe, Aufzeichnungen und ihre Bilder versteckte sie im Keller der elterlichen Wohnung in Steglitz. Erst Ende 1944 wurde auch Edith Hess/Bruck/Fürst von der Gestapo aufgespürt. Ihre Schwester Rosa hatte Deutschland rechtzeitig verlassen. Edith kam in das Frauen-KZ Ravensbrück und überlebte.

1943 gelang es Hilde, Gertrud Kolmar, die Cousine von Walter, Georg und Dora Benjamin, mit einer neuen Identität zu versehen. Allerdings konnte sie nicht verhindern, dass Gertrud zu Zwangsarbeit in einer Fabrik verpflichtet wurde. Hilde erinnerte die Dichterin Gertrud Kolmar bewundernd und liebevoll:

»Große Stille und zugleich innere Unruhe. Dunkel, aber nicht düster. Hinter einer Mauer von Unscheinbarkeit und Sonderlichkeit. Dunkle, warme Farben um sie herum. Herb, aber von milder Bitternis. Kühl, aber niemals kalt.« Gertrud Kolmar übergab Hilde das Manuskript für einen Gedichtband.

Die Gestapo fand irgendwann ihre Spur. Ihr Ende hieß Auschwitz. In ihrem Nachlass fand sich auch dieses Gedicht:

Die Verlassene

Du irrst dich. Glaubst du, dass du fern bist,
Und dass ich dürste und dich nicht mehr finden kann?
Ich fasste dich mit meinen Augen an,
Mit diesen Augen, davon jedes finster und ein Stern ist.

Ich ziehe dich unter dieses Lid
Und schließe es zu und du bist ganz darinnen.
Wie willst du gehn aus meinen Sinnen,
Dem Jägergarn, dem nie ein Wild entflieht.

Du lässt mich nicht aus deiner Hand mehr fallen
Wie einen welken Strauß,
Der auf die Straße niederweht vorm Haus
Zertreten und bestäubt von allen.

Ich hab dich liebgehabt. So lieb.
Ich habe so geweint ... mit heißen Bitten ...
Und liebe dich noch mehr, weil ich um dich gelitten,
Als deine Feder keinen Brief, mir keinen Brief mehr
      schrieb.

Ich nannte Freund und Herr und Leuchtturmwächter
Auf schmalem Inselstrich
Den Gärtner meines Früchtegartens dich,
Und waren tausend weiser, keiner war gerechter.

Ich spürte kaum, dass mir der Hafen brach,
Der meine Jugend hielt – und kleine Sonnen,
Dass sie vertropft, in Sand verronnen.
Ich stand und sah dir nach.

Dein Durchgang blieb in meinen Tagen,
Wie Wohlgeruch in einem Kleide hängt,
Den es nicht kennt, nicht rechnet, nur empfängt,
Um immer ihn zu tragen.

Hildes Alltag, vor und nach Georg, war Sorge um die, die ihr nahestanden. Viele von ihnen trugen den gelben Stern, den sie, die »Inderin«, nicht tragen musste. In ihrem Tagebuch vermerkte sie kurz vor Kriegsbeginn 1939:

»Gestern stießen wir in Rahnsdorf auf das Schild: Juden unerwünscht. Mischa fragte danach. Da wir nicht allein waren, sagte ich ihm, ich würde es zuhause erklären. Beim Baden kam er darauf zurück. Wir haben dann ausführlich darüber gesprochen – manche Dinge wusste er, zum Bespiel Juden – Arier. ›Kann Hitler dich auch nicht leiden ...?‹ und dann: ›Wollen wir nicht gleich zu Georg fahren?‹ Längst auch hatte Mischa die Geschichte von der angeblichen Reise seines Vaters nach Südamerika durchschaut. Er erzählt von einer Unterhaltung unter den Kindern. Er habe gesagt, dass Georg ›im Felde ist‹.« Hilde: »Du kannst doch sagen, was du weißt, dass er in Südamerika ist«. Er: » – oder soll ich sagen, dass er Jude ist?«

Ende 1940 besuchten sie oft und gern die Rosenbergs, Verwandte der Familie Benjamin. »Die Besuche bei diesen klugen und gütigen Menschen waren für uns beide sehr schön.« Mischa verdrückte sich immer gleich in die gemütliche Bibliothek und las alles, was ihm unter die Finger kam. Und die Rosenbergs waren auch für Hilde wichtig. Sie halfen ihr, die ersten Schreckensjahre nach Georgs Verhaftung durchzustehen. Die Familie nahm sich 1943 vor ihrem Abtransport das Leben.

Mischa Benjamin erlebte zunehmend, dass er nicht dazugehören durfte, dass die Klassenkameraden ihn ausschlossen. Auf seine Fragen fand die Mutter oft nur Antworten, die sie als kläglich empfand. Ein neuer Lehrer hatte gefragt, welche Väter im Krieg als Soldaten dienten oder welche im vorigen Krieg waren. Mischa meldete sich und erzählt, dass sein Vater zweimal verwundet worden sei und das Eiserne Kreuz habe.

Beim Versuch, den Sohn in das Französische Gymnasium umzuschulen, weil es im Ruf stand, tolerant gegenüber »Mischlingen« zu sein, scheiterte Hilde. Ihre Aufnahme in höhere Schulen wurde 1942 nicht mehr gestattet. Hilde wurde Hauslehrerin für Mischa. Und der Freund Werner Wüste erinnert sich voller Bewunderung, dass Mischa schon 1948 mit 16 Jahren »das Abitur hinlegte. So gut war Hildes Unterricht.«

Mit dem Schulverbot kamen die Bombennächte. Der 20. Juli 1944, das erfolglose Attentat auf Hitler, die Niederlage der deutschen Wehrmacht in Stalingrad – es begann die Endphase. In den letzten Kriegsmonaten starben mehr Menschen, und der Bombenkrieg vernichtete mehr Städte als in den Kriegsjahren zuvor.

Vater Lange hatte 1942 für die Tochter ein Grundstück in Brieselang erworben, einem Dorf hinter Finkenkrug im Havelland. Dort draußen gab es keinen Bombenalarm, der in Berlin an der Tagesordnung war. Hilde Benjamin, die sich zum Schutz für Mischa wieder Hilde Lange nannte, schlug dort in den Sommermonaten ein Zelt auf. Sie beackerten den Garten und zimmerten sich zusammen mit Schwester Ruth und deren Lebensgefährten eine Laube. Dort verwahrte sie Georgs Briefe, Gertruds Gedichte, die Bilder und Aufzeichnungen von Edith Fürst. Hilde war für Mischa wie ein Leuchtturm, der ihm Orientierung gab. Aus vielen seiner Zeugnisse spricht tiefe Dankbarkeit für seine Mutter, die nie daran dachte, aufzugeben.

Als Hilde Benjamin in den fünfziger Jahren mit einer

offiziellen Delegation der DDR nach Mauthausen kam, war der Zustand der Gedenkstätte noch nahe an dem, was die Amerikaner 1945 bei der Befreiung vorgefunden hatten. Sie hatten die Leichen, die sie auf dem Lagergelände fanden, beigesetzt. Noch an den allerletzten Tagen vor der Befreiung waren die Gaskammern in Betrieb. Es schien ihr fast, als wäre alles erst gestern geschehen.

Obwohl er mir nur in den von Hilde Benjamin notierten Erinnerungen und in seinen Briefen begegnen konnte, ist mir Georg nahegerückt. Wie muss es ihr bei ihrem Delegationsbesuch ergangen sein, als sie über die Lagerstraße ging? Erinnerte sie seinen freundlichen Blick, die hohe Stirn, die schmale Nase, seine lebensfrohe Menschlichkeit, seine Wärme – sein Bild, ganz nah?

Vielleicht dachte sie an den Brief seines engsten Freundes und Mithäftlings im Zuchthaus Brandenburg, der sie irgendwann gegen Ende 1944 erreichte. Abgesendet von Ernst Wüste, der 1945 befreit wurde:

»Als ich neulich nach langen Jahren wieder zum Spaziergang über den großen Hof ging, hie und da ein altbekanntes Gesicht auftauchen sah, kam mir ein schweres Erinnern an Georg. Was sieht mein äußeres Auge schon? Rote Ziegelmauern, vergitterte Fenster, ein Stück Gemüseland im Viereck von einem meterbreiten Rasenstreifen eingefasst und den weiß leuchtenden Gehweg, der mit unregelmäßig gehauenen Kalksteinplatten gepflastert ist. Als wär in den Dingen ein Stück vom lebendigen Wesen meines guten Kameraden eingefangen: es wurde mir so unsagbar eigen zumute. Ach Hilde, fast schämte ich mich, dass ich hier noch rumlief. Nein, nein, Georg, auch die Spur von Deinen Erdentagen wird nimmermehr untergehen und ich gelobe, mein Teil zu tun, dass sie von niemand verschüttet wird. Wie tief muss sie im Herzen Deines Blutes eingebrannt sein.«

Die Freundschaft der Väter wird die Freundschaft der Söhne Werner Wüste und Mischa Benjamin. Als Michael Benjamin am 7. August 2000 nach einer Operation in der Charité plötzlich stirbt, ist es der Sohn von Ernst Wüste, der auf der Trauerfeier in jedem Wort den Verlust des engen Freundes spüren lässt. Einbezogen »die Mütter, die alle Lasten auf sich nahmen. Die die Mittler zwischen den Vätern und uns wurden.« Bei diesem letzten Weg ist der Friedhof schwarz von Menschen, die Abschied nehmen wollen.

Der Krieg ging zu Ende, und sie konnten den Luftschutzkeller verlassen, in dem Walter und Adele Lange mit ihrem Enkel Michael und den beiden Töchtern Ruth und Hilde die Wochen des Bombenkriegs über Berlin und den Häuserkampf überlebt hatten. Es war der 22. April 1945 und ein Gedanke: Endlich Georgs Tod einen Sinn zu geben und mit aller Kraft am Aufbau des antifaschistischen Arbeiter-und-Bauern-Staates mitzuwirken.

1 Pauline und Emil Benjamin mit Walter, drei Jahre, und Georg, sechs Monate, Anfang 1896

2 Georg und Walter, um 1902

3   Walter Benjamin, 1933

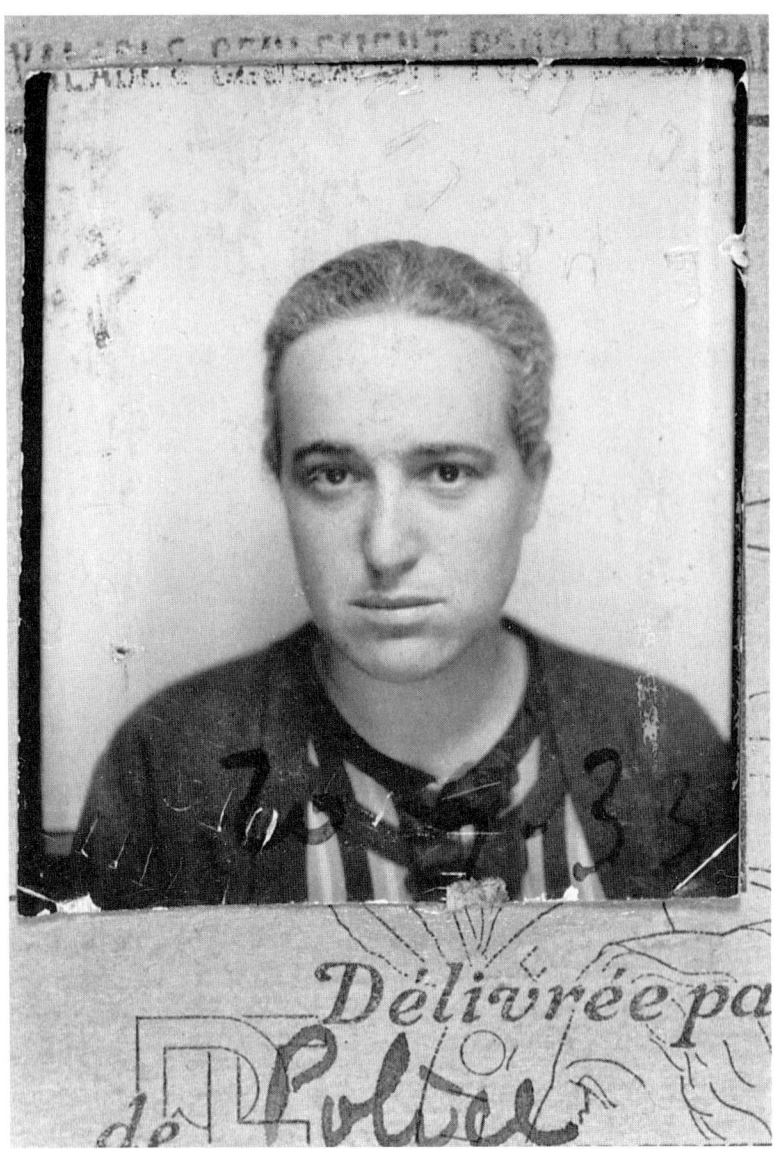

4 Dora Benjamin, französischer Ausweis, 1933

5   Dora Benjamin, um 1930

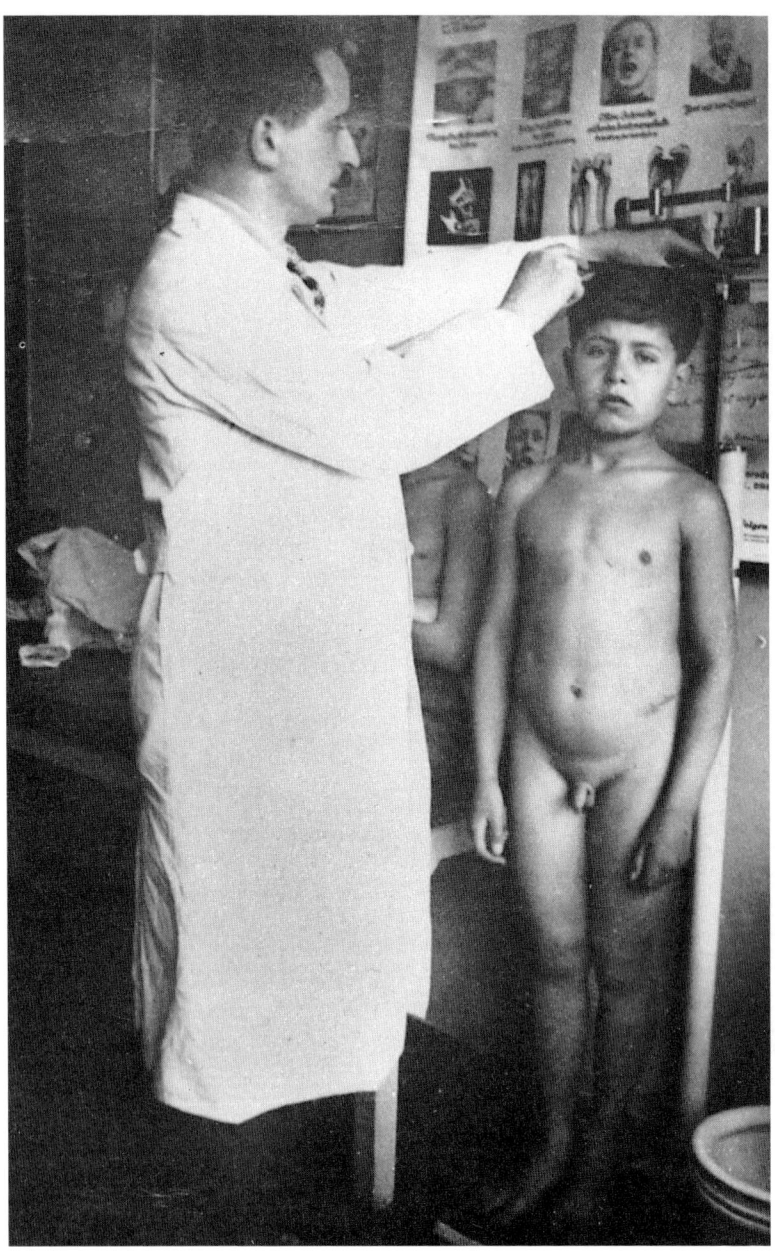

6 Georg Benjamin als Schularzt in Berlin-Wedding, um 1929

7 Georg Benjamin, »Babypapa«, mit Sohn Michael, 1932/33

8 Hilde Lange, als Studentin vor ihrer Heirat mit Georg Benjamin, um 1926

8. KAPITEL
Vater und Sohn

Gut dreißig Briefe erreichen Hilde Benjamin aus dem Zuchthaus Brandenburg. Sie enthalten zugleich wundersame und witzige Reime für den Sohn Mischa zu Geburts- oder Feiertagen. In jeder Zeile seiner Briefe ist mitzulesen, wie sehr Georg Benjamin versucht, die Ferne zu seinem Sohn in Nähe zu wandeln. Jedes Wort ist wie liebevolles Streicheln. Und immer ist erkennbar, wie sehr Georg im Zuchthaus zu Beginn seines vierzigsten Lebensjahres versucht, mit diesem Albtraum umzugehen und möglichst keine Schwäche zu zeigen. Wie schwer wird es ihm gewesen sein, seinen Liebsten keinen Schutz gewähren zu können. Alles liegt in der Verantwortung von Hilde Benjamin.

In manchem seiner Briefe ist schon die Anrede »Liebe Frau« ein Signal für seine innere Verzweiflung, die er durch besonders sachliche Prosa überspielt. Selbst wenn man in Rechnung stellt, dass die politische Linke auffällig viele politisch selbstbewusste Frauen von Rosa Luxemburg bis Clara Zetkin in ihren Reihen hatte, ist der Machismus doch nicht weniger ausgeprägt als bei der bürgerlichen Rechten. In der DDR gab es in den gut 40 Jahren ihrer Existenz zwei Ministerinnen: Hilde Benjamin und Margot Honecker. Und trotz aller fortschrittlichen Gesetze, die Gleichberechtigung sicherten, war es auffällig, wie wenige Frauen am Ende in Führungspositionen gelangten. Die Debatte geht heute, im längst wiedervereinten Deutschland, weiter und wird erst enden, wenn die psychologischen, kulturellen und ökonomischen Hindernisse endlich überwunden sind.

Georg zeigt in seinen Briefen und Äußerungen, wie wenig er dem männlichen Rollenbild seiner Epoche entspricht. Hilde Benjamin hat das immer wieder aufgerufen als seine Bereitschaft, zuzuhören, Argumente gelten zu lassen und neue Einsichten zu gewinnen. Ihr ist es zu danken, dass seine Briefe erhalten geblieben sind. Um Mischa ein Bild von seinem Vater zu geben, sobald er lesen konnte, übertrug sie Georgs Briefe, der noch Sütterlin schrieb, vollständig in Druckschrift, damit Mischa sie lesen konnte. Noch im Blick zurück, bei der Vorbereitung seiner Biografie, die sie als Buch veröffentlichte, fand sie bewundernde Worte für »seine innere Ausgeglichenheit und Ruhe, verbunden mit persönlichem Mut«, die aus seinen Briefen sprechen. »Zurückhaltend und karg im Ausdruck seiner Gefühle« sei er gewesen und von »tiefer Liebe und scheuer Zärtlichkeit (erfüllt) zu denen, die ihm nahestanden«. Ähnliche Äußerungen sind von Freunden überliefert: Georg wird darin als ehrlich, offen, ausgeglichen beschrieben. Trotz seiner Begabung und seines großen Wissens sei er das Gegenteil eines Intellektuellen gewesen, sondern angetreten, die Verhältnisse zu ändern. Einfühlsam, rücksichtsvoll und bescheiden, half er, wo er konnte, was ihm im Wedding den Ruf des »Heiligen Georg« einbrachte.

Hilde erinnerte, dass ein Zuchthausgefangener alle zwei Monate einen Brief schreiben durfte: Vier linierte

Seiten gewöhnlichen Briefpapiers, von denen ein Drittel der ersten Seite noch durch die aufgedruckte »Ordnung« des Briefverkehrs eingenommen wurde, an die sich die Gefangenen zu halten hatten. Ab 1942 gab es nur noch einen Bogen. Eine Antwort war in gleichem Maße möglich. Da es Durchschriften ihrer Briefe nicht gab, konnte sie in ihrer Biographie keinen vollständigen Briefwechsel vorlegen. Allerdings gelang es ihr, aus dem Gedächtnis, aus Tagebuch- und anderen Aufzeichnungen über den Sohn Mischa Bezüge zu den Briefen Georgs herzustellen, so dass sich der Inhalt ihrer Briefe und später der von Mischas Briefen erkennen lässt. Darin zeigte sich, wie nahe Hilde und Georg Benjamin zueinander standen in einer Situation, deren völlige Aussichtslosigkeit von beiden befürchtet war und dennoch von der Hoffnung begleitet wurde, dass es anders kommen möge.

Hildes Briefe sind für Georg die einzige Verbindung zum Leben außerhalb der Gefängnismauern. Daher ihre minutiöse Beschreibung, die über jede Entwicklungsphase, jede Äußerung, jede Veränderung erzählt, die Mischa betreffen. »Die Besuche und Briefe hatten für Georg Benjamin große Bedeutung«, schreibt sie über ihren Mann. Hilde notiert: Das Verhältnis Georg Benjamins zu seinem Sohn sei »in der Fülle seiner Liebe und Zärtlichkeit nicht darzustellen«. Mischa war bei der Verhaftung des Vaters drei Jahre alt. Er hing sehr an ihm, »da ja der Vater, damals arbeitslos, die Betreuung der Kinder im Heim der Genossin Edith Fürst übernommen hatte, ihn öfter sah als mich«. Er vermisste deshalb den Vater schon sehr bewusst. Auf meine Erklärung, dieser sei verreist, gab er zur Antwort: »Aber er kann doch mal telefonieren, ich will ihn nur mal lachen hören.« Die gleiche Sehnsucht hatte der Vater. Bei jedem Besuch musste Hilde ein Bild mitbringen.

Sie waren im ständigen Gespräch über Mischa, auch über Erziehungsfragen. In einem seiner ersten Briefe schreibt Georg aus dem Zuchthaus über die offenbar von Hilde beklagte »Rüpeligkeit« Mischas im Kindergarten und wie ihr zu begegnen sei. Er hat nichts anderes im Sinn, als sich intensiv ferndiagnostisch mit dem kleinen, noch nicht vierjährigen Mischa zu beschäftigen. Nichts war ihm vergleichbar wichtig. Und ebenso wird deutlich, wie sehr sich Georg in die kindliche Mentalität hinein versetzen konnte.

Während ich den Brief lese, werde ich sofort an meinen Sohn erinnert und daran, wie ihn mancher Raufbold im Kindergarten erschreckt hatte. Da flogen im Sandkasten manches Mal die Fetzen. Und in Mischas Fall hatte seine Mutter mehr oder weniger deutlich gemacht, dass er wohl zu den Raufbolden gezählt werden müsse. Georg nahm einen Hinweis auf, der in Hilde Benjamins Brief eine Rolle gespielt haben muss, und riet, über Hauen und Raufen immer wieder mit den Kindern zu sprechen. Auch wenn er nicht ausschloss, dass »Hauen«, und sei es nur, dass Kinder ihre Puppen hauen, wohl auch ein Urtrieb sein könne. Und zu einer Zeit, da in den Kinderstuben und Schulen der Rohrstock tanzte und Prügel für Kinder an der Tagesordnung waren, war Georg überzeugt, dass man immer wieder gegen den Unfug angehen müsse, körperliche Gewalt als pädagogische Maßnahme oder auch als Affekthandlung zumal gegenüber so kleinen Kindern anzuwenden.

Georg Benjamin hat bei Antritt seiner Haft im Zuchthaus Brandenburg zwei Wünsche an Hilde, von deren Erfüllung er hofft, dass sie seine Lage erleichtern könnten: bei Besuchen immer auch ein Foto von Mischa zum Ansehen und die Bitte, ein Tagebuch zu führen. Vorbild dafür waren Hildes Briefe an seine Schwester, ihre Freundin Dora, die wie Walter 1933 aus Deutschland emigriert war und die sie regelmäßig über ihr Leben in Berlin und Georgs Schicksal informiert. Sie notiert gewissenhaft alles, wie es sich Georg erhofft, und gibt es an ihn weiter. So weiß er wirklich viel über den Sohn, kennt jede Nuance seiner Entwicklung. Zu seinem vierten Geburtstag im Dezember 1936 reimt er anschauliche Verse für ein Bilderbuch: »Wir gehen in den Zoo«. Er habe fast nur Tiere genommen, die er bei seinen Holztieren hat, schreibt er Hilde.

> I. Hier gibt's was zu gaffen:
> Hier springen die Affen
> Der schneidet Grimassen,
> der will nach Dir fassen:
> Zucker haschen.
>
> Jetzt sind sie unten
> Jetzt oben
> Sie turnen und toben,
> und immer lustig und froh
> sind unsere Affen im Zoo.

Schon in der Untersuchungshaft schrieb Georg Verse für ein Bilderbuch über Tiere und das Leben im Wald. Hilde hatte die Aufgabe, Zigarettenbilder auszuschneiden oder selbst zu zeichnen, den Text schön zu schreiben und einzubinden. Die Bücher, die so entstanden, sind leider nicht erhalten.

Zu Pfingsten will Mischa seinem Vater eine selbst gemalte Grußkarte schicken, auf der Blumen zu sehen sind, die Hilde nach seinen Angaben vorzeichnet und die er dann ausmalt. Dabei sagt er: »Vielleicht schickt mir Georg dann auch Blumen von dem Beet in seinem Garten! – Na ja, von vor dem Krankenhaus, in dem er arbeitet.« Hilde erinnert sich erst nach und nach, dass sie drei Wochen zuvor wohl auf die Frage von Mischa gesagt hatte, Georg arbeite in einem großen Krankenhaus, wo viele Kranke seien. Da er darauf nicht weiter einging, habe sie irgendwann später Edith Fürst danach gefragt, die sich erinnert, dass er das Gleiche erzählt habe. Immer wieder steht daher die Frage im Raum, wann sie Mischa die Wahrheit zumuten können. Zu einem klaren Schluss kann sie sich vorerst nicht durchringen. So bleibt es bis auf Weiteres dabei, Georg in seiner Zelle so bildhaft wie möglich zu schildern, was Mischa sagt, denkt, wie er sich entwickelt, und Hoffnung hochzuhalten, dass es irgendwann einen Ausweg geben werde. Also sitzt er hinter den dicken Mauern des Zuchthauses Brandenburg und überspielt seine Isolierung mit seinen phantasiereichen Fabeln, an denen er Mischa teilhaben lässt. Außerdem sind seine Briefe die einzige Form, die es ihm ermöglicht, den beiden draußen zu helfen, sich zu behaupten. Sie sollen zeigen, dass auch er stark genug ist, diese lebensfeindliche Prüfung zu bestehen. Das führt zu dem ganzen Arsenal anregender Geschichten, Bilderbuchverse, Tierreime, sehr bald Rätsel, und als Hilde Mischa das Schachspiel beibringt, kommen Schachaufgaben hinzu. Das sind die Geschenke für den Sohn, die er in Überfülle zur Verfügung hat. Mischa – und das erzählt Hilde nicht ohne Stolz – ist ein kluges Kerlchen, das sehr früh, mit fünf Jahren schon, lesen kann. Und dazu dieser Brief vom Februar 1939:

»Mein lieber Mischa-Meister!

Bald kann ich schreiben: Lieber Schuljunge und dann kannst Du mir bald auch mit Tinte schreiben. Über Dein Weihnachtsbild habe ich mich sehr gefreut. Nur, dass Du Dich noch manchmal hinschmeißt, gefällt mir gar nicht; so große Jungen machen das sonst nie mehr. Nun wird es wohl bei Dir auch nicht mehr vorkommen? – Machst Du manchmal Reisen auf dem Globus? Dann fahre mal von Hamburg nach Shanghai in China; erst zu Schiff: durch welche Meere wohl, und dann mit der Eisenbahn: durch welche Länder? Und wie es wohl schneller gehen mag? Und zum Schluss wieder eine Rätselnuss:

Der Vogel hat sie und die Uhr.

Zum Schreiben nimmst sie auch nicht nur.

Musst schnell zu Deinem Spielzeug gehn,

wirst an der Lokomotiv' sie sehn.

Mit Gruß und Puschelkuss

Dein Georg«

Offenbar durch diesen Brief angeregt, entwickelt sich ein Reisespiel, das »Besuch bei Georg« heißt. Mischa spielt eine Doppelrolle: Georg und sich selbst. Per Schiff besucht der Sohn den Vater. Zu Weihnachten und zum Geburtstag am 27. Dezember 1938 hatte er einen Globus und ein Kinderbuch mit dem Titel »Thomas schreibt aus Mexiko« bekommen.

All das steht im Tagebuch, um ja keine Minute mit Mischa zu vergessen, damit Georg seinem Sohn und sein Sohn ihm nahe sein kann. Hilde, im Indianerspiel der »weiße Freund«, wird auf dieser Reise manches Mal an den Rand ihrer Fassung geraten sein. Wer kann so etwas aushalten, ohne von der Sehnsucht des Sohnes berührt zu sein? Wie schafft sie es, im Spiel ihre eigenen Sehnsüchte unter Kontrolle zu behalten? Wie lebt es sich, wenn die Hoffnung zerrinnt, aus dem Tunnel herauszugelangen? Also durchhalten, weitermachen. Seine Briefe lesen und spüren, dass der letzte Besuch wie in diesem nachklingt: »Und dann die Fotos, die ich jetzt in aller Ruhe betrachtet habe. Sie sind wirklich besonders hübsch.« Es folgt ein Kompliment für die Fotografin: »Das im Sande sitzend, steht, finde ich, ebenbürtig neben den meisten Bildern: so scharf – auffallend schärfer als die anderen, wahrscheinlich waren Entfernungs- und Blendeneinstellungen besonders gut – und vor allem ausdrucksvoll. (...) Nur einen Wunsch hätte ich noch: Dass Du natürlich nicht nur über den Jungen, sondern auch über Dich schreiben sollst.«

Zum Schluss dieses Briefes aus dem Herbst 1936 geht Georg noch auf ihre Beobachtung ein, dass Mischa sehr schüchtern sei, und erinnert sich, er sei als Kind, »noch weit ins Schulalter hinein, auch sehr schüchtern« gewesen. Dann wagt er sich erneut an die Frage, ob es richtig sei, Mischa an ihn, den Vater, durch dessen Geschenke und Briefe zu erinnern. »Ich schrieb es schon im vorigen Brief, dass ganz von selbst mit der Zeit seine Erinnerung an mich teils verblassen, teils nicht minder unwirklichen ›sagenhaften‹ Charakter gewinnen wird, und das wäre ja fürs Erste gut«.

Bis zu Mischas Einschulung wechselt Georg mehr als ein Dutzend Briefe mit ihm, der zur Verblüffung des Vaters zunehmend eindrucksvoll schreiben und beschreiben konnte. Georg ist »frappiert« über die Schnelligkeit, mit der Mischa lernt, und äußert immer wieder sein Erstaunen darüber, wie gut und prägnant er sich ausdrücken kann.

Am 24.4.1939 schreibt Hilde Benjamin in ihr Tagebuch: »Er wacht strahlend auf: Heute habe ich geträumt, der Georg ist zurückgekommen. Er sah noch genauso aus.« Dann notiert sie: »Wenn ich ›abholen‹ höre, dann muss ich immer an Georg denken.« Und im Tagebuch vom August 1939 finde ich diese Notiz: »Als ich einmal sagte, wir wüssten ja in unseren Herzen, dass wir zwei zusammengehören, verbesserte er: ›Wir drei!‹«

Von Brief zu Brief und Jahr zu Jahr wird der geschriebene Dialog reicher. Das gilt nicht nur für die Eheleute. Je verständiger Mischa wird, desto dankbarer ist Georg für jede seiner Äußerungen. Aber es kommt auch der Moment näher, da dem Sohn die wirkliche Lage des Vaters erklärt werden kann. Das geht aus einem Brief vom März 1940 hervor, in dem sich Georg über die »Selbständigkeit« des Jungen freut: »Dass Du ihn schon allein mit der Straßenbahn fahren lassen kannst.« Kritisches zu ihrer Erziehung und Hildes Leben fällt ihm nicht ein, »denn bisher hast Du doch alle kleineren und größeren Schwierigkeiten sehr gut überwunden«. Stolz auch auf Mischa: »Er schreibt fast fehlerlos und stilistisch einwandfrei und inhaltlich ihr beide (...) reichhaltiger.« Und dann der ärztliche Ratgeber. »Zahnwechsel: Therapie abwarten. Sind die ersten bleibenden Backenzähne schon da; die kommen vor dem Zahnwechsel als 6. in jeder Kiefernhälfte.« Schließlich der nachdenkliche Hinweis: »Zwecks Überleitung des Jungen zum Verständnis für meine Lage will ich Dir beim nächsten Besuch einen Vorschlag machen.« Und ganz der ehrgeizige Papa, für den Fall, dass die Schule nicht im Gange ist: »Sonst könntest Du ihn eigentlich in Gebieten, in denen Du der Schule nicht ins Gehege kommst – z.B. Natur-, Erdkunde oder Schach – eine

Stunde unterrichten. Er ist doch im besten Lernalter«.
Der Brief endet mit ein paar Zeilen für Mischa:

»Mein lieber Schneeschuhläufer!

So lange wie in diesem Jahr gab es ja fast noch nie in
Berlin Eis und Schnee. Du hast ja nun gut Schnee- und
Schlittschuhlaufen lernen können! Jetzt kommt wohl bald
die Versetzung; schreib mir mal, was auf Deiner Zensur
steht. Habt ihr jetzt richtig Schule oder noch immer kälte-
frei? Und dann kannst Du vielleicht bald wieder schwim-
men gehen u. Dich auch beim Schwimmlehrer in d. Bade-
anstalt freischwimmen? Ich habe das allerdings erst mit
10 oder 11 J. gekonnt! – Dein Rätsel habe ich wohl richtig geraten: Die Wellen. Ein neues für Dich:

Welch ein Kinderspielzeug findet man auch als Tier in
Verwandlung als Busch u. Strauch? (u. auch in der Erde).

Und dann ein ›Zaubersatz‹: Lies ihn erst von vorn:

Ein Neger mit Gazelle zagt im Regen nie.

Und dann lies ihn rückwärts u. schreibe, was dann he-
rauskommt.

Dein Georg«

»Inzwischen ist der Krieg ausgebrochen«, schreibt Hilde
in ihrem Tagebuch: »In den ersten Tagen war er sehr beeindruckt, unruhig und aufgeregt. Besonders weil ich
bei dem ersten Alarm nicht zu Hause war. Nach einigen
Tagen hat er sich wieder beruhigt. Spontan seine Äußerung: Ich bin so froh, dass Georg jetzt nicht hier ist. Er
verfolgt das Vorrücken der Truppen, steckt Fähnchen ab.
Bei dem Alarm in der Nacht war er sehr vernünftig, zog
sich allein an und betonte immer, er habe keine Angst. In
der Schule haben sie Flieger geknetet. Seiner wäre der
Beste gewesen, er hätte ihn allen Kindern zeigen dür-

fen. Er machte dann zu Hause noch mal einen, und ich war erstaunt über die Korrektheit seiner Beobachtung. Als sich zum ersten Mal im Herbst 1941 die Alarme häuften, zeigte sich eine Reihe nervöser Störungen – keine Angst – die wir dann durch zeitiges Schlafengehen, Mittagsschlaf und möglichst geregelten ruhigen Tagesablauf überwanden.«

Der Ratschlag, den Georg seiner Frau bei ihrem nächsten Besuch gab, ergibt sich aus Georgs letzter Post an Hilde und Mischa aus Brandenburg. Beide hatten das Wenn und Aber immer wieder schriftlich und mündlich erörtert und sich dann auf das Wann und Wie verständigt: Hilde erzählt Mischa im Dezember 1941 »die Wahrheit über das Schicksal seines Vaters«.

Und Georg schreibt an Mischa: »Ich freue mich sehr, dass Hilde Dir jetzt alles über mich erzählen konnte, weil Du nun groß und verständig genug bist, um vieles zu begreifen, was man Dir bisher nicht sagen konnte. Über Deine Briefe freue ich mich natürlich jedes Mal sehr.«

Nachdenken über Georg. Sein liberales pädagogisches Verständnis, seine liebevollen Briefe an den Sohn. Seine Reime, Rätsel und Schachaufgaben – all das verrät viel über seinen Großmut, seine Nachdenklichkeit und undogmatische Haltung. Immer wieder wird von Freunden seine Geduld und Toleranz betont. Dass er als Schularzt ganz in dieser Aufgabe aufging und wie sehr ihn dabei Ungerechtigkeit schmerzte, soziale Benachteiligung nicht minder; das alles begründete seine linke politische Position. Aus jeder Zeile spricht seine Klugheit, die Hilde ebenso schätzt wie seine emotionale Intelligenz und Menschenliebe. Und das, obwohl er in den Gefängnissen

Nazi-Deutschlands die ganze Niedertracht erleidet, zu der fehlgeleitete Menschen fähig sind oder veranlasst werden.

Hilde Benjamin bekommt Post aus Mauthausen und erhält die Sterbeurkunde Georgs. Darin zu lesen die Eintragung des Standesamtes II Nummer 5348 / 1942: »Der Arzt Israel Georg Benjamin – glaubenslos (früher mosaisch) – wohnhaft Berlin – Pankow – Binzstraße 50 ist am 26. August 1942 um 1 Uhr 30 Minuten in Mauthausen verstorben. – Der Verstorbene war geboren am 10. September 1895 in Berlin. Vater Emil Benjamin, verstorben. Mutter Pauline, geborene Schönflies, verstorben. Der Verstorbene war verheiratet mit Hilde, geborene Lange, wohnhaft in Berlin – Steglitz, Dünterstraße 7 – Mauthausen, den 23. November 1942.«

Hilde notiert die Reaktion von Mischa auf diese Nachricht. Ganz leise, kaum hörbar nimmt sie die Worte wahr: »Das habe ich immer erwartet.«

Sie wird sich an diesen Moment erinnert haben, als sie nach dem Krieg nach Mauthausen fuhr und über die Lagerstraße des KZ ging. Ihren Mann vor Augen, den sie zwei Wochen vor seiner Ermordung am 10. August 1942 am S-Bahnhof Wuhlheide umarmt hatte. Nicht ahnend, dass dies die immer wieder befürchtete letzte Umarmung sein würde. Ohne Kenntnis darüber, dass im Januar desselben Jahres 1942 in einer Villa am Wannsee Spitzenbeamte der zuständigen Ministerien des Innern, der Justiz und des Reichssicherheitshauptamtes den staatlich genehmigten Mordplan, die »Endlösung der Judenfrage«, fassten.

In seinem letzten Kassiber hatte Georg Benjamin von einem Pogrom im Außenlager Wuhlheide gegen jüdische

Mitgefangene berichtet: »Es waren wüste Szenen.« Ihm sei verhältnismäßig wenig geschehen. Und er schöpfte Hoffnung, dass er dennoch eine Weile bleiben könne, weil er am Freitag, dem Transporttag, wieder nicht fortgekommen sei. Er rechne mit längerem Dableiben. Es sei wieder ein neuer Beamter da. Er habe sich schon länger mit diesem unterhalten. In ihrem Tagebuch notierte Hilde Benjamin den Inhalt der Kassiber, die er ihr in den flüchtigen Augenblicken ihrer Treffen am Bahngelände zugesteckt hatte, so auch den letzten, den sie als einen aus einem Notizbuch herausgerissenen Zettel beschreibt, andere auf Formularen gekritzelt, die den Aufdruck Krankengeschichte trugen.

Monate später erreichte sie die Todesnachricht, er hatte Mauthausen nur wenige Tage überlebt, ehe er, in den Tod getrieben, nur noch ein Name im Karteikasten der Lagerleitung war. Wie schwer mag sie den Besuch in Mauthausen, wenige Jahre nach der Befreiung des KZ durch die US-Armee, empfunden haben? Jetzt steht sie in der Kulisse des Vernichtungslagers und erinnert vielleicht das letzte Treffen mit ihm. Sie hatten sich bereits verabschiedet, und Hilde ging zurück zum S-Bahnhof; sein Arbeitsplatz direkt gegenüber war von dort gut zu sehen:

»Dann saß ich auf dem Bahnsteig und er zeigte seine Künste. Er sprang vom fahrenden Wagen und stellte die Weiche. (Später dachte ich: wäre er doch dabei gestürzt, vielleicht hätte ihm das das Leben gerettet.) Er rangierte mit einer kleinen elektrischen Lokomotive hin und her. Bald winkte er von der Lokomotive herunter, bald kletterte er von einem Wagen in den anderen, immer weiter von mir weg. Über dem Bahndamm zwischen den Wäldern hing gewittriger Mittagsdunst. Kaum sah ich noch, wie er die Mütze abnahm, über die Haare strich, die Hände dankend drückte. Der Zug verschwand im Dunst, war nicht mehr zu sehen. Ich tröstete mich: Mittwoch. Doch am Mittwoch wartete ich vergebens.«

9. KAPITEL
Hinter Mauern

Bautzen, Stadt in der Oberlausitz, das sind 1000 Jahre Geschichte und das Zentrum der slawischen Sorben. Aber Bautzen steht auch für Gestapo, KGB, Staatssicherheit, für Mauern und Zellen. Bautzen, das sind zwei Bedeutungen: Da ist die Stadt, und da ist der Knast, ursprünglich als Reformgefängnis gebaut. Bautzen und der Knast, das sind Opfer und Täter. Das Gefängnis heißt drinnen und draußen das »Gelbe Elend«. Es verdankt diesen Namen dem gelben Klinker auf seiner Außenhaut. Bautzen II, ein am Stadtrand gelegener Hochsicherheitstrakt, ist es vor allem, der den Kälteschauer verursacht, wenn von Bautzen die Rede ist. Bautzen II ist heute Gedenkstätte und war schon unter den Nazis berüchtigt. Hier saß der KPD-Vorsitzende Ernst Thälmann ein, bevor er im KZ Buchenwald ermordet wurde. Seine Zelle ist erhalten und sollte in der Zeit der DDR an die Verfolgung unter den Nazis erinnern.

Etwa 27000 Häftlinge wurden nach dem Krieg zwischen 1945 und 1956 in Bautzen registriert, vor allem ehemalige NS-Täter. Die sowjetische Besatzungsmacht folgte damit den Potsdamer Beschlüssen der Siegermächte. Im Hungerwinter 1946/47 entsprach der Hunger drinnen dem Nachkriegselend draußen. Bis zur Übergabe des Gefängnisses an die DDR 1956 starben etwa 3000 Gefangene.

1950 wurden auf Beschluss der Sowjetischen Kontrollkommission die Internierungslager in Buchenwald, Sachsenhausen und Bautzen aufgelöst und die 3432 Gefangenen und die gegen sie erhobenen Ermittlungen an die Justizbehörden der DDR übergeben. Die Gerichte tagten in dem kleinen Städtchen Waldheim und gingen als »Waldheim-Prozesse« in die Justizgeschichte der DDR ein. Es waren »Schnellverfahren«, die formaljuristische Ansprüche fast vollständig vermissen ließen. Die Anklagen wurden in drei Monaten abgehandelt und Urteile im Stundentakt gefällt. Das stieß auf entsprechend heftige Kritik in den westlichen Medien, vor allem in der Bundesrepublik. Es gab 32 Todesurteile, von denen 24 vollstreckt wurden. Außerdem wurden 146 lebenslängliche und 2745 über zehnjährige Haftstrafen ausgesprochen. Die Waldheim-Prozesse stehen bis heute als Beleg für eine willkürliche DDR-Justiz. Allerdings geht es fast nie um die Frage, wer dort auf der Anklagebank saß und ob es tatsächlich schuldlose Opfer einer willkürlichen DDR-Justiz waren. So wird beispielsweise unterschlagen, dass die DDR nach Überprüfung der Urteile bis 1952 bereits 1000 Häftlinge aus der Haft entlassen hatte und jedes Jahr weitere Begnadigungen erfolgten, so dass 1956 nur noch 35 hohe Nazis einsaßen. Die beiden letzten wurden 1964 entlassen. Ebenso macht sich kaum jemand die Mühe, sich die Anklageschrift auf 350 Seiten anzusehen: Die Mehrzahl der zum Tode Verurteilten waren Nazijuristen am Volksgerichtshof, an Kriegs- und Sondergerichten. Alle waren ausnahmslos an zweifelhaften Todesurteilen beteiligt, manche an einzelnen, andere an dutzenden, einige an

9 Georg Benjamin, 1934/35

10 Hilde Benjamin, 1949/50

11 Hilde Benjamin neben Walter Ulbricht und Ernst Melsheimer (rechts), um 1950

12   Hilde Benjamin als DDR-Justizministerin, um 1955/56

13 Hilde Benjamin mit Enkelin Simone und Schwiegertochter Ursula Benjamin vor einer Büste von Georg Benjamin, um 1968

14 Bei der Gartenarbeit, 1975/76

15　Michael und Ursula Benjamin mit den Kindern Simone und Georg, um 1965

16 Einstieg in das Passagendenkmal für Walter Benjamin in Portbou/Spanien

hunderten. Gleiches gilt für die in den Waldheim-Prozessen ebenfalls auf der Anklagebank sitzenden SS- und Gestapoleute. Die als unzureichend bemängelte Beweisführung entsprach dem alliierten Sonderrecht, das auch in den Westzonen Geltung hatte.

Die Bautzen-Annalen der DDR beginnen mit den Sondergefangenen, die ab August 1956 in die Sonderhaftanstalt II des MfS eingeliefert wurden. Der Bautzenhäftling und Schriftsteller Erich Loest nannte das Gefängnis das »Gerechtigkeitskombinat« der DDR. Seine Schilderung über die Haftzeit in Bautzen II ist äußerst nüchtern. Doch in jeder Zeile, jedem Wort klingt die Verletzung nach, die ihm mit der Verurteilung als »Konterrevolutionär« und siebeneinhalb Jahren Zuchthaus zugefügt wurde. In Bautzen traf er auf Walter Janka, Leiter des Aufbau-Verlages, und Wolfgang Harich, dessen Stellvertreter, und den leitenden Redakteur der verlagseigenen Wochenzeitung »Sonntag« Gustav Just, die 1957 als »Gruppe Harich« als »konterrevolutionäre Verschwörer« zu fünf Jahren Zuchthaus verurteilt worden waren.

Erich Loest: »Wir waren immer überzeugt, es ist ein öffentlicher Irrtum.« Und in einem Radio-Interview fügte er hinzu: »Mein Gott, wir wollten doch ein paar Verbesserungen, wir wollten einen besseren Sozialismus, und diese Idioten, dafür sperren die uns ein. Das hat die erste Zeit, ich hab ja mehr als ein Jahr Untersuchungshaft gehabt und hatte mit drei Jahren gerechnet, ziemlich geschmerzt.« Harich hatte aus ihren Diskussionen die »Plattform für den besonderen deutschen Weg zum Sozialismus« aufgeschrieben, was den Vorwurf der Konterrevolution heraufbeschwor. Loest und Walter Janka gehörten zu denen, die schon unter den Nazis als Kommunisten in Bautzen eingesperrt waren, bevor Loest in das KZ nach Sachsenhausen kam.

Mittlerweile lässt sich aus der festgefügten Form, Bautzen als Synonym für Knast und Gemeinheit, auch ein anderes Bild stanzen. Die Stadt wagt es zunehmend, aus dem Bild von Gefängnismauern, menschlicher Niedertracht und Heimtücke herauszutreten. Dabei geht es nicht um Trennung von der Stadtgeschichte, sondern um ihre Bearbeitung. Der Stasiknast Bautzen II ist heute Gedenkstätte für die Zeit nach 1945, sie wurde Mitte der neunziger Jahre eröffnet. Seine Geschichte vor 1945 soll ebenfalls Teil der Gedenkstätte werden, lässt aber noch auf sich warten.

Bautzen, das sorbisch Budyšin heißt, kommt jetzt zu neuem Leben. Es lädt ein zum Verweilen. Eine Altstadt, frisch saniert, Zeugnisse barocken Ursprungs, auch des Biedermeier, und manch Turm, der seit dem Mittelalter über der Stadt steht, bestimmten die Silhouette. Bautzen hat viele Museen, auch eines, das sich mit der Geschichte der Herstellung des berühmten Bautzner Senfs beschäftigt. Auch die Sorben haben ein eigenes Museum. Sie wurden in der Nazizeit drangsaliert und als slawische Minderheit diskriminiert. Das ist wohl Vergangenheit. Heute ist zumindest jede Ortstafel zweisprachig. Entsprechend hat die Stadt an der Spree mit dem Deutsch-Sorbischen Volkstheater das einzige zweisprachige Theater in Deutschland.

Nach Bautzen eingeladen hatte das 22. Bautzen-Forum der Friedrich-Ebert-Stiftung, das sich im Mai 2011 mit dem Bau der Mauer und der betonierten Trennung der beiden deutschen Staaten beschäftigte. Auch ehemaligen Häftlingen begegnete ich dort. Schon bei der Konferenzeröffnung war zu spüren, wie gegenwärtig ihre leidvollen Erfahrungen noch immer sind.

Bautzen könnte ein Ort nationalen Erinnerns sein, wo das Desaster nach 1933 ebenso ein bestimmender Teil seiner Geschichte ist, wie es Teil eines dunklen Kapitels der DDR-Historie ist. Es gab und es gibt keine Entschuldigung für Bautzen, weder für die Zeit vor noch nach 1945. Nach der Kapitulation wurde Bautzen zum »Speziallager 4« des sowjetischen Geheimdienstes NKWD. Der von den Nazis angezettelte Krieg hatte der Sowjetunion unfassbares Elend gebracht; Wehrmacht und Spezialtruppen der Nazis überzogen das Land mit Raub und Mord, unzählige Dörfer und Städte wurden bis auf die Grundmauern niedergebrannt, die Opfer deutscher Spezialeinheiten in Massengräbern verscharrt. Die Rote Armee beklagte Millionen gefallene Soldaten. Dreißig Millionen Tote allein in der Sowjetunion. Das Militärtribunal in der sowjetisch besetzten Zone verurteilte reihenweise ehemalige Nazifunktionäre und solche, die dafür gehalten wurden, zu Arbeitslagerhaft in den Weiten Sibiriens. Sie standen stellvertretend vor der riesigen Endmoräne von Schuld und Elend, die ihnen die Rassenideologen hinterlassen hatten. Russland brauchte Arbeitskräfte.

1951 wurde der Bautzen-Knast der DDR übergeben, und 1956 wurde Bautzen II dem Ministerium für Staatssicherheit (MfS) unterstellt. Das MfS überwachte die Gesinnungslage des Landes, was zur Deformierung der DDR beitrug und sie schließlich zerstörte. Das Selbstverständnis der Stasi war eher, ihr Tun als Selbstschutz gegen eine auf Zerrüttung der DDR angelegte Spionage- und Agententätigkeit des Westens zu legitimieren. Wer in diesen Grauzonen als Agent oder Spion enttarnt wurde, landete ebenfalls in Bautzen. Tatsächlich war Spionageabwehr zu keinem Zeitpunkt der einzige Auftrag der Stasi. In der Wirkung destabilisierte die »Firma« des Genossen Erich Mielke vor allem den eigenen Staat, dem sie doch »Schild und Schwert« sein wollte.

Im mittlerweile 22. Bautzen-Forum der Friedrich-Ebert-Stiftung reihen sich die Erzählungen. Es ist für manche nicht leicht, das eigene Leiden an der DDR als Teil einer gemeinsamen Geschichte und Teil einer gemeinsamen deutschen Erzählung zu sehen, und gewiss verständlich, wenn ehemalige Bautzen-Häftlinge erst einmal darauf verweisen, wie es einem im sozialistischen Arbeiter- und-Bauern-Staat ergehen konnte, wenn die »garantierte Meinungsfreiheit« in Anspruch genommen wurde. Der Versuch, auf der Konferenz die Geschichte vor 1945 mit den individuellen Erfahrungen in den Zeiten der Teilung nach 1945 in einen Zusammenhang zu stellen, da eins aus dem anderen folgte – die Teilung eingeschlossen –, scheitert auf dem Forum 2011 noch weitgehend.

Auf dem Forum wird die Abschottung durch die Mauer am 13. August 1961 diskutiert und eine Antwort gesucht auf die Frage, warum die DDR schließlich scheiterte, obwohl damit der Fluchtweg nach Westen versperrt war. Die Mauer vom Westen her einzureißen wäre nicht möglich gewesen; darin sind sich alle einig: Es hätte zu neuerlichem Krieg geführt. So wurde es ein kalter Friede. Daran hatte die in der Bundesrepublik bis 13. August 1961 täglich zu lesende gedruckte Aufforderung zur »Abstimmung mit den Füßen« einen Anteil. Dass es dazu kam, daran waren in der DDR wohl die massiven Eingriffe in die Selbstbestimmungsrechte der Bürger von Bedeutung. So führte die unnachsichtige Umwandlung der bäuerlichen

Familienbetriebe in Landwirtschaftliche Produktionsgenossenschaften zu massenhaften Abwanderungen – und unmittelbar zu großen Versorgungsproblemen. Der wachsende Flüchtlingsstrom von Ost nach West, die Entvölkerung der DDR brachten Ost-Berlin und Moskau dazu, die Tore zu schließen. Ein frühes Ende der DDR war damit erst einmal gestoppt.

Die Mauer beendete den Exodus der Bevölkerung im zweiten Staat deutscher Nation. Sie stieß Bonn und die Senatsspitze in West-Berlin in eine politische Sinnkrise und viele Menschen in Ost und West in tiefe Depression. Mit der Mauer war die Lage West-Berlins noch schwieriger geworden. Dies und danach die zeitweilige schikanöse Sperrung der Transitwege waren jedoch in den nächsten Jahren Anlass für eine politische Neubewertung der Frage, wie die Last der Teilung für die Menschen erleichtert werden könnte. So weit das, was das Forum 2011 beschäftigte.

Das Umdenken im Westen begann unter Egon Bahrs Devise »Wandel durch Annäherung« und führte ungefähr in das Jahr, als in Hilde Benjamins Büro die Gläser klangen und die Mitarbeiter auf ihren Geburtstag anstießen. Ihre Lebensstationen, in dreißig Kapiteln gesammelt und im schmucken Karton überreicht, führen zurück an den Anfang, als die ersten Panzer der Roten Armee durch die verwüstete deutsche Hauptstadt rollten und Hilde und Mischa endlich den Luftschutzkeller verlassen konnten. Vier Tage nach der bedingungslosen Kapitulation des HitlerStaates endeten für sie zwölf Jahre Angst und Isolation und Berufsverbot.

Nicht in der offiziellen Sammlung, sondern in Hilde Benjamins Tagebuch lese ich:

»Am 12. Mai 1945 – einem Sonnabend – werde ich in aller Eile zum Rathaus geholt. Der Kommandant wünschte mich zu sprechen. Das Gericht sollte ich für den Bezirk Steglitz organisieren und bis Montagmittag sollte die Raumfrage gelöst und auch die Richter gefunden sein.« Ausgebildete Richter sollten es sein. Allerdings keine ehemaligen Parteigenossen oder Mitglieder einer NS-Organisation. Bis Amerikaner, Briten und Franzosen einrückten und die Stadt in vier Sektoren geteilt war, hatte die Rote Armee kurzzeitig die Verwaltungshoheit für ganz Berlin.

Sie beschrieb nicht, wie sie sich den Weg durch die Trümmerlandschaft bahnte, um das Amtsgericht zu erreichen. Es könnte der mühsamste Teil des Auftrages gewesen sein. Sie kannte allerdings den Weg lange vor der Bombardierung der Stadt. Schon als Referendarin hatte sie dort gearbeitet. Als sie schließlich das Amtsgericht Steglitz erreichte, stand sie vor einem unzerstörten Gebäude. Und der Pförtner, der Dienst tat, gab auf ihre Frage, ob er die Richter im Bezirk kenne, die verblüffende Antwort: »Ja, die Herren haben sich ja jeden Tag eingetragen!«

Es stellte sich heraus, dass die Herren Richter in den Pausen zwischen den Bombenangriffen der Alliierten der Anordnung ihres Kammergerichtspräsidenten gefolgt waren, für den Fall, dass sie ihre Dienststelle nicht erreichen konnten, sich bei einem nahe gelegenen Gericht zu melden. So war das Richterkollegium jeden Tag in nicht vorhersehbaren Abständen »zum Dienst« erschienen und hatte sich in eine Liste eingetragen.

Hilde Benjamin war es nun, die die Spreu vom Weizen trennte und damit die aussortierte, von denen sie glaubte, dass mit ihnen kein sozialistischer Staat zu machen sei. Sie ließ sich Listen über Parteimitgliedschaften der NSDAP aushändigen, forschte beim Pförtner, bei Schreibkräften nach unbelasteten Richtern, die sich als Vormundschafts- oder Grundbuchrichter von der Nazi-Rechtsprechung, so weit es ging, ferngehalten hatten. Und schrieb darüber zwanzig Jahre später in ihren Erinnerungen: »Ich sehe mich noch heute unter allgemeiner Aufmerksamkeit mit einer Gruppe älterer Männer auf dem Weg zur Kommandantur!« Die von ihr ausgesuchten Kandidaten wurden noch einmal überprüft, und das Bezirksgericht Steglitz konnte wenig später mit drei neu ernannten Richtern seine Arbeit aufnehmen. Sie selbst wurde als Staatsanwältin eingesetzt.

Der Chef der sowjetischen Militärverwaltung und Oberste Befehlshaber der Sowjettruppen in Deutschland Marschall Schukow erließ am 4. September 1945 den Befehl Nr. 49 über die Neugestaltung der deutschen Gerichte in den Provinzen der von den Sowjettruppen besetzten Zone Deutschlands. Eine Kopie findet sich auf einer der hundert Seiten, die Hilde Benjamins Mitarbeiter im Justizministerium für sie zusammengetragen hatten. Da heißt es:

»Zwecks der Beseitigung der Verschiedenheit in der Organisation der Tätigkeit der deutschen Gerichtsbehörden in der von den Sowjettruppen besetzten Zone Deutschlands ordne ich hiermit folgendes an:

Die deutschen Gerichte in allen Provinzen und Ländern werden der vor dem 1. Januar 1933 bestandenen Gesetzgebung entsprechend reorganisiert. (...) Die Chefs der Sowjetmilitärverwaltungen in Provinzen und Ländern werden hiermit beauftragt, der Zentralen Deutschen Justizverwaltung in ihrer Tätigkeit den notwendigen Beistand zu leisten. Im Laufe der Durchführung der Neugestaltung der deutschen Gerichte sollen aus sämtlichen Gerichten und Staatsanwaltschaften ehemalige Mitglieder der NSDAP sowie die Personen, welche während des Hitlerregimes die Strafvollstreckungspolitik ausgeübt haben, entfernt werden. Die Kontrolle und Aufsicht über die Durchführung dieses Befehls wird dem Chef der Justizabteilung bei der Sowjetmilitärverwaltung auferlegt.«

Und in genannter Sammlung der Mitarbeiter finde ich auf Seite 21 eine Kopie der ersten Ausgabe des Zentralorgans der KPD »Deutsche Volkszeitung«. Den Aufmacher bildet der »AUFRUF Der kommunistischen Partei Deutschlands«, in dem der »Weg zu einem neuen Deutschland« aufgezeigt wurde.

»Die unmittelbarsten und dringendsten Aufgaben auf diesem Wege«, so heißt es darin, seien:

• Enteignung des gesamten Vermögens der Nazibonzen und Kriegsverbrecher

• Vollständige Liquidierung des Hitlerregimes und der Hitlerpartei

• Kampf gegen Hunger, Arbeitslosigkeit

• (Leider nicht lesbar)

• Wiederaufrichtung der auf demokratischer Grundlage beruhenden Selbstverwaltungsorgane

• Schutz der Werktätigen vor Unternehmerwillkür und unbotmäßige Ausbeutung ...

• Liquidierung des Grundbesitzes der großen Güter der Junker, Grafen und Fürsten

• Übergabe aller jener Betriebe, die lebenswichtigen öffentlichen Bedürfnissen dienen

• Friedliches und gutnachbarliches Zusammenleben mit den anderen Völkern

200

• Anerkennung der Wiedergutmachung für die durch die Hitleraggressionen anderen Völkern zugefügten Schäden

Mit aller Kraft ans Werk! Dann wird aus Not und Tod, Ruinen und Schmach der Weg zu einem neuen Deutschland!

Diese Äußerungen kurz nach Kriegsende waren mehr als nur Propaganda. Sie entsprachen dem Fühlen und Denken vieler Menschen, ob Sozialdemokraten, Konservative oder Christen, die das Ende der Nazi-Zeit herbeigesehnt hatten. Dazu gehörte, dass das Drängen auf eine Vereinigung der Arbeiterparteien auch von manchem in der SPD geteilt wurde. Ein Foto vom Gründungsparteitag der Sozialistischen Einheitspartei (SED) zeigt Wilhelm Pieck (KPD) und Otto Grotewohl (SPD), die mit Handschlag die Vereinigung der beiden Arbeiterparteien vollziehen, und neben beiden sitzend Walter Ulbricht. In der Bildunterschrift werden Grundsätze und Ziele der SED 1946 zitiert, die, wären sie alle dauerhaft durchgesetzt worden, auch eine Abkehr von der Diktatur des Proletariats bedeutet hätten: »Freiheit der Meinungsäußerung in Wort, Bild und Schrift unter Wahrung der Sicherheit des demokratischen Staates gegenüber reaktionären Anschlägen. Gesinnungs- und Religionsfreiheit, Gleichheit aller Bürger vor dem Gesetz ohne Unterschied von Rasse und Geschlecht. Gleichberechtigung der Frau im öffentlichen Leben und im Beruf. Staatlicher Schutz der Person. Demokratische Rechts- und Justizreform.«

Papier ist geduldig. Und wer sich etwa die wachsende Zahl der Häftlinge nach dem 17. Juni 1953 in Erinnerung ruft, wird erleben, dass opportunistisch Recht gesprochen wurde. Sie wurden verhaftet, obwohl es ein garantiertes Streikrecht gab. Justizminister Max Fechner hatte sich noch in einem Interview im »Neuen Deutschland« gegen die Strafverfolgung der streikenden Bauarbeiter ausgesprochen. Auch er wurde festgenommen und »als Feind des Staates und der Partei« zu neun Jahren Gefängnis verurteilt. Hilde Benjamin wurde seine Nachfolgerin. Sie übernahm die Deutung der SED, dass der 17. Juni ein von westlichen Agenten gesteuerter Putsch gewesen sei, der im Keim erstickt werden musste.

Ich betrachte diese Frau aus der Ferne des Jahres 2012 und blättere durch Briefe und Zeugnisse, die ich nicht alle deuten oder dechiffrieren kann. Ich vermute, dass ihre Liebe zu Georg Benjamin ein Schlüssel zu ihren Motiven und ideologischen Gewissheiten ist. Sie hatte durch die ganze Nazi-Zeit nur geringe Hoffnung, gemeinsam mit dem Sohn die NS-Zeit zu überleben. War sie sich der guten Sache eines sozialistischen Deutschlands sicher? Wenn ja, warum war sie dann so unnachsichtig, wie 1950 in dem Prozess gegen eine Gruppe von Zeugen Jehovas, deren sektiererischer Glaube sie in einen existenziellen Widerspruch zu dem auf Parteilichkeit gründenden sozialistischen Staat brachten? Sie verhängte viele Jahre Zuchthausstrafe; dafür reichte ihr offenbar schon als Grund, dass die Mutterkirche in New York zu finden war – als Beleg für den Vorwurf »imperialistischer Verschwörung«.

Mutmaßlich gehörten die ersten Magistratswahlen 1946 für ganz Berlin zu den Erfahrungen, die den deutschen Kommunisten zeigten, wie unwahrscheinlich ein Wahlerfolg einer auf der Macht der Roten Armee gestützten SED in einer postfaschistischen Bevölkerung war. Die Nationalsozialisten hatten sich zwar ungeniert aus dem ideologischen Arsenal der KPD bedient, was sie aber nicht gehindert hatte, die Kommunisten zu Todfeinden des Reiches zu stilisieren. Hilde Benjamin kandidierte in Steglitz auch gegen eine SPD, die im Westen Berlins eine eigenständige Partei geblieben war. In der Sammlung ihrer Mitarbeiter finde ich eine Auswahl der Werbemittel, mit denen sich Hilde Benjamin ihren Wählern vorstellte. Ihr persönliches Wahlplakat zeigt ihr Porträt im Halbprofil. Eine Strichzeichnung, schwarzweiß, das Haar in der Mitte gescheitelt, streng nach hinten gekämmt und durch einen Knoten zusammengehalten. Sie schaut nachdenklich, mit schräg gestelltem Kopf nach unten. Ein Kandidatenporträt, das von den professionellen Plakaten moderner Wahlkämpfe weit entfernt ist.

Die SED landete bei den Wahlen mit etwas über zwanzig Prozent an dritter Stelle hinter der CDU. Sieger waren die Sozialdemokraten mit fast fünfzig Prozent der Stimmen. Wolfgang Leonhard, Mitglied der Gruppe Ulbricht und später in Opposition zum Ulbricht-Kurs, erinnert sich, wie wenig ihn das Ergebnis überrascht hätte: »Die Ursache der Niederlage war mir völlig klar. Im Volksmund hießen wir die Russenpartei. Das Wahlergebnis war die logische Folge unserer Abhängigkeit von der sowjetischen Besatzungsmacht.« Diese Wahlniederlage war auch ein Ausgangspunkt für das Misstrauen der SED gegenüber der eigenen Bevölkerung. In diesem Mangel an Vertrauen in die Loyalität der Menschen für den sozialistischen Staat lag ein Grundproblem der DDR, in der sich Massenbegeisterung oft nur auf Anweisung einstellte und vieles bloße Inszenierung war.

Was Hilde Benjamin davon mitbekam, ist nicht überliefert. Sie kämpfte um eine Rechtsreform, die den faschistischen Staat endlich hinter sich lassen wollte und seine

Richter ebenfalls. Marianne Brentzel bestaunt in ihrer Biographie über Hilde Benjamin die kaum vorstellbare Arbeitsbelastung der Oberstaatsanwältin und stellvertretenden Leiterin der zentralen Justizverwaltung in der sowjetisch besetzten Zone, deren Leiter der ehemalige Sozialdemokrat Max Fechner und spätere Justizminister der DDR war.

Um die Hauptarbeit Hilde Benjamins in der zentralen Justizverwaltung »gruppieren sich bald eine Reihe von weiteren Aufgaben«, schreibt Marianne Brentzel: »die Mitarbeit im Entnazifizierungsausschuss für Juristen beim Magistrat von Berlin, der Prüfungsausschuss für die Zulassung zum Studium bei der Universität Berlin«, die 1945 neu eröffnet wurde, und »ihr Eintreten für das möglichst weitgehende Heranziehen der Frauen in der Justiz in Zusammenarbeit mit den Frauenausschüssen und später dem Demokratischen Frauenbund«.

Diese Aufzählung belegt, worin Hilde Benjamin den Schwerpunkt ihres Reformauftrags sah, um den faschistischen Staat zu überwinden. Da liegt ein Motiv für ihren unbändigen Arbeitsdrang. Sie wusste natürlich, dass ihre Prozesse und deren propagandistische Wirkung auch die Funktion hatten, einer Bevölkerung klarzumachen, dass es für jeden Einzelnen vorteilhaft war, den SED-Staat zu unterstützen.

Dass sie auch weniger brachial für den eigenen Staat eintreten konnte, zeigen Fernsehaufzeichnungen, die im Deutschen Rundfunkarchiv Babelsberg lagern. Da sehe ich sie erstmals, wie sie in den sechziger Jahren aussah: von kleiner Statur und mit zunehmendem Alter fast zerbrechlich. Nichts ist davon zu spüren, dass diese leise formulierende Frau den Stempel »Rote Hilde« oder »Blut-Hilde« rechtfertigte, den sie bis heute trägt. Seit 1945, so beschrieb es ihr Stellvertreter Hans Ranke in typischem Parteideutsch, sei es ihr »Kampf für Werden und Wirken eines neuen Rechts, das nach der Niederschlagung des Faschismus mit der Schaffung der Macht der Arbeiter und Bauern zum Durchbruch dringt«.

Dazu gibt es in Ost und West natürlich unterschiedliche Wertungen. Genau genommen hat ihre Architektur eines sozialistischen Rechts im Westen faktisch keine Debatte ausgelöst, höchstens abfällige Kommentare. Dabei hätte zumindest das wesentlich von ihr gestaltete Familienrecht der DDR mehr als den Nachruf verdient, mit dem es nach der Wiedervereinigung im Westen beerdigt wurde. Es war so modern und emanzipatorisch, dass es westlichen Kritikern die Sprache verschlug. Der Broschüre mit dem neuen Familienrecht gab sie einen Titel, der erkennen ließ, was die Hauptautorin in der NS-Zeit so sehr vermissen musste: »Ein glückliches Familienleben«, so lautet die Überschrift über »das Anliegen des Familiengesetzbuches der DDR«.

Das kleine gebundene Taschenbuch enthält das Einführungsgesetz, das der 17. Sitzung der Volkskammer der DDR am 20. Dezember 1965 vorgelegt wurde. Zuvor war es in unzähligen Betriebs- und Gewerkschaftsversammlungen breit diskutiert worden. Die Gleichheit von Mann und Frau ist darin verbrieft, zu einer Zeit, als im Westen Frauen bei der Aufnahme eines Kredites oder der Einrichtung eines Bankkontos noch die Erlaubnis des Ehemannes brauchten. Erst nach und nach gelang es den westdeutschen Justizreformern, wenigstens in Bruchstücken dem Familienrecht der DDR mit eigenen Reformen zu entsprechen und das wilhelminische oder mit braunen

Sprenkeln versehene Familienrecht des bürgerlichen Gesetzbuches allmählich zu überarbeiten. Das Gleiche gilt für das Arbeitsrecht und das Ansinnen »gleiches Geld für gleiche Arbeit«, ein Anspruch, der in der DDR annähernd verwirklicht war und im vereinigten Deutschland noch immer auf seine Durchsetzung wartet.

Ihren Ruf der unnachsichtigen Richterin in den westlichen Medien mit dem Beinamen »Rote Hilde« erhielt sie vor allem, weil sie in ihrem Machtbereich die Justizbehörden von Nazi-Richtern und -Staatsanwälten säuberte, auch wenn die westliche Kanonade gegen die »Rote Hilde« noch aus jedem von ihr verurteilten Nazi ein Opfer des »unmenschlichen Unrechtssystems der DDR« machte. Die Justizreformerin Hilde Benjamin galt nichts in der westdeutschen Berichterstattung. Gewiss war sie streng und unerbittlich, wenn sie Gefahr für das sozialistische Projekt DDR insgesamt vermutete. Und sie lieferte ausreichend Gründe, sich kritisch mit der Art ihres Auftretens auseinanderzusetzen. Aber sie mit dem furchtbaren Nazi-Richter Roland Freisler zu vergleichen, war so wenig angemessen wie der Versuch, sie in westlichen Medien als Alkoholikerin zu beschreiben, als geistig nicht zurechnungsfähig. Jenseits aller Fehler und Deformationen, die dem zweiten deutschen Staat schließlich ein kümmerliches Ende bereiteten: Für Hilde Benjamin war allein die DDR eine antifaschistische Antwort auf Hitler-Deutschland.

Die Reaktionen in der westdeutschen Öffentlichkeit auf die Justizreformen in der DDR haben viel mit der von Konrad Adenauer betriebenen Politik zu tun, die auf eine vergleichbare Säuberung in Justiz, Verwaltung, Wirtschaft und den Medien von ehemaligen Parteigenossen, hochrangigen SS-Chargen und NS-Funktionären verzichtete.

Adenauer das als staatsphilosophische Großtat auszulegen fällt schwer. Denn in Politik, Wirtschaft und Bürokratie der Dreizonenrepublik versammelten sich NS-Kameradschaften, die jeden Versuch zu verhindern trachteten, über die Nürnberger Nazi-Prozesse hinaus Parteigenossen der höheren und mittleren Funktionsebene zur Rechenschaft zu ziehen.

»Die Zeit« bezweifelte damals sogar die Legitimität der Nürnberger Prozesse und ließ dazu in der Ausgabe vom 29. September 1950 mit Paul Leverkuehn einen der deutschen Verteidiger der in Nürnberg angeklagten Wehrmachtsgeneräle zu Wort kommen. Für Leverkuehn, als »langjährig erfahren im internationalen Recht« vorgestellt, war die Rechtsprechung des Alliiertentribunals ein »fundamentaler Fehler«. Er schreibt: »Zweck der Nürnberger Kriegsverbrecher-Prozesse war es – neben der Bestrafung der Täter – das deutsche Volk von der besseren Justiz der demokratischen Länder zu überzeugen. Dieser Zweck ist nicht erreicht worden.« Im ersten Verfahren sei es um den Schwerpunkt des Angriffskrieges gegen Polen gegangen. Und da es den Nichtangriffspakt zwischen Deutschland und Russland gab, hätten die Russen an dem Angriff gegen Polen zumindest indirekt teilgenommen. Sie konnten daher unmöglich Richter und Ankläger sein. Dieses Beispiel zeige mit »furchtbarer Deutlichkeit, wohin man mit dem Nürnberger Völkerrecht gerät«. Diese Argumentation wiederholte sich in der Denkschrift der ehemaligen Nazigeneräle um den Generalfeldmarschall von Manstein, mit der die Wehrmacht von jeglicher Mitschuld am Vernichtungskrieg gegen die Sowjetunion und den furchtbaren Verbrechen im Kriegsgebiet insgesamt freigesprochen werden sollte.

Vor allem die beiden heute für seriösen und kritischen Journalismus stehenden Wochenblätter »Zeit« und »Spiegel« hatten in ihren Gründerjahren kaum Ähnlichkeit mit dem Anspruch, der dem selbstverliehenen Beinamen des »Spiegel« entsprochen hätte: Ein »Sturmgeschütz der Demokratie« waren diese Blätter nicht. In der kritischen Bestandsaufnahme »Die Herren Journalisten« von Lutz Hachmeister und Friedemann Siering mit dem ironischen Untertitel »Die Elite der deutschen Presse nach 1945« wird beschrieben, wie viele Propagandisten des NS-Staates erneut die Chefsessel der von den Alliierten vergebenen Zeitungslizenzen besetzen konnten. Von ihnen war keine Nachdenklichkeit über den Zivilisationsbruch der Deutschen zu erwarten. Im Gegenteil gab der Kalte Krieg Gelegenheit, bruchlos an die antikommunistischen Tiraden anzuknüpfen, die ihnen schon vor 1945 aus der Feder geflossen waren.

Eine beispiellose Verweigerung, die nationalsozialistischen Verbrechen überhaupt zur Kenntnis zu nehmen, lieferte 1946 ausgerechnet der Chefredakteur der »Zeit« Richard Tüngel in seinem Weihnachtsartikel »Friede auf Erden«. Sein kurzzeitiger Vorgänger war von der Entnazifizierungsbehörde seines Amtes enthoben worden. Tüngel schreibt: »Wir sind heute in einer ähnlichen Lage wie das Volk der Juden, als die Botschaft an die Hirten erging. Auch Deutschland ist heute besetzt, auch wir haben nur so viel Rechte, wie die Besatzungsmächte uns zu verleihen für richtig halten. In vielem geht es uns schlechter. Wir haben nicht genug Wohnraum, wir müssen frieren und hungern, wir dürfen nicht frei arbeiten und sind verhasst in der Gemeinschaft der Völker.«

So dachte die journalistische Elite, die »Herren Journalisten« in Westdeutschland nach 1945. Hachmeister und Siering staunten über einen Text, den sie als »vehement nationalistisch, taktlos und ganz und gar unempfindlich für das kurz zuvor von den Deutschen angerichtete Unheil« empfanden.

Für Tüngel war die SED-Führung im sowjetisch besetzten Ostdeutschland »Moskaus Bastard-Regierung«, und der »Spiegel« beschrieb den »sowjetzonalen Justizminister Hilde Benjamin« als eine, die »zu den körperlichen Ausmaßen einer Matka im Matronenalter aufgegangen« war. Zwischen den Zeilen wird deutlich, was in mancher Redaktionsstube am meisten gefürchtet war: Dass auch im Westen mit der nationalsozialistischen Vergangenheit aufgeräumt werden könnte. Also durfte Ost-Berlin auf keinen Fall als Vorbild dienen: Kanonen frei zum Dauerfeuer auf Hilde Benjamin, die mit Spott und Hohn übergossen wurde. So auch, als die DDR versuchte, mit Laienrichtern die vakanten Richterstellen zu besetzen.

Der »Spiegel«: »Die Volksrichter und Volksstaatsanwälte«, heißt es in einem Text, seien »Notbehelf«, allenfalls »Blutauffrischung der anämisch gewordenen Justiz« der DDR: Für die »wahren Herren der Zone nicht Instrumente einer abstrakten Gerechtigkeit, sondern der eigentliche Hebel, um das bourgeoise Recht aus den Angeln zu wuchten und damit die Herrschaft des Bürgertums zu brechen«. Und dann folgt die Befürchtung der »Spiegel«-Autoren:

»Während die Entnazifizierung in den übrigen Sowjetzonen-Behörden, sogar bei den Kommandostellen der Polizei, zunächst elastisch gehandhabt wurde, besaß Hilde Benjamin durch den schon im September 1945 erlassenen Befehl Nr. 49 des Obersten Chefs der Sowjetischen Militär-Administration die Vollmacht, innerhalb des Juristenstandes eine Massensäuberung durchzuführen. Wie gründlich sie dabei vorging, zeigt das Beispiel des Landes Sachsen, wo von 1000 Richtern und Staatsanwälten innerhalb eines Jahres nicht weniger als 800 auf die Straße geschickt wurden.«

Ob und, wenn ja, wie viele Todesurteile diese geschassten Richter ihrerseits in der NS-Zeit zu verantworten hatten, wie viele ihrer Gegner die Nazi-Justiz nicht »auf die Straße«, sondern auf das Schafott geschickt hatten, danach fragte der »Spiegel« nicht.

Verdrängen und möglichst das eigene Gewissen entlasten, auch in der Kulturszene gab es eine vergleichbare Entwicklung. Wer als Regisseur, Autor oder Schauspieler in den Babelsberger Durchhaltefilmen seinen Anteil an der von Goebbels regierten Filmindustrie und ihrer Wirkung auf das Publikum im Dritten Reich hatte, konnte fast sicher sein, nach 1945 nur als Mitläufer eingestuft zu werden. Und so waren sie im Westen faktisch sofort wieder verfügbar und standen bereit für die Nachkriegsfilme an den Produktionsorten München oder Hamburg. Von Hans Albers bis Marika Rökk, vom Bruchpiloten Heinz Rühmann bis Zarah Leander, die erneut und ohne Pause wieder sang: »Ich weiß, es wird einmal ein Wunder geschehn, und dann werden tausend Märchen wahr.« Darin spiegelte sich vor 1945 die Hoffnung auf die Wunderwaffen, die dem Krieg noch eine Wende geben sollten, und nach 1945 die ewig beschworene Hoffnung in der letzten Liedzeile: »Ewig kann doch nicht verloren sein, was ich besaß.« Der Heimatfilm machte erneut Karriere. Der westdeutsche Filmemacher Edgar Reitz, Mitunterzeichner der Denkschrift aus dem Jahr 1962 »Papas Kino ist tot«, nannte diese Kontinuität »Babelsberg, nur ohne Goebbels«.

Der Bonner Politik gelang es nicht, zu verhindern, dass der Kampf der DDR um staatliche Anerkennung schließlich erfolgreich war. Die in der DDR daran geknüpfte Erwartung größerer innenpolitischer Stabilität erfüllte sich jedoch nicht. Der glänzende Roman von Eugen Ruge, der den sich zersetzenden Idealismus der Gründergeneration der DDR beschreibt, trägt den genialen Titel: »In Zeiten des abnehmenden Lichts«. Das Lebenslicht der DDR – es funzelte dahin, bis es von den Rufen »Wir sind das Volk« und den Montagsdemonstrationen schließlich ausgeblasen wurde. Hilde Benjamin, so der nachdenkliche Hinweis ihres Sohnes Michael, hätte das Ende der DDR nicht überlebt. Für sie gehörte der zweite deutsche Staat zur Logik ihres Lebens. Wer ihr Wirken in der DDR bewerten will, wird ihr aber nicht gerecht, wenn dies ohne den Blick auf zwölf Jahre des deutschen Faschismus und Rassenwahns geschähe.

Für »Spiegel« und »Zeit« und andere Lizenzblätter der Nachkriegsjahre war die DDR und die Verschiebung allen Übels dorthin eine Möglichkeit, den Zivilisationsbruch des Nationalsozialismus zu verdrängen. Das umfasste auch die Abneigung, die Teilung in zwei deutsche Staaten als Folge der zwölf Hitler-Jahre und diese als Ursache für die Verwüstung des Landes und die Zerstörung seiner Kultur und Moral zu sehen. Die Titelgeschichte, die der »Spiegel« in seiner Ausgabe vom 18. März 1959 Hilde Benjamin widmete, ist dafür ein Beispiel. Darin wird über die »gruppenbezogene Menschenfeindlichkeit« der Nazis schnodderig hinweggegangen, ebenso über ihre tödliche Entschlossenheit, gegen Juden, Intellektuelle, gegen Sozialdemokraten, Kommunisten und Bekennende Kirche vorzugehen, Europa mit Krieg zu überziehen und die Menschheit in Herrenmenschen und den schäbigen Rest zu teilen.

Auffallend die Respektlosigkeit, mit der das Schicksal der Benjamins behandelt wird. Der praktische Arzt Georg Benjamin, das ist der »Edelkommunist«, der in der »luxuriösen Villa« der Eltern lebte. Seine Heirat mit der Rechtsanwältin Hilde Lange wird erwähnt, um mitzuteilen, dass sie nicht zu den roten Spitzenanwälten in Moabit gezählt werden konnte. Die tatsächliche Lage der beiden ist nur in einem Nebensatz wie mit einem Blitzlicht zu erkennen: »Anwaltsbüro und Arztpraxis der beiden ›Edelkommunisten‹ im ›Roten Wedding‹ werden 1933 von einer Rotte SA-Leute verwüstet.« Der »Kommunisten-Doktor« scheint selbst schuld zu sein an dem, was ihm dann blüht: Er kommt in Haft und »taucht« nach zehn Monaten wieder auf. Zitat: »Im KZ Sonnenburg hatte sich seine humanitäre Heiterkeit verflüchtigt. Am Familientisch saß ein wortkarger Sonderling.«

Das Erschrecken über die »Wortkargheit« der Autoren der Titelgeschichte, wenn es um den Nationalsozialismus geht, wird noch gesteigert durch die gnadenlose Sprache, mit der die weiteren Stationen des jüdischen Todeskandidaten Georg Benjamin aufgezählt werden. Das Zuchthaus Brandenburg, wo er sechs Jahre verbringt, wird mit dem Satz illustriert: »Einige Monate durfte Georg Benjamin in einer überfüllten Massenzelle des Zuchthauses Brandenburg dem Kalfaktor bei der Essenausgabe zur Hand gehen, dann verfrachtet ihn die SS mit einem Schub politischer Häftlinge in das Konzentrationslager Columbia; von dort kam er in das provisorische Lager Wuhlheide am Ostrand Berlins.« Der Schlusssatz dieser Passage lautet: »Nach einem Pogrom im Lager Wuhlheide wurden die jüdischen

Gefangenen – ›sie leben wie die Maden im Speck‹ – verlegt.« Wem das Zitat, dass jüdische Gefangene, die im Außenlager des KZ Columbia in Wuhlheide angeblich wie die Maden im Speck leben, zu danken ist, wird in der Titelgeschichte nicht mitgeteilt.

Zu Hilde Benjamins Haltung nach 1945 gelang den Autoren des »Spiegel« die folgende Einschätzung: »Politisch fühlte sie sich mehr denn je auf Georg Benjamins politisches Glaubensbekenntnis verpflichtet, menschlich hatten die Jahre der Verfolgung sie versteinert.« Und dann: »Von ihren Fähigkeiten überzeugt, wollte sie fortan zu denen gehören, die treten, statt zu denen, die getreten werden.«

Treten oder getreten werden: Für den »Spiegel« undenkbar, dass Hilde Benjamins Motivation aus ganz anderen Erfahrungen gespeist sein könnte. Sie könnte ja ein sozialistisches Recht vor Augen gehabt haben, das sich von der Klassenjustiz unterschied, mit der sie es in der Weimarer Republik zu tun hatte. Ebenso könnte es ihr darum gegangen sein, die Tradition der bürgerlichen Justiz zu beenden, die den Terror von rechts mit klammheimlicher Sympathie begleitete. Wie groß die Nähe der Justiz zu den Feinden der Republik war, zeigt im Übrigen das Buch »Vier Jahre politischer Mord«, das kurzzeitig im Jahr 1922 Furore machte.

Dessen Autor Emil Julius Gumbel ist fast in Vergessenheit geraten. »Die Zeit« veröffentlichte erst kürzlich seine Lebensgeschichte. Das Buch gewinnt neunzig Jahre nach seinem Erscheinen noch einmal erschreckende Aktualität. Es klagt eine Richterschaft an, die dazu beitrug, die erste Demokratie zu zerstören. Die vierte, aktualisierte Auflage 1922 nannte Kurt Tucholsky in der Zeitschrift

»Weltbühne« ein »Buch deutscher Schande«. Der Autor berichtete auf der Grundlage akribisch studierten Aktenmaterials von Morden aus politischen Gründen: In den wenigen Zwischenkriegsjahren wurden 354 Morde der Rechten und 22 der Linken zugeordnet. 326 der von Rechten begangenen Mordtaten blieben ungesühnt, von den Linken sind es vier. Aber Gumbel blieb nicht bei den bloßen Zahlen. Er publizierte zugleich alle ihm verfügbaren Namen der Täter, und zwar nicht nur die der Mörder am Tatort, sondern auch die der Befehlsgeber und Anstifter im Hintergrund, auf deren Todeslisten auch Rosa Luxemburg und Karl Liebknecht, Matthias Erzberger und Walther Rathenau standen, ehe sie ermordet wurden.

Das Buch blieb nach einer ersten Aufregung und der Androhung, juristisch dagegen vorzugehen, absolut folgenlos. Die nationalistische Rechte konnte praktisch im rechtsfreien Raum den Terror gegen die Republik, gegen Juden, Kommunisten, Sozialdemokraten ausleben – gegen die anderen eben.

Ziemlich genau neunzig Jahre später wird Tucholskys Wort von der »deutschen Schande« erneut gebraucht, allerdings ohne an ihn und den damaligen Anlass zu erinnern. Es war Kanzlerin Angela Merkel, die 2012 auf einer Trauerfeier für die Opfer einer Mordserie, die Deutschland erschütterte, davon sprach. Zehn Mordopfer einer Neonazi-Zelle, die zehn Jahre lang unerkannt ihren Hass gegen alles ausleben konnte, was ihr fremd war. Auf der Strecke blieben neun Einwanderer, davon acht mit türkischen, einer mit griechischen Wurzeln und eine Polizistin. Alle zehn wurden mit derselben Waffe regelrecht hingerichtet. Keiner der Ermittler kam auf den Gedanken, diese Mordserie mit der rechtsextremen Szene in Verbindung zu bringen. Die Fahnder suchten die Täter in den Familien, verdächtigten die Verwandten der Opfer, bis durch einen Zufall die Mörder enttarnt wurden. Die Regierungschefin sprach auf der Trauerfeier für die Toten von einer »deutschen Schande« und entschuldigte sich bei den Angehörigen dafür, dass die Justizbehörden sie zehn Jahre mit dem Verdacht der Täterschaft gequält hatten. Zu einer durchgreifenden Verbesserung der Lage der Einwanderer in Deutschland fiel ihr nichts ein.

Gumbel rechnete 1922 aus: Ein nationalistisch motivierter Mord koste vier Monate Haft und zwei Reichsmark Geldstrafe. Dagegen würden Mörder linker Gesinnung im Durchschnitt 15 Jahre Haft oder die Hinrichtung erwarten. Die junge Anwältin Hilde Benjamin konnte also in den Gerichtssälen verständnisvolle Richterschaft für die rechten Täter besichtigen und eine »nationalkonservative Justiz, die als treue Gehilfin des Terrors agiert« (Kurt Tucholsky).

Zwischen der auf dem rechten Auge blinden Strafjustiz des Jahres 1922, die am Untergang der Weimarer Republik aktiv beteiligt war, und dem Neuanfang im Osten Deutschlands 1945 liegen gut zwanzig Jahre. Diesem Kapitel in Hilde Benjamins Leben hatten die Mitarbeiter den Titel gegeben: »Mitwirkung bei der Demokratisierung der Justiz«. Die Kapitelüberschrift ist säuberlich auf Büttenpapier gemalt und von einer durchsichtigen pergamentähnlichen Seite geschützt.

Während die alten Strukturen in den Westzonen weitgehend überlebten, einschließlich des Schulgeldes für Gymnasien, hatte die DDR andere Probleme: Nach der Entlassung der Mitarbeiter mit NS-Vergangenheit in Verwaltung, Justiz und Bildung bestand ihre dringlichste Aufgabe darin, möglichst rasch Volksrichter und künftige Verwaltungsfunktionäre in Kurzlehrgängen auszubilden, die auf die vakanten Stellen rücken sollten.

In den 100 Seiten zu Hilde Benjamins 65. Geburtstag findet sich dazu ein Zitat von Walter Ulbricht, der die Prioritäten benannte, nach denen die Erneuerung in der DDR vor sich gehen sollte: »Ich frage: Wie viele Antifaschisten sind geschult worden, damit sie als Volksrichter tätig sein können? Die Genossen sagen immer, sie wollen Gesetze haben. Das ist gar nicht so einfach, liebe Freunde. Wo sind denn die Juristen aus dem Kreis der Werktätigen, die ausgebildet sind, damit sie demokratische Gesetze machen? Oder wollt ihr den alten Advokaten alles überlassen? So geht es nicht. In Bezug auf die Heranziehung und Heranbildung der neuen, demokratischen Kräfte stehen wir erst am Anfang. Das ist die reale Lage. (...) Alles hängt von der Frage der Kader, von der Frage der Umerziehung der Menschen, von der schnelleren Heranziehung neuer Kräfte ab. In der ersten Etappe der Entwicklung stand bei uns die Frage der Säuberung.«

Hilde Benjamin hat sich in einem Interview vom März 1946 im Deutschlandsender den von Ulbricht gebrauchten Begriff des Volksrichters zu eigen gemacht. Sie bat die Hörer, sich vor zweierlei zu hüten bei der Verwendung dieser Bezeichnung: »Es soll nicht der Eindruck entstehen, dass der Absolvent der Richterkurse etwas anderes, womöglich minderes sei als der akademisch gebildete Richter. Er wird Vollrichter, Berufsrichter. Es soll ein Ehrentitel werden, der aber für alle Richter gelten soll, und unser dringendstes Bestreben ist, dass bald alle in der Justiz des neuen Deutschland Tätigen wirklich Volksrichter sind.«

Für die spätere Justizministerin der DDR waren die Volksrichter mehr als nur ein Beitrag, die durch »Ausmerzung aller Pg's« aus allen Richterstellen entstandenen Lücken im Richterstand notdürftig zu schließen. Sie verwies darauf, dass von den 200 Studenten der Rechtswissenschaft an der Universität in Berlin im Jahr 1946 knapp sechzig im vierten bis sechsten Semester seien, so dass erst in fünf bis sechs Jahren ausreichend Nachwuchs in nennenswertem Umfang zu erwarten wäre. Die jungen Juristen, so ihre Hoffnung, würden »ebenso aus dem Volke gewachsen« und von der gleichen »charakterlichen Sauberkeit und antifaschistisch-demokratischen Gradlinigkeit wie die jetzt neu aus den Richterschulen kommenden Richter sein«. Die Richterschulen als zweiter Weg neben den Universitäten, das macht sie in dem Interview sehr deutlich, sollen Menschen »reiferen Lebensalters« ausbilden und den neuen Typus des Berufsrichters, des »wahren Volksrichters«, prägen, nicht mehr als »zünftiger Jurist alter Schule«, sondern als Richter, die eine Rechtsprechung garantieren, die aus der Kenntnis aller Lebensverhältnisse und Bedürfnisse des Volkes erwachse.

In einer Niederschrift über eine Dienstbesprechung der »Deutschen Justizverwaltung« vom Oktober 1948 schilderte Hilde Benjamin die Personallage der Justiz und berichtete, dass Mitte September 1948 in der Zone 915 Richter sowie 327 Staats- und Amtsanwälte beschäftigt gewesen seien. Sie kümmerte sich intensiv um die Schüler der Volksrichterlehrgänge und berichtete über die Abschlussprüfung des zweiten Volksrichterlehrgangs in Potsdam im Juni 1947. Darin setzte sie sich für eine bessere Ver-

217

pflegung der Schüler ein. Auf derselben Seite prangte ein Foto des Babelsberger Schlosses: »einst Fürstenschloss – jetzt Ausbildungsstätte sozialistischer Richter« – darunter ein Auszug aus der Aufzeichnung, in dem sie das elende Aussehen der Schüler mit den Worten beschreibt: »Die Schüler machten in ihrem Ernährungszustand einen stark reduzierten Eindruck. Die Gemeinschaftsernährung der Provinzialregierung Potsdam, an der sie teilnahmen, war in den letzten zwei Wochen, wie berichtet wurde, sehr unzulänglich. Die Leistungen werden zum Teil dadurch noch etwas gedrückt sein.«

In den Materialien zum »Bericht zur Lage der Nation« von 1971, vergleichbar der »State of the Union Message« in den USA, einer Faktensammlung, die die Rede von Kanzler Willy Brandt vor dem westdeutschen Bundestag ergänzte, wurden die Unterschiede in beiden deutschen Staaten analysiert. Darin heißt es zur sozialistischen Rechtsreform: »Die Rechtssetzung der DDR« knüpfe an die »nationale Rechtstradition an; es ähnelt darin grundsätzlich der Verfahrensweise, die jeder Gesetzgeber bei der Fortschreibung der nationalen Rechtsordnung anwendet, wenn auch erhebliche quantitative Unterschiede einzuräumen sind.« Insofern sei die »Rechtsentwicklung der DDR zugleich Weiterentwicklung des deutschen Rechts«.

Das ist nun – selten genug – ohne Schaum vor dem Mund geschrieben. Bei einer anderen Qualität der gesellschaftlichen Auseinandersetzung im Wettkampf der Systeme hätten sich die beiden Rechtssysteme, das sozialistische und das bürgerliche Recht, also auf einen Wettbewerb zur Überwindung der NS-Zeit einlassen können und nicht nur auf die Verunglimpfung der anderen Seite.

In den Materialien zum »Bericht zur Lage der Nation«

findet sich eine »erste fundierte empirische Beschreibung verschiedener Strukturbereiche der DDR im Vergleich zur Bundesrepublik Deutschland«. Im Vorwort dazu heißt es, die große Resonanz, die diese Publikation gefunden habe, demonstriere das Interesse, das endlich einer emotionsfreien und objektiven Information über die DDR entgegengebracht werde. In der mehr als 300 Seiten starken Analyse wird unter anderem festgehalten: Alle ehemaligen NSDAP-Angehörigen seien – mit wenigen Ausnahmen – aus Justiz, Verwaltung und Schuldienst entfernt worden, wie im Potsdamer Abkommen gefordert. In der Bundesrepublik dagegen wird der Umgang mit der Tätergeneration überwiegend anders beantwortet. Das führt in das vielfach beschriebene restaurative Klima in Westdeutschland.

Weiter heißt es in den Materialien von 1971: »Dem Schritt, die Tätergeneration möglichst rasch aus Ämtern und Funktionen zu entfernen und sich von der faschistischen Vergangenheit zu lösen, folgt die Notwendigkeit, die aussortierten und damit nicht verfügbaren Fachleute zu ersetzen und möglichst schnell auszubilden.« Das wird zunächst vornehmlich außerhalb der Universitäten und Hochschulen wirksam. Doch die Universitäten der DDR rüsten schnell nach, als klar wird, dass Kurzlehrgänge nur ein dürftiges Fachwissen vermitteln können. Um dem großen Mangel an qualifiziertem Nachwuchs in Schulen und Verwaltungen abzuhelfen, werden 1946/47 an einigen Hochschulen Pädagogische Fakultäten gegründet, ein Jahr später auch – in Leipzig, Rostock und Jena – gesellschaftswissenschaftliche Fakultäten. Erstmals Fakten, die, für das westdeutsche Publikum aufbereitet, Eingang in die Materialien »Zum Bericht zur Lage der Nation« fanden, ohne propagandistische Sprachwendungen zu bemühen.

Auch die Förderung von sozial benachteiligten Kindern, so ist zu lesen, sei in der DDR ausdrückliches Ziel. Begabte Kinder von Industriearbeitern und Kleinbauern sollen bevorzugten Zugang zur Universität erhalten. Dafür werden bereits 1946 »Vorstudienanstalten« eingerichtet und zunächst den Volkshochschulen unterstellt, bevor sie Ende 1947 in die Universitäten eingegliedert werden. Um 1949 werden sie dann in Arbeiter- und-Bauern-Fakultäten umgeformt. Es geht der DDR-Führung darum, den Anteil der Studenten, die aus unteren sozialen Schichten stammen und bei Eröffnung der Universitäten nur vier Prozent der Studenten ausmachten, erheblich zu steigern. Das wurde allgemein als ein neues Bemühen um soziale Gerechtigkeit begrüßt. Im Propagandakrieg zwischen Ost und West lautete das Echo in den Westmedien prompt »Bolschewisierung der Hochschulen«. Dass es in der späteren DDR Kindern aus bürgerlichen oder systemfernen Familien der Zugang zu den Hochschulen erschwert wurde, steht auf der anderen Seite dieser Medaille.

Das Bundesforschungsministerium und das Deutsche Studentenwerk ermittelten in einer vom HIS-Institut für Hochschulforschung ausgewerteten Studie 63 Jahre später im Deutschland des Jahres 2012: Heute kommen 50 Prozent aller Studierenden aus Akademikerfamilien. Gut zwanzig Jahre nach der Vereinigung titelte »Focus«: »An der Uni bleiben Akademiker-Kinder unter sich«. Wenn es darum geht, den Zugang zu höherer Bildung von sozialer Selektion zu befreien, war die DDR sicher erfolgreicher als die Bundesrepublik. Der Blick auf den Kern der DDR-Bildungspolitik – wenn man die ideologisch begründete Semantik rund um die »Arbeiter- und-Bauern-Fakultäten« mal weglässt – könnte durchaus anregend sein.

Es ist nicht möglich, die zweite Lebenshälfte von Hilde Benjamin zu betrachten, ohne den Blick auf beide deutsche Staaten zu richten. Der von den Nationalsozialisten verordnete Antibolschewismus entsprach in der Bundesrepublik dem damals aktuellen politischen Anforderungsprofil, das die Westmächte von einer westlich orientierten Gesellschaft erwarteten. Als die Kriegskoalition der vier Alliierten 1948 – und mit der Herausbildung von zwei deutschen Staaten dann endgültig – zerbrach, wollten die USA vermeiden, dass auch die Bundesrepublik unter den Moskauer Herrschaftsanspruch geraten könnte. Konrad Adenauer sah darin die Chance, die rheinische Republik mit der provisorischen Hauptstadt Bonn aus der Vormundschaft der westlichen Siegermächte zu lösen und sich auch als ideologisches »Bollwerk« gegen Moskau für die Westmächte unentbehrlich zu machen. Die Immunisierung gegen Moskaus Angebote für ein neutrales, aber einiges Deutschland gelang. Keine der entsprechenden Offerten Stalins wurde ernsthaft geprüft oder als seriös betrachtet und wäre von Ostberlin sicher auch abgelehnt worden.

Das wiederum stärkte auch die Selbststilisierung der DDR als antifaschistischer Gegenentwurf zur Bundesrepublik Deutschland. Zwar wurde auch von der SED schon 1946 der Unvereinbarkeitsbeschluss der Mitgliedschaft für Parteigenossen der Nazis aufgehoben. Insgesamt aber zeigte die DDR, dass sie die Abrechnung mit dem Nationalsozialismus ernst meinte. Dem entsprach die Re-Emigration linker Intellektueller in die DDR. Das Versprechen der Einheitspartei, einen eigenen deutschen Weg zum Sozialismus zu beschreiten, war zugleich ein Lockmittel für Intellektuelle, die aus der Emigration zurückkehrten und auf einen dritten Weg zwischen Faschismus und Kapitalismus hofften. Diese Hoffnung wurde geteilt von Philosophen wie Ernst Bloch oder dem Literaturwissenschaftler Hans Mayer. Beide lehrten in Leipzig, ehe sie (1961 bzw. 1963) der DDR enttäuscht den Rücken kehrten.

Manche, die die DDR in den Jahren vor und nach dem Mauerbau 1961 verließen, hatten erleben müssen, dass ihre individuell geprägte sozialistische Überzeugung der SED nicht genehm war. Wolf Biermann war so einer. Wer die schwer bewachten Trennlinien von Ost nach West nach 1961 unerlaubt überschritt, geriet in Gefahr, im Todesstreifen sein Leben zu lassen. Und in der Bundesrepublik nahm das restaurative Klima der fünfziger und sechziger Jahre die Luft zum Atmen. Das Verbot der KPD 1956 durch das Bundesverfassungsgericht und die rund 200 000 Ermittlungsverfahren zwischen 1951 und 1968 zeigten eine Stimmungsmache, die auf jede Opposition von links zielte, die durchgängig als Gegner der »freiheitlichen Grundordnung« denunziert wurde.

In beiden deutschen Staaten gab es ein Gesinnungsstrafrecht. Die Bundesrepublik verbot alles, was als linke sozialistische oder marxistische Alternative sichtbar war. Die DDR brauchte Bautzen, Hohenschönhausen und andere Stasi-Gefängnisse und zerkleinerte jede Hoffnung auf einen Sozialismus mit menschlichem Antlitz. Häftlinge wurden zur Ware: Insgesamt kaufte die Bundesrepublik zwischen 1963 bis 1990 an die 34 000 politische Gefangene aus DDR-Haft frei. Dafür kassierte Ost-Berlin Devisen und Waren in einem Gesamtwert von 3,5 Milliarden D-Mark.

10. KAPITEL
... alles, was Recht ist

Die Abneigung der Justiz der Bundesrepublik, die Verbrechen des Hitler-Staates aufzuklären, hat nicht nur die Angehörigen der Opfer zur Verzweiflung gebracht. Mörder oder Mordgehilfen, die bei der Erschießung oder Vergasung von Nazi-Gegnern oder rassisch Verfolgten keinerlei Gewissensnot erkennen ließen, konnten dennoch mit außerordentlich verständnisvollen Richtern rechnen. Der regelmäßige Freispruch fußte ebenso regelmäßig auf dem Tatbestand einer »ausweglosen Lage« der Angeklagten, die sich auf einen »Befehlsnotstand« berufen konnten, dem die Gerichte zumeist folgten. Der Völkermord auf Befehl blieb straffrei.

Wie zum Beispiel im Prozess gegen den Polizeihauptkommissar Heinz Gerhard Riedel, der im Juni 1974 das Landgericht Kiel als freier Mann verlassen konnte: Es stand fest, dass er als Chef der Geheimen Feldpolizei 570 befohlen hatte, sieben gefangene Partisanen in einem Speziallastwagen durch das Einleiten von Autoabgasen zu töten. Das Gericht befand, die Tat sei nicht als Mord zu werten, »da sie weder ›grausam‹ noch ›heimtückisch‹ war«. Die Partisanen hätten wissen können, dass die Deutschen Gaswagen zum Einsatz brachten. Die Opfer seien daher »nicht arglos« gewesen, »damit fehle der Tat das entscheidende Merkmal der Heimtücke«.

Oder der Freispruch für einen Nervenarzt, der an zahlreichen Euthanasiemorden beteiligt war. Das Amtsgericht in Köln bescheinigte dem angeklagten Arzt, die Taten aus »Idealismus« begangen zu haben. Das sei nicht zuletzt in der Fürsorglichkeit zum Ausdruck gekommen, mit der er sich um die »Beschaffung der zur Bestattung der Euthanasieopfer erforderlichen Särge bemühte«.

In den siebziger Jahren begründete ein Münchner Gericht seine Entscheidung, die Eröffnung eines Verfahrens gegen ehemalige SS-Männer wegen »Befehlsnotstand« abzulehnen, so: Zwar sei Beihilfe zum gemeinschaftlichen Mord in 90000 bis 450000 Fällen geleistet worden, ein Schuldvorwurf könne ihnen jedoch nicht gemacht werden, da sie »in dem Bewusstsein gehandelt« hätten, sich in einer völlig aussichtslosen Zwangslage zu befinden und nichts anderes tun zu können, als »den ihnen erteilten Befehlen zu gehorchen«.

Drei Beispiele von tausenden für die Rechtsprechung in der Bundesrepublik nach 1945. Nach den dreizehn Nürnberger Prozessen kam es schon wenig später zu Amnestiegesetzen für ehemalige Nazis. Im 131er Gesetz wurde die im Potsdamer Abkommen von den Alliierten verbotene Wiederbeschäftigung von Beamten aufgehoben, die vor 1937 Mitglied in einer Organisation des NS-Staates oder der NSDAP waren. Die Zahl der Verfahren von Nazi-Unrecht lag 1948 bei 1819 Verfahren, 1955 waren es noch 21.

Endgültig aus dem Schneider waren die »Mordgehilfen« am 1. Oktober 1968, als der Bundestag das Einführungsgesetz zum Gesetz über Ordnungswidrigkeiten durchwinkte. Der Ministerialdirigent Eduard Dreher im Bonner Justizministerium, selbst Ex-Nazi und jetzt zuständig für die Justizreform, hatte in den Gesetzestext eine Änderung des Strafgesetzbuches eingeschmuggelt, mit der verblüffenden Folge einer völligen und rückwirkenden Straffreiheit für einen Großteil der NS-Schreibtischtäter. Er wusste, was er tat, als er die Verjährungsfrist für Beihilfe zum Mord auf fünfzehn Jahre verkürzte. Taten mit fünfzehnjähriger Verjährungsfrist waren dadurch bereits am 8. Mai 1960 verjährt. Mit dieser verschleierten Amnestie, die angeblich niemand erkannt hatte, konnten die Planer des Massenmordes etwa im Reichssicherheitshauptamt nicht mehr zur Verantwortung gezogen werden. Dreher war in der Nazizeit Staatsanwalt am Sondergericht in Innsbruck und dort unnachsichtiger Verfechter der Todesstrafe, die er selbst bei geringsten Vergehen forderte, wenn er sie auch nicht immer durchsetzen konnte.

In der DDR dagegen galt der Zeitraum von 1945 bis 1949 als Periode der »antifaschistisch-demokratischen Umwälzung«. Einer Statistik der DDR ist zu entnehmen, dass zwischen 1945 und 1965 insgesamt 1208 NS-Verbrecher verurteilt wurden. Gegen 118 Personen wurde die Todesstrafe verhängt, in 231 Fällen lebenslange Freiheitsstrafen. Zwischen 1965 und 1978 gab es weitere 54 Verurteilungen. Da es im Rechtsraum der DDR keine Überprüfung der Urteile durch eine nächsthöhere Berufungsinstanz gab, lässt sich nicht sagen, ob die Prozesse auch formaljuristisch einwandfrei, einschließlich einer Pflichtverteidigung geführt wurden. In den ersten fünf Jahren nach 1945 war ohnehin alliiertes Recht Grundlage für die Ermittlungen gegen NS-Täter. Das galt im Osten wie im Westen. Insgesamt wurden in der DDR auf 100 000 Bewohner doppelt so viele Personen wegen NS-Mordtaten verurteilt wie in der Bundesrepublik.

Die Bilanz der rechtlichen Aufarbeitung der Nazi-Verbrechen im ersten Nachkriegsjahrzehnt in Westdeutschland war entsprechend ernüchternd. In den rund 110 000 Ermittlungsverfahren, die nach dem Krieg eingeleitet wurden und die Gerichte beschäftigten, wurden rund 6500 Personen rechtsgültig verurteilt, in 166 Fällen zu lebenslangen Haftstrafen. Richter und Staatsanwälte des NS-Staates, die selbst insgesamt 50 000 Todesurteile verhängt hatten, mussten nicht befürchten, sich dafür vor einem Gericht verantworten zu müssen. Die Tätergeneration wollte nicht erinnert werden, und Medien und Politik schufen dafür das entsprechende Klima. Zu diesem Zweck brauchte es das Gegenbild einer DDR als »Reich des Bösen«. Damit war der Nationalsozialismus quasi an die zweite Stelle der Übel gerückt und geradezu unerheblich geworden. So wurden die Erinnerungen an den Zivilisationsbruch der Hitler-Zeit über viele Jahre absichtsvoll zugedeckt.

In einer Umfrage von 1951 hatte der NS-Staat für vierzig Prozent der Westdeutschen »auch sein Gutes«, und Hitler galt einer nicht zu unterschätzenden Minderheit bis in die sechziger Jahre hinein als »wichtiger Politiker«. Kein Geringerer als Adenauer selbst war es, der dazu beitrug. Auf dem ersten Bundesparteitag der CDU in Goslar, zu dem die CDU aus den drei Westzonen zusammenkam, verstieg er sich zu diesem Vergleich: »Der Druck, den der Nationalsozialismus (...) durch die Konzentrationslager ausgeübt hat, war mäßig gegenüber dem, was jetzt in der Ostzone geschieht.« Damit war ganz offiziell der Hitler-Faschismus als entschuldbarer Nebenkriegsschauplatz deutscher Geschichte beschrieben. Solche Äußerungen förderten die Restauration und den Aufstieg bekannter Ex-Nazis in der Adenauer-Zeit.

Entsprechend groß war ihr Anteil in höchsten Funktionen von Staat und Gesellschaft. Auch der zum Staatssekretär im Kanzleramt beförderte Hans Maria Globke gehörte dazu. Zehn Jahre blieb er in dieser Funktion. Er trat erst zurück, als er 1963 in der DDR in Abwesenheit zu lebenslanger Haft verurteilt wurde. Er hatte sich unter anderem als Kommentator der Rassegesetze hervorgetan. Er sowie Theodor Oberländer und Waldemar Kraft, daneben bekannte Ärzte und Professoren füllten ein umfängliches Braunbuch über Hitlers Eliten in höchsten Funktionen in der Bundesrepublik.

Es war der Kalte Krieg, der es der Bundesrepublik erleichterte, ein Geschichtsbild zu malen, das von historischem Gedächtnisverlust getragen war. Zum Beispiel das Land Niedersachsen. Dort kam es schon 1946 zu einer »kalten« Amnestie für die Justiz. Es wurden lokale »Säuberungsausschüsse« eingerichtet, wobei sich die Militärregierung noch kurzzeitig die letzte Entscheidung vorbehielt. Für die Justiz wurde eigens ein Sonderausschuss gebildet, der die Mehrheit der Richter und Staatsanwälte nur noch in die Gruppe der Mitläufer (Stufe IV) oder der Entlasteten (Stufe V) einstufte. Damit öffnete sich die Tür zu den alten Dienstposten. Die berüchtigte »Mitläuferfabrik« kam in Gang, und Niedersachsen wurde ein besonders geeigneter Zufluchtsort für belastete Juristen. Der Anteil der NSDAP-Mitglieder unter den niedersächsischen Richtern stieg von 65 Prozent vor Kriegsende auf bis zu neunzig Prozent im Jahre 1948.

Die »furchtbaren« Juristen der Nazizeit blieben Richter oder Staatsanwälte und machten damit deutlich, dass Rechtsprechung nicht nur wert-, sondern auch machtorientiert war und gewöhnlich das zur Rechtsnorm wird, was den Interessen der jeweils Mächtigen dient. In dieser Logik waren auch Rassegesetze und Rassehygiene, mit denen »unwertes« Leben vernichtet wurde, rechtens und nicht zu hinterfragen, und so konnte man guten Gewissens weitermachen.

Die Weigerung, die NS-Zeit politisch-historisch aufzuarbeiten, war aber nicht durchzuhalten. Das hatte viele Gründe, der wichtigste war die Teilung des Landes. Denn sie trug dazu bei, dass die braunen Eliten, die im Westen wieder zu »Macht und Einfluss« gelangt waren, dennoch dem langen Schatten der Vergangenheit nicht entgehen konnten. »Trotz kollektiven Beschweigens und Vertuschens erfüllte sich die Hoffnung auf das große Vergessen nicht«, stellte Norbert Frei in seinem Buch »Hitlers Eliten« zu Recht fest. Denn es gab ja zwei »Deutschländer«: Die DDR geizte nicht mit der Veröffentlichung von Akten und anderen Beweisen gegen NS-Täter, wenn es ihr politisch angebracht erschien.

Um den Ruf der Bundesrepublik aufzubessern, weil diese Entwicklung im Ausland durchaus Besorgnis erregte, wurden in Bonn diverse PR-Maßnahmen erwogen. Die dafür zuständigen Beamten waren ebenfalls ehemalige Parteigenossen. Das galt zudem für zwei Drittel aller Beamten im späteren Auswärtigen Amt der Bundesrepublik, so auch für Herbert Blankenhorn, zeitweilig persönlicher Referent Adenauers, wie für den damaligen Regierungssprecher Günter Diehl, beide mit der Aufgabe betraut, den braun getönten Regierungsapparat des Bundes zu schönen.

Und so gerieten die Nazi-Verbrechen und die mangelnde Bereitschaft im Westen, die Vergangenheit aufzuarbeiten, zu Instrumenten des Propagandakrieges zwischen Ost und West.

Für die ehemaligen Nazis in den Medien der Bundesrepublik war Hilde Benjamin eine willkommene Projektionsfläche. Der aus den Reihen der Tätergeneration immer wieder angemahnte Schlussstrich war mit ihr nicht zu haben. Den brachte auch die Wiedervereinigung nicht, im Gegenteil: In den Umbruchjahren nach der Vereinigung brach aus den unverarbeiteten Tiefenschichten kollektiver Verdrängung erneut rechtsextremes Gedankengut hervor, ebenso ein unverstellter und virulenter Alltagsrassismus. Es wiederholte sich die unzureichende juristische Verfolgung der Hassdelikte gegen Einwanderer und Asylsuchende in West und Ost. Auch im wiedervereinigten Deutschland gab es erneut ein sichtbares Versagen der Behörden von Polizei bis Verfassungsschutz. Selten genug kam es zu nachdenklicher Selbstbefragung darüber, ob eine Ursache dafür auch die Unlust war, mit der in der Bundesrepublik nach 1945 der Zivilisationsbruch der Nazis bearbeitet wurde. Ein Antrag von SPD und Grünen im Bundestag, der 2012 im Kulturausschuss des Bundestages eine Mehrheit fand, forderte eine wissenschaftlich unabhängige Untersuchung darüber, in welchem Ausmaß die drei Ministerien Inneres, Justiz und Finanzen in der frühen Nachkriegszeit »personellen und institutionellen Kontinuitäten« ausgesetzt waren. Sieben Historiker haben sich in einer ersten Anhörung der Forderung nach einer solchen Erhebung angeschlossen: Die Professoren Micha Brumlik vom Fritz-Bauer-Institut und Michael Stolleis vom Max-Planck-Institut für europäische Rechtsgeschichte waren sich mit fünf anderen namhaften Historikern einig, dass die drei Ministerien für die Aufarbeitung nach 1945 wenig geleistet hätten. Zum Teil hätten sie die Aufarbeitung bewusst blockiert. Damit könnte ein weiteres Kapitel der Aufarbeitung der Nazi-Diktatur anstehen, sollte der Antrag auch im Bundestagsplenum eine Mehrheit finden.

Was Politik und Justiz recht war, war Journalisten billig. Wer heute, fast siebzig Jahre nach Kriegsende, in den Ausgaben von »Spiegel« und »Zeit« bis in die späten fünfziger Jahre hinein blättert und dort über die Sowjetzone und spätere DDR liest, der muss eine Sprache ertragen, die der Tonlage der gleichgeschalteten Nazi-Propaganda sehr nahe kam. In den Zeitungen gab es auch keine Scheu vor frauenfeindlicher Herabsetzung, wenn es gegen die Lieblingsfeindin Hilde Benjamin ging. Manche journalistischen Beobachter folgten dabei einem Frauenbild, das noch vom Mutterkreuz der Nazis geprägt schien. Die Frau DDR-Ministerin konnte da nur blaustrümpfig daherkommen. Und entsprechend der chauvinistische Text einer Titelgeschichte, die ihr der »Spiegel« 1951 widmete: »Die besten Jahre ihres Lebens verbrachte Hilde Benjamin, geborene Lange, vor den Türen der Ballsäle des Lebens. Weder als Frau noch als Anwältin waren ihr Glück und Erfolg beschieden.« – Bei einem Blick auf ihr Leben im NS-Staat hätte sich ein solcher Text eigentlich verbieten müssen: zwölf Jahre Berufsverbot, die Ehe mit dem Arzt Georg Benjamin, einem von Millionen Mordopfern, und die beständige Angst um Sohn Mischa, der nach den Rassegesetzen schon als Kind Verfolgung ausgesetzt war.

Die Autoren des Blattes machten auch gern den Eindruck, als hätten sie zeitweilig eine intime Nähe zu Hilde gehabt, als spräche aus ihnen das Wissen ehemaliger Klassenkameraden, die es an der Mädchenschule »Gumbel-Lyzeum«, wo sie der »Spiegel« vermutete, gar nicht geben konnte. Tatsächlich hatte Hilde Lange das Auguste-Victoria-Lyzeum in Berlin besucht. Im Dezember 1952 war im »Spiegel« zu lesen, dass Hilde Lange für ihre Klassenkameradinnen die »kalte Intelligenzbestie« gewesen sei, und zeitgleich gelang es, »Gymnasiasten« aufzutreiben, die über die Musterschülerin Hilde Lange als von »einem schlaksigen Geschöpf mit blauschwarzen Zöpfen und braungelbem Teint« berichteten. Die »Inderin« aus der Dünterstraße sei zwar »ein interessanter Typ, aber unsympathisch gewesen«.

Im folgenden Absatz hatte die schlaksige Intelligenzbestie inzwischen »Fett angesetzt. Bäckchen unterstreichen den Mangel an Kinn. Über wieselflinken Augen und buschigen Brauen nisten Zöpfe im Kranz.« Was den Lesern da in den Sinn kommen sollte, war kalkuliert: Nach dem Krieg mangelte es bei eingeengten Wohnverhältnissen oft an Hygiene. In jeder Schule, in jedem Kinder-Erholungsheim nistete in den Haaren von Erwachsenen, Jugendlichen oder Kindern ganz anderes als »Zöpfe im Kranz«.

Mit Verweis auf einen Tonbandmitschnitt des Rundfunks im amerikanischen Sektor (RIAS) wurde an eine Befragung erinnert: »Von dieser Frau in einem sowjetzonalen Schauprozess« mit ihrer »dunklen, monotonen, geschäftsmäßigen Stimme, jedermann in der Sowjetzone schaurig vertraut und selbst Millionen westdeutscher Rundfunkhörer in den Ohren: Das ›weiter, Angeklagter, weiter!‹ und ›was taten Sie dann‹?«

Klar: Die da fragte, so »schaurig vertraut«, war die fünfzigjährige Hilde Benjamin, Vizepräsidentin des Obersten Gerichts der »Deutschen Demokratischen Republik«, im »Spiegel« beschrieben als »Repräsentant jener perfiden ›fortschrittlichen Rechtsprechung‹, die in Mitteldeutschland in den letzten sieben Jahren entwickelt wurde und soeben durch eine Justizreform in gesetzliche Richtlinien gepresst wird«. Die Beschreibung dieser schaurigen Gestalt, die das zu verantworten hatte, endete mit dem Satz: »An dieser Entwicklung hat kein Nichtrusse so viel Anteil gehabt wie eben Hilde Benjamin, die Kommunistin aus der Steglitzer Plüschmöbelwohnung.« Dass die Autoren glaubten, Hilde sei die Witwe von Walter Benjamin, statt von dessen Bruder Georg, sei nur nebenbei bemerkt. Die Verwechslung der beiden Brüder gelang in dem Artikel mehrfach.

Was vom »Spiegel« dieser Jahre als »perfide« bezeichnet wurde, war der »Volksrichter« und der »Volksstaatsanwalt«, die, wie das Blatt seinen Lesern mitteilte, »nicht Instrumente einer abstrakten Gerechtigkeit, sondern der eigentliche Hebel sind, um das bourgeoise Recht aus den Angeln zu wuchten und damit die Herrschaft des Bürgertums zu brechen«. Hilde Benjamin, im Jargon des »Spiegel« nicht ohne die Bezeichnung »Blut-Hilde« zu haben, wurde als »rücksichtslose Vollstreckerin eines (...) noch nicht in seiner ganzen Tragweite erfassten Parteiwillens« identifiziert.

Tatsächlich war der »vernunftbegabte und lebenskluge Volksrichter und Antifaschist« kaum zu finden, auf den Hilde Benjamin setzte, »der sich vor und in der Hitlerzeit oder auch nach dem Zusammenbruch aktiv für die Demokratie eingesetzt« hätte, wie ihn die Zeitung »Neuer Weg« in Mecklenburg sich erhoffte. Gesucht wurde der »bewusste Kämpfer für ein neues Deutschland«. Für den vierten Lehrgang zur Ausbildung von Volksrichtern im Oktober 1948 zitierte die Zeitung die geforderte Vorbildung für die künftigen Richter: »An Schulbildung genügt die abgeschlossene Volksschule; jedoch ist Voraussetzung für den erfolgreichen Besuch des Kurses das Vorhandensein einer guten Auffassungsgabe, logisches Denkvermögen und logisches Urteilen sowie die Fähigkeit, seine Worte richtig zu setzen und sich mündlich und schriftlich fließend auszudrücken.« Für die Kursteilnehmer waren als untere Altersgrenze 25 Jahre und als obere höchstens 45 Jahre festgesetzt. Der Kurs war kostenlos, dauerte ein Jahr, außerdem wurde ein monatliches Taschengeld gewährt. Auch für die Familienangehörigen wurde je nach Kopfzahl eine Unterstützung gewährt.

Die »perfide fortschrittliche Rechtsprechung« und die daran geknüpften »Schauprozesse« der DDR, die der »Spiegel« geißelte, wurden der Justiz im Nationalsozialismus gleichgesetzt. Erinnert wurde an die Befragung von Angeklagten des 20. Juli durch den Vorsitzenden Richter des Volksgerichtshofs und Chefankläger des Hitler-Staates Roland Freisler. Wichtig war dabei nur die Person des Nazi-Anklägers, nicht aber das menschenfeindliche Rechtssystem, dem er diente. Beispielhaft die Vernehmung Peter Graf Yorck von Wartenburgs durch ihn:

»Yorck von Wartenburg: ›Herr Präsident, ich habe bereits bei meiner Vernehmung angegeben, dass ich mit der Entwicklung, die die nationalsozialistische Weltanschauung genommen hatte ...‹

Freisler (unterbrechend): ›... nicht einverstanden war! Sie haben, um es konkret zu sagen, ihm (Stauffenberg) erklärt: In der Judenfrage passe Ihnen die Judenausrottung nicht, die nationalsozialistische Auffassung von Recht hätte Ihnen nicht gepasst.«

Spätestens hier hätten die Verfasser der »Spiegel«-Geschichte damit überraschen können, eine Reform der Rechtsnormen im Bürgerlichen Gesetzbuch zu fordern,

233

um Nazirecht zu überwinden und über der eigenen Reformagenda, die noch mehr als ein Jahrzehnt auf sich warten ließ, sich mit der Rechtspolitik der DDR auseinanderzusetzen. Oder an Adenauers Staatssekretär Globke zu erinnern, dessen Kommentare zu den nationalsozialistischen Rassegesetzen von Freisler zitiert wurden. Genau das taten die Autoren nicht.

Hilde Benjamins Sohn Michael, selbst Jurist und Professor an der Akademie für Staat und Recht in Potsdam, hatte sich nach der Wende vielfach in Briefen, Aufsätzen und zahlreichen analytischen Anmerkungen mit dem Nationalsozialismus befasst, wobei sein Blick auf die ehemalige DDR gerichtet war. Das zeigte auch seine Reaktion auf einen Aufsatz des Historikers Jochen Czerny zur Wirkung der NS-Zeit auf die DDR, den er »bedenkenswert und diskussionswürdig« nannte. Czerny machte darin bei seinem Vergleich zwischen Nazi-Staat und DDR eine notwendige Einschränkung: Unvergleichlich sei, »wie sich Nazideutschland an der Menschheit verging«. Zu einem Vergleich aber geradezu »herausgefordert« fand er sich bei der Betrachtung des »alltäglichen Faschismus«. Es habe »beschämende Ähnlichkeiten in Herrschaftsstrukturen, Methoden und Ritualen gegeben zwischen dem Nationalsozialismus und dem in der DDR praktizierten Sozialismus«.

Michael Benjamin sah das ähnlich, relativierte aber das, was Czerny »alltäglichen Faschismus« nannte und ihn an die DDR erinnerte, weil es für Benjamin nur »ein winziger Ausschnitt der ganzen gewohnheitsmäßigen Gemeinheit jener Zeit in Deutschland« war. Und dann beschreibt er, wie er den Alltag in Nazideutschland erlebte:

»Durch und durch rassistisch, nationalistisch, militaristisch und antikommunistisch geprägt. Alles hat vom Ariernachweis abgehangen, was man war, konnte und durfte, wie man lebte und starb, was man lernen, essen und trinken durfte. Alltag, das waren zerstörte jüdische Geschäfte anfangs und abgeholte jüdische Familien später. Zum Furchtbarsten der Naziherrschaft gehörten Rassendiskriminierung, der Judenstern, die gleichermaßen demütigenden Lappen, die sich Polen und Ostarbeiter anheften mussten. Alltag waren Verurteilungen wegen Rassenschande oder Wehrkraftzersetzung, waren Konzentrationslager, die Verherrlichung des Übermenschen, stockprügelnde Lehrer, und ebenso das Volk ohne Raum, der Gebärkult für Frauen – und so weiter und so weiter.«

Er erspare es sich, schreibt Benjamin, den DDR-Alltag diesen Realitäten gegenüberzustellen. »Man mag über verordneten Antifaschismus reden, aber dass jener Alltag (...) ausgetilgt wurde, haben alle, die davon betroffen waren, als Erlösung empfunden.« Dem fügt er einen zweiten Gedanken hinzu: »Nur, dass es damit nicht getan war. Die Vorstellung, Erscheinungen wie Antikommunismus und Antisemitismus könnten ein für alle Mal ausgerottet werden und man brauche sich um ihr Auftreten in der DDR nicht mehr zu kümmern, war nicht nur eine unwissenschaftliche Illusion, sie war verderblich. Der Nazialltag, eben weil er Alltag war, saß tiefer in den Köpfen, als wir wahrhaben wollten und nach 1989 mit Erschrecken feststellen mussten. Aber es war nicht der Alltag der DDR.«

Den Ton im frühen »Spiegel« gaben seit 1952 die beiden für die Ressorts »Ausland« und »Internationales« zuständigen Ressortchefs Horst Mahnke und Georg Wolff an, beide ehemalige SS-Offiziere und, wie Lutz Hachmeister in seiner Sammlung der braunen »Herren Journalisten« feststellt: »Ex-Spezialisten in Reinhard Heydrichs Sicherheitsdienst (SD)«. Der Leiter des gesamten Inlands-SD, Professor Franz Alfred Six, der auch die Karriere Adolf Eichmanns steuerte, war 1948 von einem alliierten Gericht als Kriegsverbrecher zu zwanzig Jahren Zuchthaus verurteilt, aber bereits 1952 begnadigt und aus der Haft im Kriegsverbrechergefängnis Landsberg entlassen worden. Er hatte sich ebenfalls in Hamburg niedergelassen. Dort wurde er Geschäftsführer eines Verlages, verlegte Bücher ehemaliger Nazi-Größen mit wissenschaftlichem Anspruch, die wiederum im »Spiegel« rezensiert wurden.

So auch die Verfasser des 1954 mit einer Kurzrezension bedachten Werkes »Der Frieden hat eine Chance«. Es waren die Redakteure und Kumpane der Altnazis Six, Wolff und Mahnke, die das Buch »erkennbar unter Rückgriff auf Geheimmaterial«, so Hachmeister, geschrieben hatten. Die beiden waren gut vernetzt mit den braunen Seilschaften, bis zum Geheimdienst des Ex-Generalmajors Reinhard Gehlen nach München, Vorläufer des Bundesnachrichtendienstes (BND), dessen von SS und SD durchsetzte Nachkriegszeit ebenfalls dokumentiert wird. Geschichten über die Nazivergangenheit verkauften sich blendend, und das war wohl mit ein Grund dafür, warum sich das Magazin ihrer Dienste versichert hatte. Da wurde in Kauf genommen, dass die Altnazis in der Redaktion gegenüber dem, was sie »Bolschewismus« nannten, zu keiner Differenzierung fähig waren. Entsprechend der schnodderige Kasinoton.

Es dauerte weitere Jahre, bis dass Blatt 1959 begann, Hilde Benjamin aus dem Zerrspiegel des Kalten Krieges herauszulösen. Erstmals erschien ein abwägender Kommentar über ihre Arbeit als Vizepräsidentin des Obersten

Gerichts der DDR. Es sei »bemerkenswert, wie wenig Todesurteile sie in den vier Jahren ihrer Amtszeit aussprach und wie oft sie Zuchthausstrafen verhängte«, heißt es da auf einmal. Dann folgt eine Aufzählung ihrer Urteile: »Von 67 Angeklagten, die in vier Jahren vor ihrem Richterstuhl erschienen, verurteilte sie zwei zum Tode, zwölf zu lebenslangem Zuchthaus und die übrigen zu insgesamt 536 Jahren Zuchthaus und dreizehn Jahren Gefängnis.« Auch das Fazit des Blattes in einer fast sachlichen und akzeptablen Sprache, ließ erstaunen: »Die Benjamin«, so das Hamburger Nachrichtenmagazin, »war als Richter keine blutrünstige feminine Neuausgabe Freislers, sondern eine kaltblütig auf den politischen Effekt ihrer Urteile bedachte Marxistin.«

Hilde Benjamin machte sich mit ihrer Arbeit weder in der DDR noch im Westen Freunde. In der DDR galten aber Enteignung der Großindustrie und Bodenreform als wichtiger Beitrag zu dem, was Karl Marx die Überwindung des Grundwiderspruchs zwischen dem gesellschaftlichen Charakter der Arbeit und der privatwirtschaftlichen Aneignung nannte. Das mussten auch die Manager des IG-Farben- und des Solvay-Konzerns ertragen, die wegen Wirtschaftsverbrechen angeklagt waren.

Sitz des Konzerns war Bernburg bei Magdeburg, der Geburtsort Hilde Benjamins. Ihr Vater hatte dort seine kaufmännische Ausbildung gemacht, bevor die Familie nach Berlin umzog. Die Angeklagten waren entschiedene Gegner der Verstaatlichung der in der SBZ verbliebenen Produktionsstätten. Es lag nahe, dass die DDR sich gegen Sabotage und, wie in Bernburg, gegen die Verschiebung von Vermögenswerten in die Bundesrepublik wehrte.

Die Angeklagten machten kein Hehl daraus, dass sie der Wirtschaft der DDR schaden wollten. Die Urteile lauteten zwischen zwei und fünfzehn Jahren Zuchthaus. Hilde Benjamin machte damit zugleich und unzweifelhaft deutlich, dass dieses Verfahren und die Urteile auch eine Warnung an alle sein sollten, die der DDR in ähnlicher Weise zu schaden beabsichtigen könnten. Sie sprach daher von der »großen erzieherischen Bedeutung dieses Prozesses« und der »verwerflichen Gesinnung der Angeklagten«. Entsprechend die Schlagzeilen der Ost-Presse: »Die Verbrecher von Bernburg« oder »Die Sabotageverbrechen der Solvay-Lakaien«.

Der Solvay-Prozess in Bernburg und zuvor der Prozess gegen neun führende Manager von Conti-Gas in Dessau haben ihr Bild der »gnadenlosen Richterin« mitgeprägt. Entsprechend den Potsdamer Beschlüssen der Alliierten war auch Conti-Gas enteignet worden. Daher der Versuch der Konzernspitze, die Vermögenswerte im Osten illegal nach Hagen/Westfalen, dem Standort der Tochtergesellschaft, zu verschieben. Es ging dabei um eine Größenordnung von einer Million Reichsmark. Hilde Benjamin hatte dafür nicht das geringste Verständnis. Für sie war es ein Anschlag auf ihren Staat. Entsprechend übel war ihre Laune gegen »die Männer der Monopole«, die sie als »charakterlich minderwertig« kennzeichnete.

Das Bild von der gnadenlosen Richterin passte gut im Kalten Krieg. Es bediente das Selbstbild des Westens, den besseren Teil der Menschheit zu repräsentieren. Das Schuldkonto der Tätergeneration des NS-Staates war dagegen in der Bundesrepublik wundersam verblasst. Die erkennbare Gelassenheit, mit der Politik und Medien im Westen die Vergangenheit der alten/neuen Eliten betrachteten, und die sehr frühe Forderung nach einer Amnestie für die verurteilten Kriegsverbrecher dürften Hilde Benjamin darin bestärkt haben, dass allein die DDR ernsthaft mit dem Faschismus abrechnete; dazu beizutragen war ihr Lebensinhalt. Dabei mag auch eine Rolle gespielt haben, dass Widerstandsgruppen, die aus dem Untergrund gegen das DDR-Regime agierten, immer wieder Anschläge verübten. In die westdeutschen Zeitungen gelangten jedenfalls immer wieder Informationen über Sabotageakte in der SBZ.

Auch solche Aktionen führten dazu, dass im Mai 1950 das Ministerium für Staatssicherheit eingerichtet wurde. Daraus entwickelte sich die engmaschige innere Sicherheitsarchitektur der Deutschen Demokratischen Republik. Ein Jahr nach der Staatsgründung der DDR, im Herbst 1950, prangte in den gleichgeschalteten Zeitungen die reißerische Schlagzeile: »Gangster, Mörder, Räuber«. Man informierte über Widerstandsgruppen, die von westlichen Agenten geführt wurden. Der »Spiegel« wusste von einer »Verlustliste« zu berichten, die innerhalb von zehn Tagen zusammen kam:

Eine Explosion im Sprengstoffwerk Gnaschwitz verringerte die Produktion um siebzig Prozent. In Tschornau bei Aue explodierte eine Kugelmühle für Erz, im Mahlsalz war eine Sprengpatrone. Der Förderturmpfeiler eines Schachtes in Niederschlag bei Annaberg wurde durch Sprengstoffanschlag umgelegt. Am selben Tag explodierte am gleichen Ort eine Lokomotive. Zwei Spezialkühlwagen der Osteisenbahn waren nicht zu retten.

In einer Chemnitzer Stahlschmelze flog den Arbeitern ein Kupol-Ofen, ein Schachtofen, in dem Metalle geschmolzen werden können, um die Ohren. Unter dem zu schmelzenden Schrott war eine scharfe 15-cm-Granate. Auch der legendäre Waffenverlust der Volkspolizei, der vom »Spiegel« ebenfalls als »Widerstandshandlung« eingeordnet wurde: 229 Pistolen, 23 Karabiner und zwei Maschinenpistolen seien im letzten Vierteljahr von »Volkspolizisten verloren« worden. Thüringen stand danach mengenmäßig an der Spitze der Verlustliste. Allein 91 Pistolen vom Kaliber 7,65 (sie wurden nur von Offizieren der Volkspolizei getragen) fehlten.

Ob diese Aktionen tatsächlich von Westagenten angestiftet wurden oder ob es selbständig agierende Widerstandsgruppen waren, blieb unklar. Jedenfalls dürfte das bis hinauf in die Parteispitze das Gefühl verstärkt haben, dass die Bevölkerung der DDR den Weg in eine sozialistische Musterrepublik nur murrend mitgehen würde. Harte Urteile waren die Folge. Das galt vorerst auch für den Streik der Bauarbeiter, die am 17. Juni 1953 in Berlin und in vielen anderen Städten der DDR gegen die willkürlich heraufgesetzten Normen auf die Straße gingen. Der Streik wurde zur Revolte, und die SED brauchte die Rote Armee, um sie niederzuschlagen. Es war auch eine Hungerrevolte. Die Versorgung lag im Argen, auch wegen der unnachsichtig durchgesetzten Enteignung der Bauern und der Überführung ihrer Höfe in landwirtschaftliche Produktionsgenossenschaften. Ganze Dörfer verwaisten. Die enteigneten Bauern und ihre Familien reihten sich ein in den Flüchtlingsstrom nach Westen. Die juristische Aufarbeitung war durchaus widersprüchlich. Hart und unnachgiebig gegen die, die als Rädelsführer identifiziert wurden. Hilde Benjamins Rolle im Hintergrund wird unterschiedlich beschrieben, war aber wohl vor allem dadurch bestimmt, auf die Staatsanwaltschaften und ihre Anträge in den laufenden Prozessen politisch Einfluss zu nehmen. Es folgte der Karrieresprung zur Justizministerin der DDR. Es lag nicht im Interesse Moskaus, durch zu große Härte bei der juristischen Aufarbeitung des Aufstandes vom 17. Juni die antisowjetische Stimmung in der Bevölkerung noch zu vergrößern. Die SED war daher angewiesen, die Prozesse möglichst schnell und geräuschlos abzuschließen. Das galt letztlich auch für die juristische Verfolgung von Straftaten ehemaliger Parteigenossen der NSDAP, die einer versöhnlicheren Einstellung Platz machen sollte. Die Aufarbeitung der NS-Zeit wich einer eher historisierenden Betrachtung. Die Nazizeit war damit vor allem Teil der propagandistischen Auseinandersetzung zwischen Ost und West. Wenn es politisch opportun war, geizte die SED nicht mit der Veröffentlichung von Täterakten aus der NS-Zeit, um die alte und neue Elite in Wirtschaft, Wissenschaft und Verwaltung in der Bundesrepublik bloßzustellen. Das trug dazu bei, dass die braunen Eliten, die im Westen wieder zu »Macht und Einfluss« gelangten, dennoch dem langen Schatten der Vergangenheit nicht entgehen konnten. »Trotz kollektiven Beschweigens und Vertuschens erfüllte sich die Hoffnung auf das große Vergessen nicht«, stellte Norbert Frei in seinem Buch »Hitlers Eliten« zu Recht fest.

Ehe sich im Westen die Unlust, für die eigene Geschichte einzustehen, zu ändern begann, mussten die restaurativen fünfziger Jahre durchschritten werden. Wer erinnert sich als Zeitgenosse nicht an marmorierte Resopal-Tischplatten in Nierenform, die von Tütenlampen angestrahlt wurden. Im Bücherstapel Geschichten über heldenhafte Abenteuer der Wehrmacht in den Weiten

Russlands, an denen sich die Stalingrad-Generation laben konnte. Zeitungskioske mit Landserheften und im Aushang gut sichtbar die rechtsradikale »Deutsche National- und Soldaten-Zeitung«. Oder das mehrteilige TV-Ereignis »So weit die Füße tragen« von 1959, das den Landser glorifizierte und die Wehrmacht als tapfere Soldateska feierte, die eigentlich gar nichts mit dem Vernichtungskrieg in Russland zu tun hatte. All das passte in die Sichtweise und Psychologie des Kalten Krieges. Mancher Ausbruch des überkommenen alltäglichen Rassismus blieb in Erinnerung, wenn zuweilen Väter oder Großväter die Jugendzimmer der Kinder oder Enkel stürmten und »Schluss mit der Niggermusik!« brüllten, die lautstark eingeschaltet aus den Studios des American Forces Network (AFN) gesendet wurde. AFN war der Sender der Nachkriegsgeneration, die mit Big-Band-Swing, Jazz und Bebop ihre Musik fand, den Soundtrack für eine politisch bleierne Zeit.

Der auch durch die Generation der Väter und Großväter tradierte Rechtsextremismus wirkte fort und sickerte ein in die nächste Generation, was in einer postfaschistischen Gesellschaft nicht verwundern konnte. Und das galt für Ost- wie für Westdeutschland. Die Wahlerfolge der NPD heute als Folie auf die Landkarte des Reiches vor 1945 gelegt, sieht man, dass sie identisch sind mit Orten und Regionen von Niedersachsen bis Baden-Württemberg, von Bayern bis Thüringen oder Sachsen, wo die Partei Hitlers gleich zu Beginn große Erfolge verbuchen konnte.

1962 brach die »Spiegel«-Affäre über den Adenauer-Staat herein. Die damalige Bundesregierung mit dem CSU-Vorsitzenden Strauß als Verteidigungsminister entdeckte in einem Bericht des »Spiegel« über die Bundeswehr unter dem Titel »Bedingt abwehrbereit« einen »Abgrund an Landesverrat« und ließ »Spiegel«-Herausgeber Rudolf Augstein verhaften. Er saß 103 Tage im Gefängnis. Auch der Autor des Berichts und vier weitere Redakteure landeten in Untersuchungshaft. Die Reaktion der Leser, Studenten und Angehörige des liberalen Bürgertums, war helle Empörung. Sie brachten ihren Protest auf die Straßen der westdeutschen Republik.

Die Medien der Republik begannen sich zu verändern. Die ersten fünfzehn Jahre des »Spiegel« gerieten in Vergessenheit. Für Hachmeister eine historische Zäsur, die ihn veranlasste, das »mentale Gründungsdatum des Spiegel« vom 4. Januar 1947 auf den 26. Oktober 1962, den Beginn der »Spiegel«-Affäre, zu versetzen. Augstein nannte nach der U-Haft die Affäre einen »Glücksfall«, den er nutzte, um das Blatt zu dem zu machen, was es bis heute gern sein will: linksliberal und »Sturmgeschütz der Demokratie«.

11. KAPITEL
Mutter und Sohn

Die Feder, in Tinte getaucht, kratzte über das Briefpapier. Es war der 14. April 1960. Das Datum steht oben rechts auf dem Briefbogen, drei Finger breit vom Rand entfernt. Ein liebevoller Brief über zwei Seiten: »Mein sehr liebes Kind – liebe Mutter Usch!« Hilde Benjamin schrieb ihrer Schwiegertochter Ursula (Usch), die gerade entbunden hatte. Georg, Grischa gerufen, war auf der Welt.

In ihrem Brief schwang die Erinnerung mit an die eigenen Schwangerschaften: an die zwei Geburten im Abstand von etwas mehr als einem Jahr. Nur der Zweitgeborene, Michael (Mischa), blieb ihr. Peter lebte nur zwei Wochen. Mit dem Gedanken an den Enkel und seine Mutter, so lese ich den Brief mehr als fünfzig Jahre später, durchlebte Hilde Benjamin noch einmal ihre eigenen Empfindungen im Wochenbett. Trauer um den ersten, Glück über den zweiten Sohn. In dem halbhohen Schrank, der Hilde Benjamins Nachlass enthält, den Ursula Benjamin über viele Jahre hütet und pflegt, finden sich auch diese Zeilen, die viel über die Absenderin erzählen.

Ursula Benjamin schiebt mir diesen und einen weiteren Brief ihrer Schwiegermutter über den Tisch, beide durch eine Klarsichthülle geschützt. Es ist eine scheue, ganz unaufdringliche Geste. Gerade hatten wir über Bautzen und dieses verschwundene andere Deutschland gesprochen, und ich spüre aus den Worten, in die sie ein paar kritische Anmerkungen zu meinem Bild über Bautzen verpackt, dass es ihr schwerfällt, meine Beschreibung mit ihrer Erinnerung an die DDR und noch mehr mit ihrem Bild von Hilde Benjamin, das sich eher mit diesen Briefen verbindet, in Einklang zu bringen. Offenkundig, das entnehme ich einer Bemerkung, hatte sie ein langes, wohl auch ein streitiges Telefongespräch darüber mit ihrem Sohn Grischa, dessen Geburt 1960 der Anlass für Hildes Glückwunsch war. Ich scheue mich nachzufragen.

Sie wendet sich wieder den Notizen zu, die sie sich zu meinen Textpassagen über Bautzen gemacht hatte, und so bleibt es bei dieser Andeutung über das Telefongespräch. Ich nehme es als ihren Wunsch, noch genauer auf alle Aspekte zu achten, die mit Hilde Benjamin zu tun haben. Diese Briefe haben jedenfalls Bedeutung für den, der ihr Bild zeichnen will. Als ich sie gelesen habe, wird sie für mich lebendig, wie sie damals über diesen Brief nachdachte. Es sind Sätze wie: »Vielleicht freust Du Dich doch ein wenig mehr noch, dass es ein Junge ist«, um dann fortzufahren: »Ich glaube, das ist bei uns Frauen so, weil ein Junge – als erstes Kind – uns noch mal den geliebten Mann verkörpert.« Sätze, die auf ihr Leben weisen und auf die auch durch die Lebensumstände noch verstärkte innige Beziehung zwischen Mutter und Sohn. Sie wünschte der Schwiegertochter die gleichen Glücksgefühle, die sie im Wochenbett empfunden hatte: »Es sind in meiner Erinnerung Tage eines großen, stillen Glückes, Tage, in denen das Kind noch uns ganz allein gehört, und Tage, in denen wir nun die Fülle der Liebe zu unserem

Kind, die in jenen neun Monaten mit ihnen gewachsen ist, erleben.«

Wie sehr Mischa ihren Lebensmittelpunkt ausmachte, lässt sich in unzähligen Briefen, auf hunderten Seiten nachlesen. Sie beschrieb jede Nuance seines Lebens, sein Aufwachsen und jede Veränderung, damit der ferne Vater Georg davon wissen konnte. Schon mit der Geburt schien sie ahnungsvoll zu sein über das, was da kommen würde, und damit war angelegt, was diese beiden Menschen, Mutter und Sohn, füreinander sein würden. Hilde war die Garantie für sein Überleben. Sie und ihr Ariernachweis als Schutzraum, in dem Mischa möglichst angstfrei aufwachsen sollte.

Und Georg, der in den Höllen der Volksgenossen und ihrer Schlächter sein Leben verlor, er wird lebendig in den Zeugnissen seiner Briefe, die Hilde ebenfalls sammelte und aufbewahrte. In diesen Briefen steht, was Freunde über ihn sagten und was Hilde an ihm liebte: seine Toleranz, die Fähigkeit zuzuhören und ganz und gar undogmatisch zu denken.

Mischas Kindheit, Schul- und Studienzeit verliefen anders als die der Kinder in den »rassereinen arischen« Familien nebenan. Erst als mir das symbiotische Verhältnis von Hilde und Sohn Mischa klar war und ich mehr und mehr das Gefühl hatte, relativ sicher entziffern zu können, was mir die geschriebene Hinterlassenschaft aus dem Leben dieser beiden Benjamins erzählte, sah ich die vielen Anzeichen, die es belegen. Kein noch so geringer Anlass, der ihn nicht sofort dazu brachte, sich vor die Mutter zu stellen. Verärgerung und zunehmender Zorn stellten sich bei ihm ein, wenn über sie die zu Klischees erstarrten Wiederholungen zu lesen waren. Und er wies die Konstruktionen der Westmedien und die Sprachbilder nachdrücklich zurück, die vornehmlich aus dem Arsenal des Kalten Krieges stammten und aus denen die »kalte Machtfrau« gefügt wurde.

Schon die in dieser Biografie etwas oberflächlich geratene Beschreibung der Bildung und Ausbildung von Frauen zu Beginn des 20. Jahrhunderts hatte er nicht durchgehen lassen, weil er das als gegen seine Mutter gerichtet empfand. Er brachte sogar sich selbst als Zeuge und Beleg von Hildes umfassender Bildung ins Spiel, da so ziemlich alles, was er über Botanik wusste, ihrem Unterricht zu danken war. Das Schulverbot nahm er ganz nebenbei auch als Beleg, wie sehr sich die Nazis jüdischer Intelligenz unterlegen fühlten, so dass sie ihnen den Zugang zu Bildung und Wissen verwehren wollten.

Mischa las alles, was über seine Mutter geschrieben oder verbreitet wurde. Und er nahm Stellung. Er forderte Genauigkeit und Verständnis, und er war immer gesprächsbereit, wenn er den Eindruck hatte, dass es Unkenntnis war, die zu falschen Bewertungen seiner Mutter führte. Nach ihrem Tod 1989 nahm er sich vor, ein Buch über sie zu schreiben. Er begann, wie seine Frau Uschi erzählt, Hildes Nachlass zu ordnen und ihre Briefe zu lesen. Sein überraschender Tod beendete das Buchprojekt vorzeitig. Keiner der Ärzte in der Charité hatte seine Herzoperation, die als chirurgische Routine galt, als gefährlich eingestuft.

Es gibt zwei Biografien über Hilde Benjamin, die Michael Benjamin kaum gefallen haben können. Schon deshalb wollte er zurechtrücken, was da in den ersten Jahren nach 1945 und im aufkeimenden Kalten Krieg an Urteilen und Vorurteilen den Weg in Artikel oder zwischen zwei Buchdeckel gefunden hatte. Glücklicherweise blieb es trotz dutzender Atombombentests über und unter der Erde wenigstens in Europa beim Krieg der Worte. Das Gleichgewicht des Schreckens tat seine Wirkung: Das atomare Patt war Ausdruck der Angst auf beiden Seiten, die in den Arsenalen gebunkerte Zerstörungskraft könnte reichen, der Menschheit und dem blauen Planeten den Rest zu geben. Aber auch im Krieg der Worte blieben Menschen auf der Strecke. Und soweit es dabei in den Medien um Hilde Benjamin ging, wollte der erwachsene Sohn nicht zulassen, dass der Westen die Bildrechte über seine Mutter beanspruchte.

Im März 1994 reagierte Mischa Benjamin in einem Leserbrief an die »Berliner Zeitung« auf Stefan Heym und seinen Nachruf auf Walter Janka. Darin erinnerte Heym auch an den Prozess gegen Janka wegen angeblicher »Boykotthetze«, einem schillernden Begriff in der politischen Strafjustiz der DDR, und »Verschwörung zum Sturz Walter Ulbrichts«. Michael Benjamins Brief richtete sich gegen einen einzigen Halbsatz des Nachrufes, der sich auf seine Mutter bezog und ihre vermutete Rolle in diesem Prozess im Jahr 1956 gegen Walter Janka, den damaligen Verlagsleiter des Aufbau-Verlags, Wolfgang Harich, den Aufbau-Cheflektor, und Gustav Just, Redaktionsleiter der Wochenzeitung »Sonntag«. Es ging nur darum, ob die Justizministerin Hilde Benjamin, wie Walter Janka glaubte sich erinnern zu können, bei diesem Prozess als Zuhörerin permanent im Gerichtssaal anwesend gewesen sei. Und gerade weil er den Schriftsteller Heym sehr verehrte, nimmt Michael Benjamin dessen abfällige Blut-Hilde-Tonlage erschrocken wahr. Der Halbsatz lautet: »mit ihm (Janka), so dachten die Melsheimer und Benjamins (Präsident und bis 1953 Vizepräsident des Obersten Gerichts der DDR danach Justizministerin), ließe sich wohl ein Prozess aufziehen«.

In seinem Brief nahm er den von Heym verwendeten Plural »die Benjamins« auf:

»Die Benjamins – das sind mein Vater Georg, den die Nazis in Mauthausen umgebracht haben; mein Onkel Walter Benjamin, dessen Schriften Sie gewiss kennen, der 1940 in Spanien in der Nacht vor seiner Auslieferung an die Nazis seinem Leben ein Ende setzte; dazu gehört die Cousine meines Vaters, die nach 1945 berühmt gewordene Dichterin Gertrud Chodziesner-Kolmar, die den Weg nach Auschwitz ging. Die Benjamins – das sind Generationen von Kaufleuten, Fabrikanten und Buchhändlern, Rabbinern, Gelehrten und Ärzten, Klein- und Großbürgern, Konservativen und Liberalen und Revolutionären, die seit 300 Jahren, wenn nicht länger in Deutschland ansässig sind.« Die großväterlichen Vorfahren waren Westjuden, die vor der Inquisition aus Spanien und Portugal geflohen waren und, über die Niederlande kommend, schließlich im Rheinland und in Westfalen ansässig wurden. Weitläufige Verwandtschaftsbeziehungen bestanden zu den Familien von Heinrich Heine (im 8. Grad) und Karl Marx (im 13. Grad).

Von Seiten der Großmutter stammte die Familie Schönflies von Ostjuden ab, die vor den Pogromen des Mittelalters nach Österreich, Ungarn und Polen geflohen waren. Ein Vorfahr der Familie Schönflies, Simon Markus, könnte zu jenen aus Wien stammenden fünfzig jüdischen Familien gehört haben, denen der preußische »Große« Kurfürst Friedrich Wilhelm mit dem Edikt vom 21. Mai 1671 den Zuzug in die Mark Brandenburg gestattete. Die

Schönflies/ Benjamin gehörten zum preußisch-jüdischen Uradel, wie Mischa Benjamin nicht ohne Selbstironie vermerkte. Nachfahrin war auch Gertrud Chodziesner, Cousine der Geschwister Benjamin, die unter dem Pseudonym Gertrud Kolmar posthum zu spätem Ruhm als Lyrikerin kam. Mischa Benjamin war ein Bewunderer ihrer Dichtkunst.

Ihm ist klar, dass Heym diese alle nicht gemeint hatte und dass er mit diesem Plural nur auf eine zielte, auf Hilde, seine Mutter. »Allerdings«, erläutert er, »ist ihr Handeln ohne jene anderen Benjamins und deren Schicksal nicht zu begreifen oder zu erklären.«

Für ihn sei diese Frau in allererster Linie seine Mutter, die ihn »unter feindlichsten Verhältnissen – 12 Jahre Nazizeit, Krieg, Nachkrieg, Kommunisten- und Rassenverfolgung, Bomben und Hunger – allein am Leben gehalten und großgezogen hat«. Für ihn sei das Grund genug, sich jeder »Einseitigkeit und Voreingenommenheit der Beurteilung ihres Lebens und Wirkens entgegenzustellen«. Es gebe im übrigen Zweifel an Jankas Erinnerung, aber selbst wenn er sich nicht täuschte, aus ihrer bloßen Anwesenheit auf ihre maßgebliche Rolle in seinem Prozess zu schließen sei für ihn in keiner Weise beweiskräftig.

Stefan Heym, dem ich in den achtziger Jahren in Berlin mehrfach begegnet bin, selbst Jude, selbst verfolgt, wird dieser Brief nicht kaltgelassen haben. Ich erinnere seinen Blick aus freundlichen, klugen Augen. Seine knarrende Stimme mit diesem ganz leichten sächsischen Grundton. Dazu der mächtige Schädel und das weiße, immer ein wenig strubbelige Haar. Er, wie andere nach 1945, wollte die richtigen Lehren aus der Geschichte ziehen und endlich auf der richtigen Seite stehen.

Sein schriftstellerischer Ruhm sicherte ihm das Privileg, auch ins westliche, ins kapitalistische Ausland zu reisen. Sein Sehnsuchtsbild aber war eine DDR, die erfüllen sollte, was ihm in der Emigration als Vision einer besseren, einer sozialistischen Welt vorschwebte. Es trieb ihn immer wieder in das Land zurück. Mit Mischas Brief in der Hand hat er vielleicht darüber nachgedacht, wie schnell man dabei ist, ein bestimmtes Bild von Menschen ungeprüft zu übernehmen, ohne wirkliche Kenntnis ihrer Lebensverhältnisse.

Der Janka-Prozess selbst war für die innere Entwicklung der DDR fatal. Der Nachruf zu seinem Tod 1994 erinnerte daran, dass er und seine Mitangeklagten Harich, Just und andere als »konterrevolutionäre Verschwörer« zu Zuchthaus zwischen fünf und zehn Jahren verurteilt wurden.

Ich traf Gustav Just im Sommer 2011, kurz vor seinem neunzigsten Geburtstag, in seinem umgebauten alten Bauernhaus an der Dorfstraße in Prenden bei Berlin. Ich lernte auch seine Frau kennen, die etwas jünger und, anders als er, ohne jede sichtbare körperliche Schwäche war. Er selbst konnte sich nur auf einen Rollator gestützt bewegen, aber er war geistig ungebrochen. Beiden waren der Prozess und seine Umstände noch ganz präsent. Auch er glaubte sich zu erinnern, »Frau Benjamin wie einen bedrohlichen Schatten« wenigstens einmal unter den Zuschauern gesehen zu haben. Ihre Erinnerungen auch an den Prozess und seine Umstände haben die beiden veröffentlicht. Wir sprachen darüber und über die Haftjahre in Bautzen. Ein halbes Jahr nach unserem Treffen starb Gustav Just.

Im »Sonntag« hatte er über die Theoriedebatten in Polen und Ungarn berichtet. Noch in der Erinnerung daran war ihm die Enttäuschung über eine SED-Führung anzumerken, den Diskussionskreis, der ihn ins Zuchthaus bringen sollte und an dem der damalige Kulturminister Johannes R. Becher Anteil hatte, als konterrevolutionär zu denunzieren. Gerade nach den Enthüllungen über den stalinistischen Terror auf dem XX. Parteitag der KPdSU hatten sie auf größere innere Liberalität auch in der DDR gehofft und wurden als Konterrevolutionäre eingekerkert. Die Hoffnung starb mit der Niederschlagung des ungarischen Reformkommunismus und des Aufstandes von 1956. Er brachte in der Sowjetunion das Ende des kurzen Frühlings nach dem Tod des Diktators und stärkte die Stalinisten in der DDR.

Jedenfalls war es nicht der Prozess von Hilde Benjamin. Michael konzediert in dem Brief an Stefan Heym, dass sie als Justizministerin der DDR bis 1967 »maßgeblich und verantwortlich teilhatte an dem Auf und Ab, den Fehlschlägen, Fehlentwicklungen, Irrungen der Justiz der DDR wie auch ihren Errungenschaften«. Dass Rechtsetzung und Rechtsanwendung Politik sind, war für Hilde Benjamin, auch aus dem Blickwinkel des Sohnes, eine Erfahrung, die sie in der Weimarer Republik, im Nazistaat und in der Bundesrepublik immer wieder machte. Für sie festigte das nur die Überzeugung, dass allein die DDR gegen die Restauration in Westdeutschland stand.

In einer Passage spricht dann ganz bewusst nur Hildes Sohn zu Stefan Heym, wenn er schreibt: »Viele haben meine Mutter gehasst; nicht minder wurde sie von anderen geachtet und verehrt. Das letzte Wort über ihr Wirken hat nach meiner Überzeugung die Geschichte noch nicht gesprochen. Eines aber weiß ich besser als alle Akten, die ich nicht kenne und die noch gefunden werden mögen: Eigennutz lag ihr ebenso fern wie berechnender Zynismus. Was auch immer sie getan hat, hat sie aus der tiefen Überzeugung getan, der Sache zu dienen, der sie ihr Leben gewidmet hatte: der Errichtung einer besseren, sozialistischen Gesellschaft.«

Michael macht im Übrigen deutlich, wie sehr er Heyms Blick auf Janka teilt und wie groß daher seine Anteilnahme gewesen sei bei der Lektüre des Nachrufes in der »Berliner Zeitung«.

1994 waren es gut fünf Jahre, seit die DDR untergegangen war und das erneut vereinigte Deutschland anfing, Geschichte zu schreiben. Ein Umbruch, den seine Mutter, wie er meinte, »nicht überstanden hätte«, wenn sie noch gelebt hätte. Zwischen den Zeilen glaube ich lesen zu können, dass er nach ihrem Tod zunehmend unbelasteter, mehr und mehr auch emanzipierter darüber nachdenken konnte, was zum Untergang der DDR geführt hatte.

Ich frage Michael Benjamins Sohn Georg, ob er meine Vermutung über diese besondere Mutter-Sohn-Beziehung teilt. Georg bekommt die Textentwürfe für dieses Buch in den unterschiedlichen Stadien des Schreibprozesses und korrigiert, wenn nötig, Zahlen, Fakten, Lebensdaten. Ebenso Mutter Ursula Benjamin und die Enkel, Georgs Kinder Laura und Jakob, alle, von denen zu erzählen ist in diesem deutschen Lesebuch, das über das 20. Jahrhundert hinausweist.

Georg, mit dem ich sonst nur über E-Mail Kontakt habe, sitzt mit mir, Ursula, Laura und Jakob an dem kleinen runden Tisch in der Bibliothek vor den mit Büchern beladenen Regalen, die wandhoch eine Längsseite des Zimmers einnehmen. Anlässlich seiner Geburt 1960 hatte Großmutter Hilde jenen zärtlichen Brief an Uschi geschrieben. Seitdem ist eine gutes halbes Jahrhundert ins Land gegangen. Um uns herum dröhnende Fußballbegeisterung. Wieder einmal eine Europameisterschaft, deren schrille Töne zu uns dringen. Georgs Interesse an Fußball ist gleich null, und daran hat auch die Tatsache nichts geändert, dass die Ukraine neben Polen Austragungsland ist. Ich hatte nicht damit gerechnet, dass er meine Bitte, sich über das Kapitel Mutter Hilde und Sohn Mischa zu äußern, mit einer Wochenendreise von Kiew nach Berlin und zurück beantworten würde. Er arbeitet seit einigen Jahren in der Ukraine.

Jetzt sitzt er mir gegenüber, mittelgroß, schlank, sehr entspannt. Ein sportlicher Mann, Anfang fünfzig, randlose Brille, kluge Augen, Jeans durchlöchert, schwarzes T-Shirt. Wenn er etwas lesen muss, schiebt er die Brille hoch über die Stirn. Dabei stört sie dann eher. Diese freundliche Offenheit haben auch seine Kinder Laura und Jakob. Schon als Kind, sagt er, habe er gelernt, kritisch nachzufragen, wenn etwas selbstverständlich scheint: »So haben mich meine Eltern erzogen.«

Georg Benjamin erzählt von seinem Vater, der nach seiner Habilitation und Berufung zum Professor mit dem Auftrag »Wissenschaftliche Organisation der staatlichen Leitung« beschäftigt gewesen sei. Er sollte ein entsprechendes Institut in Moskau aufbauen und wurde 1981 für vier Jahre dessen stellvertretender Direktor. Dem folgten 1989 bis 1991 erneut zwei Jahre am Institut, ehe es abgewickelt wurde. In dieser Zeit reiste Mischa Benjamin auch in das westliche Ausland, wo er Managementtechniken und Gedanken zu Good Governance aufnimmt.

Georg, der ihm zum Studium nach Moskau folgte, weiß aus der Erinnerung, dass sein Vater die Erstarrung des »administrativen« Sozialismus früh erkannt habe. Als er aufgefordert wurde, andere Führungsstrukturen in der DDR zu entwickeln, war es zu spät. Auftraggeber dafür war der Honecker-Nachfolger Egon Krenz, Vorsitzender des Zentralkomitees der SED, der wenig später in der ersten freien und zugleich letzten Wahl zur Volkskammer der DDR 1990 abgewählt wurde.

Alle im Institut, erinnert sich Georg und schließt sich und seine Kommilitonen gleich mit ein, waren fasziniert, als sie mit Gorbatschows »neuem Denken« in Berührung kamen. Niemand konnte damals vorhersehen, dass die Perestroika ein tektonisches Beben verursachen würde, das den von Moskau dominierten Ostblock erschüttern und auflösen würde. Auch nicht die an dieser Entwicklung unmittelbar Beteiligten, auch Gorbatschow selbst hatte diese Voraussicht nicht. Es war auch nicht sein Ziel. Es ergab sich einfach.

Georg Benjamin widerspricht entschieden: Nein, sein Vater sei nicht erst mit dem Tod seiner Mutter frei geworden, die Wirklichkeit der DDR kritisch in Augenschein zu nehmen. Er weist allerdings auch nicht völlig zurück, dass Michael im Gespräch mit der Mutter die ihn beschäftigenden Widersprüche weniger scharf formuliert haben könnte. Uschi ergänzt, dass sie und Mischa sich vorgenommen hatten, das Thema in den Gesprächen mit Hilde möglichst zu meiden. Doch glaubt Georg aus seinen Gesprächen mit der Großmutter einen durchaus kritischen Unterton über die Lage ihres Landes zu erinnern. Dass sie, wie sein Vater vermutete, das Ende der DDR nicht »überstanden« hätte, hält er für eine Übertreibung.

Georg bestätigt Uschis Erfahrung, dass gerade die »ganz alten Genossen, siebzig plus«, das Ende der DDR mit erstaunlicher Gelassenheit hingenommen hätten. Für sie sei die DDR wohl nur eine Etappe gewesen. Ihr Scheitern eine Niederlage, aber nicht das Ende des Kampfes. Ihr Glaube an den wissenschaftlichen Sozialismus blieb unerschüttert. Uschi erinnert sich dabei vor allem an Gespräche mit Lotte Ulbricht, die sie bereits zwei Jahre vor ihrem Tod gebeten hatte, ihre Grabrede zu halten.

Anders erlebten Uschi und Mischa das Ende der DDR. Ihnen fehlte die Gelassenheit der Alten. Sein Vater, erinnert sich Georg, hatte in der fehlenden Offenheit und im Misstrauen der Parteiführung gegenüber der kritischen Intelligenz eine wesentliche Ursache für die Erstarrung des Landes gesehen, die zur Deformation der DDR beigetragen hätte. Für Uschi Benjamin dagegen bedeutete die DDR vor allem Zugang zu Bildung und Befreiung von Unmündigkeit. In der bürgerlichen Gesellschaft, davon ist sie überzeugt, wäre sie von Bildung ausgeschlossen gewesen. Immer wieder kommt sie darauf zurück, dass sie die Erste in ihrer Familie gewesen sei, für die Abitur und Studium möglich wurden.

Erneut ist das Gefühl von Dankbarkeit und Loyalität für den Staat hörbar, der das ermöglichte. Und sie erzählt, wie Hilde, ihre Schwiegermutter, die Ministerin, zu einem ersten Besuch nach Rostock kommt in ihr Elternhaus. Sie erinnert sich an ihr Herzklopfen vor dem Besuch und dann an Hilde Benjamins Herzlichkeit, die es allen leicht machte. Michael Benjamin hatte seine spätere Frau noch als Studentin in Leningrad kennengelernt; sie war die Tochter einer Fischverkäuferin aus Rostock und eines Arbeiters, der noch Kap Horn auf einem Frachtschiff umsegelt hatte.

Der Bildungshunger dieser Generation war immens und führte oft noch zu einem Zweitstudium als Fernstudium; gelernt wurde immer, wenn nötig auch in den Abend- und Nachtstunden. Die Klassentrennung in oben und unten war zumindest dort, wo es um Bildungszugänge ging, überwunden. Proletarierkinder waren auch an den höheren Schulen die Regel und nicht die Ausnahme. Niemand zog ihre Bildungsfähigkeit in Zweifel. Dass es Kindern aus bürgerlichen Familien oder Pfarrerskindern verwehrt wurde, das Abitur zu machen und zu studieren, gehört dann allerdings ebenfalls in das Bild. Die Erinnerung an ihren persönlichen Aufstieg macht es Uschi beharrlich schwer, und das auch mehr als zwei Jahrzehnte nach dem Untergang ihres Staates, den kritischen Unterton mancher meiner Sätze hinzunehmen. Aber sie versucht es.

Ich verstehe Uschi Benjamins Unbehagen; seit der Lektüre von Christa Wolfs Büchern über den Verlust, der ihr das Scheitern der DDR abverlangte, kann ich nachvollziehen, wie ihr zumute ist. Für Christa Wolf begann der innere Abschied von der DDR nach dem 11. Plenum der SED 1965, auf dem Ulbricht mit den Kulturschaffenden, vornehmlich mit Schriftstellern, abrechnete. Sie berichtete darüber in einem Aufsatz, es war einer von fünf Beiträgen ostdeutscher Schriftsteller über die DDR und von zwanzig westdeutschen Autoren zur Geschichte des westdeutschen Staates. Der damalige Anlass war der sechzigste Jahrestag der Bundesrepublik. Das Verhältnis zwanzig zu fünf, so Christa Wolfs Verdacht, konnte einerseits Alibifunktion haben, weil es andererseits dazu beitrug, dem differenzierenden Bild von der Bundesrepublik eine ausschließlich düstere Sicht auf die DDR gegenüberzustellen und damit dem Zeitgeist Genüge zu tun.

Sie schrieb dennoch, wohl auch weil das 11. Plenum für die Entwicklung der DDR von großer Bedeutung war. Für sie war es das Ende der Hoffnung darauf, dass sich nach dem Mauerbau endlich ein liberaleres Klima entwickeln und durchsetzen könnte und die dramatisch abwärts weisende Wirtschaftslage der DDR sich wieder erholen könnte. Gleich zwei Hoffnungen, die zu beerdigen waren. Christa Wolf hatte sich vor Schriftstellerkollegen gestellt, die pauschal an den Pranger gestellt wurden, ebenso wie Regisseure und andere Filmschaffende. Besonders in der Kritik standen Stefan Heym, Wolf Biermann und Werner Bräunig mit seinem Romanvorhaben »Rummelplatz« über den Uranabbau in der Wismut, das in Auszügen in der Zeitschrift »Neue Deutsche Literatur« veröffentlicht worden war. Bräunig vor allem war Zielscheibe einer aggressiven und in ihrer Ratlosigkeit verängstigten Funktionärselite, die den Kulturschaffenden die Verantwortung dafür gab, dass das von Ulbricht postulierte »Überholen, ohne einzuholen« des Westens sich nicht einstellen wollte. In ihrem Vorwort zu Bräunigs Roman, der erst nach der Wende veröffentlicht werden konnte, bewunderte Christa Wolf den ungeheuren Lebensstoff und seinen Autor, der das Veröffentlichungsverbot um neun Jahre überlebt hatte.

Ich habe über Christa Wolfs Rolle auf dem Plenum gelesen. Und auch jetzt, während ich diese Sätze schreibe, sehe ich sie wieder vor mir, die ihren Lesern im Westen nur geografisch fern war hinter Mauern. Ich sehe diesen nachdenklichen Ausdruck im altersschönen Gesicht einer Frau, die zugleich Kassandra wie Medea sein könnte. Beide Frauen hat sie mit großer charakterlicher Stärke ausgestattet, Stärke vor allem auch in ihren Niederlagen. So wie Christa Wolf damals, als sie als Kandidatin des ZK der SED anreiste und nach ihrer Rede und ihrem leidenschaftlichen Plädoyer für die Freiheit der Kunst selbst beantragte, »nie wieder als Kandidatin des Zentralkomitees« aufgestellt zu werden.

In einem Interview berichtete sie über die Folgen des Plenums: Zwölf Filme wurden verboten. Das galt auch für den Film nach ihrem Drehbuch, »Fräulein Schmetterling«, den Konrad Wolf realisieren wollte. Er wurde noch im Rohschnitt verboten. Der Roman »Rummelplatz« von Werner Bräunig ebenfalls.

Christa Wolf wurde eine moralische Instanz, die für ein Bild der DDR mit menschlichem Antlitz stand – ein Bild allerdings, das sich nie erfüllte. Ihre eindrucksvolle Persönlichkeit und ihr schriftstellerischer Ruhm schützten sie und waren dennoch Anlass für das Ministerium für Staatssicherheit, sie ins Visier zu nehmen, das in insgesamt 42 Opferakten seinen Ausdruck fand. Ihre kurze informelle Mitarbeit bei der Stasi, mit der sie nachweislich niemandem wirklich geschadet hatte, führte nach der Wende zu einem Kesseltreiben, das ihre Integrität treffen sollte.

Ein Jahr nach dem Plenum begann sie, »Nachdenken über Christa T.« zu schreiben. Christa T. stirbt darin mit 35 Jahren an Leukämie und scheitert an dem Konflikt zwischen ihren persönlichen Ansprüchen und denen der Gesellschaft. Christa Wolf beteuerte die Fiktion der Handlung, in die allerdings wohl auch die Geschichte einer Freundin einfloss. Weil die Zensurbehörden die »Gefahr ideologischer Desorientierung« der Leser witterten, durfte die erste Auflage des Romans 1969 zunächst nicht vollständig ausgeliefert werden. In einem Gespräch mit der »Zeit« wurde sie daran erinnert und an den Schlusssatz des Romans: »Wann, wenn nicht jetzt?« Die Interviewer vermuteten, dies sei ein Satz für den Tod. Christa Wolf widersprach: »Nein, das ist im Grunde der Satz für das Leben.« Es sei der komprimierte Ausdruck der Erkenntnis, dass jeder Tag kostbar und dieses Buch aus der Trauer über den Tod einer Freundin hervorgegangen sei: »Die DDR hat immer alles aufgeschoben, die Verwirklichung einer vollkommenen Gesellschaft, neuer glücklicher Menschen. Um einer leuchtenden Zukunft willen wurde die Gegenwart verpasst.« Auch dazu passt dieser Satz.

»Stadt der Engel«: In diesem Buch hat Christa Wolf ihren Kampf zwischen Hoffnung und Enttäuschung, zwischen Sehnsucht und Ekel geschildert. Und auch Trauer um den Verlust der DDR. »Wir sind gescheitert. Das Land, in dem ich lebe und auf das ich anfangs noch einige Hoffnungen gesetzt habe, verknöchert und versteinert von Jahr zu Jahr mehr; der Moment ist absehbar, an dem es als bewegungslose Leiche am Wege liegen wird, freigegeben zur Ausplünderung.« Noch einmal aus dem Gespräch mit der »Zeit«, in dem sie die Frage beantwortete, wann sie von der DDR Abschied genommen habe: »Es war ein langer Abschied, der Anfang der sechziger Jahre begann. Der letzte Zeitpunkt, die DDR mit Reformen wirklich zu verändern, wäre im Jahr 1968 gewesen. Aber dann haben die Russen den Prager Frühling niedergeschlagen. Es war vorbei. Nach der Wiedervereinigung stellte sich kurz so eine Art Phantomschmerz ein, unter anderem deshalb, weil ich die Abqualifizierung der DDR einzig unter dem Begriff Diktatur als zu undifferenziert empfand. Aber auch dieser Schmerz ist vergangen.«

Wie jeder, der sich dafür interessiert, sehen und lesen

kann, hat die DDR ein großes literarisches Erbe hinterlassen. Neben Christa Wolf eine ganze Heerschar wichtiger Autoren, nicht minder groß die Zahl bildender Künstler und großartiger Schauspieler, Theatermacher und
Dramatiker wie Heiner Müller, Peter Hacks, Stefan Heym,
Thomas Brasch, Jurek Becker, Hans Joachim Schädlich,
Kurt Bartsch, Peter Huchel, Heiner Kipphardt, Volker
Braun, Günter de Bruyn, Christoph Hein, Maxie Wander,
Günter Kunert, Erich Loest, Wolf Biermann, die doch mit
in den Kreis großer DDR-Autoren und -Dramatiker gehören würden, und dazu nicht wenige DEFA-Leute, Regisseure wie Konrad Wolf, Frank Beyer, Heiner Carow,
Egon Günther und Kurt Maetzig, die – wurden ihre Filme
denn aufgeführt – großes Kino gemacht haben.

Michael Benjamin konnte also fündig werden, als er die
rhetorische Frage stellte, ob und wenn ja was von der DDR
bleiben könnte. Dass sie als Modell einer sozialistischen
Gesellschaft die »historische Praxis«, wie er es wohl genannt haben würde, nicht bestand, dafür gab es Gründe.
Es ist wie eine List der Geschichte, dass vor allem ihr kulturelles Erbe, das von der SED ungeliebt und immer misstrauisch verfolgt wurde, im fünften Deutschland Platz findet.

Michael Benjamin gehörte nicht zu denen, die sich die
Geschichte der kommunistischen Weltbewegung schön-
redeten, besonders da, wo sie sehr hässliche Züge aufwies.
In einem Brief zeigte er sich entsetzt darüber, dass der
Historiker Gossweiler versuchte, ausgerechnet die »dun-
kelsten Seiten« unserer Geschichte »hinwegzureden oder
zu rechtfertigen«. Der mit Stalin verbundene Abschnitt
des frühen Sozialismus, den er als »zutiefst widersprüchlich« kennzeichnete, sei nicht nur von Fehlern und Irr-

tümern begleitet gewesen, was unausbleiblich war, sondern auch von »Unrecht, Terror, Deportation ganzer Völker, Dezimierung von Kommunisten, Unterdrückung und Vernichtung Andersdenkender oder einfach missliebig Gewordener. Gerade wir Kommunisten müssen uns auch zu diesem Teil unserer Geschichte bekennen und vor allem Schlussfolgerungen daraus ziehen.« Dann setzte er sich mit den »Schädlingsprozessen« der dreißiger Jahre auseinander, die Gossweiler unter Hinweis auf Zitate von Brecht, Kronanwalt Pritt, Lion Feuchtwanger und amerikanischen Diplomaten gerechtfertigt hatte, die eine »positive« Bewertung gaben.

»Leider«, schrieb Benjamin, »wissen wir seit vielen Jahren, dass diese Frauen und Männer nicht recht hatten.« Gegen sie stünden die Zeugnisse Zehntausender, die aus Arbeitslagern befreit wurden, Hunderttausender, von denen viele erst nach ihrem Tod rehabilitiert wurden, darunter viele aufrechte sowjetische und auch deutsche Kommunisten, die nach all diesen Erlebnissen der kommunistischen Sache treu blieben. Er verweist auf »Akten und Dokumente, Denunziationen und Prozesse und Hinrichtungen«. Er hätte auch auf Manuskripte und Erlebnisse im Hotel Lux in Moskau verweisen können, in dem die Mitglieder der Kommunistischen Internationale (Komintern), die dort zentral einquartiert waren, auf jedes Klopfen an ihrer Zimmertür mit panischer Angst reagierten, weil sie befürchten mussten, als »Schädlinge« abgeurteilt, erschossen, erhängt, jedenfalls von der Geheimpolizei abgeholt und bestenfalls nach Sibirien verbannt zu werden.

Ein aktuelles Zeugnis dafür liefern die posthum veröffentlichten Erinnerungen von Wolfgang Ruge, dem anerkannten Historiker in der DDR und Vater des Schriftstellers Eugen Ruge. Auch er wohnte im Hotel Lux, in dem es in seiner Erinnerung nur ein Thema gab: »Säuberung«. Ihm, dem überzeugten Kommunisten, brachte sie fünfzehn Jahre Lager und Verbannung in Sibirien. Die Frage, warum deutsche Kommunisten wie Ruge, die Stalins Terror am eigenen Leib erfuhren, über diese Erfahrungen schwiegen und sie oft niemals oder erst nach Jahrzehnten bearbeiten konnten, lässt sich nicht einfach beantworten. Auch Ruges Erinnerungen wären unbekannt geblieben, hätte nicht Ruges Sohn Eugen den Nachlass des Vaters geordnet und für eine Veröffentlichung gesorgt. Selbst 1953, nach dem Tod des Unholds im Kreml, und dem 1956 auf dem XX. Parteitag folgenden Enthüllungen seiner Verbrechen blieben sie zumeist still.

Michael Benjamin hat sich grundsätzlich und kritisch mit den Schreckensjahren um 1930 in der UdSSR beschäftigt. Dabei kam es ihm vor allem darauf an, die verstopften und unpassierbar gemachten Wege freizulegen, um nicht im ersten Versuch einer Selbstvergewisserung als Kommunist bereits zu scheitern. So, wenn er davon spricht, dass »revolutionäre Gewalt und revolutionärer Terror historisch erzwungen und gerechtfertigt sein können«. Sie waren, wie er meint, für die Revolutionäre und besonders die Kommunisten kein Selbstzweck, sondern meist eine erzwungene Antwort auf »konterrevolutionäre Gewalt und Terror«. Er erinnerte daran, dass die Oktoberrevolution als eine der unblutigsten Revolutionen in der Geschichte begonnen hatte – bis die bewaffnete Konterrevolution und ausländische Intervention einsetzten. Im Übrigen sei es weder gerechtfertigt noch revolutionär gewesen, fast alle Kampfgenossen Lenins, die Mehrheit der

Delegierten des 16. Parteitages der KPdSU (des »Parteitages der Sieger«) zu vernichten, ebenso längst politisch einflusslose ideologische Gegner in der eigenen Partei sowie einfach missliebige Genossinnen und Genossen.

Auch das letzte Argument Gossweilers wies er zurück: Ohne die Prozesse in den dreißiger Jahren hätte es keinen Sieg im Krieg gegen den deutschen Faschismus gegeben. Dagegen setzt Michael Benjamin: Es habe keine Rechtfertigung des Terrors und der massenhaften Inhaftierung und Vernichtung von Kommunisten und anderen ehrlichen Sowjetbürgern gegeben. Im Gegenteil: Die Ausschaltung zehntausender Führungskader der Wirtschaft ebenso wie die fast vollständige Beseitigung der Generalität und des höheren Offizierskorps der Roten Armee hatten der Wirtschaft und der Verteidigungsfähigkeit der Sowjetunion gerade in den kritischsten Zeiten unmittelbar vor und nach der Nazi-Aggression schwersten Schaden zugefügt; sie hatten den Verlauf der Anfangsphase des »Großen Vaterländischen Krieges« wesentlich zuungunsten der Sowjetunion beeinflusst und Millionen Menschen das Leben gekostet.

Michael Benjamin wollte den Dialog zwischen differierenden linken Positionen und einen linken Pluralismus, der respektvoll auszuhalten sei. Erst dadurch rechtfertige die Partei ihre Existenz und mache sie zum Gegenteil eines müden Anhängsels der Sozialdemokratie. Er war überzeugt, dass keine innerparteiliche Strömung ausgegrenzt werden dürfe. Dabei stellte er sich immer wieder schützend vor Sahra Wagenknecht. Zehn Jahre später wurde sie zur kommunistischen Vorzeigefrau, die bevorzugt in die Talkshows der öffentlichen-rechtlichen Programme eingeladen wurde und dort gelegentlich ziemlich plausibel argumentierte, wenn es um die Spaltung der Gesellschaft in Reich und Arm ging. Ihren Aufstieg in der von der PDS zur Linken mutierten Partei ist jedenfalls bemerkenswert. Noch vor wenigen Jahren, unter dem Dauerbeschuss einflussreicher Medien, war die Partei offenbar eher gespalten in der Frage, wie mit der Kommunistischen Plattform umzugehen sei. Mittlerweile ein nachrangiges Thema? Sogar als Parteivorsitzende wurde sie gehandelt und brachte es bis zur stellvertretenden Vorsitzenden.

Es liegt nahe, und daher lese ich es noch einmal nach, dass sich Michael Benjamin intensiv mit dem jüdischen Leben in der DDR beschäftigt hat. Auch hier gelingt es ihm, die üblichen Klischees zu vermeiden und zugleich die im Westen verbreitete (Selbst-)Gewissheit zu stören, auch der sich antifaschistisch nennende zweite deutsche Staat sei mit diesem Teil gemeinsamer Geschichte kaum besser umgegangen als der Westen.

Eine Rede auf der Ratstagung der Internationalen Vereinigung jüdischer Juristen im Jahr 1994 gibt über sein Denken Auskunft. Zugleich wird erneut klar, wie sehr es geprägt war durch die Dramatik seiner Familiengeschichte und dem, was ihm, dem »Mischling«, dem Außenseiter und Weggestoßenen, auf die Seele geladen wurde. Wie oft mag Hilde Benjamin vor 1945 ihre Verachtung der nazistischen »Volksgemeinschaft« mit der Hoffnung auf eine Gesellschaftsordnung verbunden haben, die so etwas nicht kennen würde. Erst im weiteren Verlauf der Nachkriegsgeschichte könnte wiederum Michael Benjamin erkannt haben, dass nicht nur Ideologie oder philosophische Betrachtung eine Gesellschaft formen. Erst nach der Wende kam auch ihm die Erkenntnis, dass die DDR in der Ablehnung rechtsextremer Denkfiguren wenig weiter war als die Bundesrepublik.

Michael Benjamin verweist dennoch auf die DDR als ein »Gemeinwesen, in dem das Judentum von Staats und Amts wegen niemanden interessierte«. Das sei ihm eine ungeheure Erleichterung gewesen. Judentum wurde Privatsache, und »wir wollten, dass es – endlich – Privatsache war und weiter nichts«. Dieser private Charakter des Judentums galt auch für die Elitebildung in der DDR. »Man stieg nicht auf, obgleich man Jude war, ebenso wenig allerdings weil man Jude war.« Man könne sonst zu den Mechanismen der Elitebildung in der DDR sehr kritisch stehen, müsse das auch, denn sie hätten letztlich versagt und mit dazu beigetragen, den Sozialismus zu ruinieren. »Aber ihre Indifferenz in judaica war einer ihrer Vorzüge.«

Allerdings ist ihm klar, »dass kein Deutscher, Mitglied einer jüdischen Gemeinde oder nicht«, seine Abstammung auch für sich selbst negieren könnte: »Es ist in unserer jüngeren Geschichte zu viel passiert, als dass dies vorstellbar wäre. Wer vor 1933 ohne Kenntnis seiner jüdischen Abstammung war, etwa weil er einer völlig assimilierten Familie entstammte, und selbst wenn er es wusste, es ihm völlig gleichgültig sein mochte, der war nach zwölf Jahren Nationalsozialismus und Judenverfolgung dazu nicht mehr in der Lage. Da saß das Bewusstsein fest, Jude zu sein.«

In dem Zusammenhang erinnert er sich »schmerzlich«, dass in der DDR eine Haltung immer spürbar gewesen sei, die nicht nur »Judentum offiziell als irrelevant ansah (was gut war), sondern es ignorierte (was schlimm war)«. Diese Haltung sei Bestandteil der Erstarrung und Deformierung unseres gesellschaftlichen Lebens und seines

Scheiterns gewesen. Dazu gehörte auch die falsche Überzeugung, in der DDR sei der Antisemitismus »für immer« ausgerottet und das Problem damit erledigt.

In beiden Deutschländern gab es, wenn auch in unterschiedlichen Zeiträumen, Aufräumarbeiten in puncto Hitlerstaat. Das gelang in den ersten Jahren nach 1945 offenbar graduell besser in der DDR. Unter dem Schock des erneut sichtbaren Rechtsextremismus in den Wendejahren meldete Michael Benjamin Zweifel an über die Tiefe dieses Vorgangs. Es hätte wohl auch verwundern müssen, wenn postfaschistische Gesellschaften in weniger als einer Generation hätten überwunden werden können. Im Alltag der DDR, darauf verweisen neue Veröffentlichungen, war Antisemitismus durchaus spürbar.

Michael Benjamin stand für seine Überzeugungen. Über Hildes Tod hinaus blieb er ihrer und seiner Sache treu, auch nach der Erfahrung des Scheiterns der DDR. Er fühlte sich als deutscher Jude oder »Judenstämmling«, als spezifischer Teil des deutschen Volkes. Im Zusammenhang mit jüdischem Leben in Deutschland, seinem beträchtlichen Anteil an dem, was da unspezifisch deutsche Kultur heißt, suchte Michael das Bleibende und das Vergängliche auseinanderzuhalten, wobei er auch eine Antwort auf die Frage suchte, ob es auch für die DDR Bleibendes gab. Für ihn ist demokratischer Sozialismus verbunden mit dem Selbstverständnis, dass eine kommunistische Partei auch ihre Abwahl hinnehmen muss, was bei gleichen und geheimen Wahlen unvermeidlich immer passieren kann. Für Michael Benjamin ist die DDR, wenn man sie an ihren eigenen Maßstäben misst, vor allem daran gescheitert, dass selbstgesetzte Prinzipien zunehmend ausgehöhlt und verletzt wurden, wie zum Beispiel Mitbestimmung und Mitgestaltung. Ebenso kritisch betrachtet er die Wirkung der Staatssicherheit und deren »maßlos überzogene Überwachung« vor allem der eigenen Leute. Sein Credo für einen zweiten Anlauf zu einer sozialistischen Gesellschaft findet sich, so ein Verweis in einem Beitrag zum PDS-Thesenpapier, in Abschnitt 3 des Parteiprogramms der PDS: »Wir kämpfen um einen Weg, der uns über den Kapitalismus hinaus und nicht in den administrativen Sozialismus zurückführt. Und dazu brauchen wir alle Traditionen, die demokratisch sind.« Michael Benjamin kannte zu Lebzeiten nur die PDS, die Ausweitung auf die alten Länder und die Umbenennung der Partei in »Die Linke«, was ja eher nach einer Sammlungsbewegung klingt, kannte er nicht. Der darin ebenfalls anklingende Pluralismus scheint gegenwärtig eher zu misslingen. Für ihn jedenfalls waren die sozialdemokratischen Wurzeln ebenso wichtig wie die marxistischen: »Beispielsweise die Hervorhebung der Demokratiefrage, der Kampf um soziale Verbesserungen, die Teilnahme am gewerkschaftlichen Kampf und an der Kommunalpolitik, generell das Verständnis von ›Sozialismus als Bewegung‹, gehe erheblich auf sozialdemokratische Traditionen zurück.« An dem anarchistischen Erbe gefielen ihm die Kritik an der Verstaatlichung der Gesellschaft, die Hervorhebung des menschlichen Individuums und seine Möglichkeiten der Selbstorganisation. Allerdings dürfe auch nicht ignoriert werden, dass es der Kommunismus gewesen sei, auf den der Gedanke der Beseitigung der Ausbeutung des Menschen durch den Menschen und das Konzept der sozialen Gleichheit durch Aufhebung der Klassenunterschiede zurückgehen.

So beschreibt er zutreffend die Wurzeln der Arbeiterbewegung, und dabei wägt er beides, ihre Siege und ihre Niederlagen. Oft haben sich Sohn und Mutter darüber ausgetauscht. Wie oft mag Hilde Benjamin dabei an Georg gedacht haben und an dessen undogmatische Einsichten, die ihn später vielleicht in Schwierigkeiten gebracht hätten. So geht ihr Blick zurück auf den abwesenden Mann, der für seine Überzeugung einen Leidensweg bis zum Ende gehen musste. Umso mehr umgibt sie die Familie des Sohnes mit einer liebevollen Zuwendung, die in einem Brief zum ersten Geburtstag ihres Enkels Georg zum Ausdruck kommt:

»Zum ersten Geburtstag Eures Jungchens gehen meine Gedanken in inniger Liebe zu Euch. Wir alle sind keine Menschen, die sehr viel über ihre Gefühle sprechen; wir lassen uns unser Verbundensein mehr fühlen, als dass wir es in Worte kleiden, wie manches Gespräch führe ich in Gedanken mit Euch. Dieses erste Jahr, das ihr eine Familie seid, war nicht leicht für Euch. Aber ich denke: das gemeinsame Tragen (...) von Krankheit und sonstigen Schwierigkeiten hat Euch beide schneller und fester zusammenwachsen lassen. Für mich ist die Zeit des Zusammenlebens mit Euch ein großes, nicht erwartetes Glück. Wenn ich das sage, dann soll das nicht heißen, dass ich erwarte, dass dieses äußere Zusammenleben immer so bleiben muss. Aber ich genieße es in der Gegenwart und bin sehr dankbar dafür. Die Entfaltung des bewussten Lebens in Grischa ist für mich – so scheint es – fast noch ein größeres Wunder, als ich es bei meinem Jungen erlebt habe.« Der Brief mit dem Aufdruck »Dr. Hilde Benjamin, Berlin Niederschönhausen, Majakowski-Ring 59« kommt aus Friedensburg, einem Erholungsheim in Thüringen, datiert vom 10. April 1961. Den Majakowskiring, eine Querstraße vom Schloss Schönhausen entfernt, gibt es immer noch, benannt nach dem revolutionären russischen Dichter und Vertreter des Futurismus Wladimir Majakowski. Er wurde 1893, ein Jahr nach Walter Benjamin, geboren und starb 1930 in Moskau.

Auch dieser Brief ist eine Chiffre dafür, was Hilde Benjamin in ihrem Leben an Nähe und Liebe zu ihrem Sohn empfunden hat und nun an den Enkel weitergibt. Zugleich lässt jede Zeile ahnen, wie sehr sie sich eine Familie mit ihrem Mann Georg gewünscht hätte. Nun sieht sie eine glückliche Familie, Michael, Ursula und die Enkelkinder Grischa und seine jüngere Schwester Simone, und für sich die Chance, ein wenig von dem nachholen zu können, was in ihrem Leben eine betrauerte Leerstelle geblieben war.

Georg erinnert an eine Großmutter, die bis zu ihrem Lebensende politisch interessiert blieb. Mehrfach habe sie sich nach ihrer Verabschiedung als Justizministerin vorgenommen, Ulbricht, später Honecker zu schreiben und ihre Kritik an der DDR-Wirklichkeit zu Protokoll zu geben. Ihr Tod kam unvermutet, wie elf Jahre später der ihres Sohnes, seines Vaters Michael Benjamin. Georg berichtet, Hilde habe einen komplizierten Hüftbruch erlitten, der operiert werden musste. Keiner ahnte, dass sie das nicht überleben würde. Im Krankenhaus infizierte sie sich und starb an einer Lungenentzündung.

12. KAPITEL
Deutsch-deutsche Spiegelungen

Es war das Jahr, als Nikita Chruschtschow im großen Sitzungssaal der Vereinten Nationen einen Schuh auszog, um dessen Absatz temperamentvoll, schnell und rhythmisch auf den Klapptisch an seinem Platz zu schlagen und so der 15. UN-Vollversammlung den Marsch zu trommeln. Der Klapptisch hielt das aus, seine Karriere nicht. Das Bild mit dem Schuh in der Hand ging von New York aus um die Welt. Keine Zeitung, die es am Tag danach versäumt hätte, das Foto auf der ersten Seite mehrspaltig zu drucken. In den USA gewann der junge John F. Kennedy als Kandidat der Demokratischen Partei die Präsidentschaftswahlen. Er wurde im Wettlauf der Weltmächte um die globale Vorherrschaft Gegenspieler Chruschtschows.

Der Grund für Chruschtschows Zorn, dem er mittels seines Schuhs Ausdruck verlieh, war folgendes Ereignis: Im Mai 1960 war der Pilot Francis Gary Powers gewissermaßen vom Himmel gefallen, schwebte am Fallschirm auf sowjetisches Territorium und geriet in Gefangenschaft. Die Sowjets hatten seine U2, ein Spionageflugzeug, abgeschossen. Der Vorgang wurde von Moskau als aggressiver Akt gewertet. Die Beziehungen zu den USA noch unter Präsident Edward D. Eisenhower gerieten in Gefrierpunktnähe. Powers wurde als Spion verurteilt. Zwei Jahre später saß er in einer Limousine des KGB auf dem Weg nach Potsdam. Der CIA-Agent Powers war mit einer Iljuschin von Moskau nach Ost-Berlin geflogen und von dort mit dem Auto zur Glienicker Brücke gefahren worden. In der Brückenmitte, vor der Demarkationslinie, die hier die Machtblöcke trennte, stieg er am 10. Februar 1962 morgens um 8.44 Uhr aus der Limousine Marke Wolga. Ihm entgegen kam der KGB-Agent Rudolf Iwanowitsch Abel, der angeblich das Atomprogramm der USA ausspioniert haben sollte, dies aber immer bestritten hatte. Er war aus den USA nach West-Berlin ausgeflogen worden. Agentenaustausch im Kalten Krieg, reine Routinesache.

Und im fernen Frankfurt am Main saß der Generalstaatsanwalt Fritz Bauer in seinem Büro und dürfte an diesem Frühlingstag im Mai 1960 mit einiger Genugtuung die Nachricht vernommen haben, dass der ehemalige SS-Obersturmbannführer Adolf Eichmann von einem israelischen Kommando in Argentinien gekidnappt und nach Haifa gebracht worden war. Wenige Tage später, am 23. Mai 1960, leitete der Staat Israel ein Strafverfahren gegen den Mann ein, der die Transporte für die Menschen mit dem gelben Judenstern organisierte, ohne die es keine »Endlösung der Judenfrage« hätte geben können. Ohne Fritz Bauer hingegen hätte es diesen Prozess nicht gegeben: Er war es, der dem israelischen Geheimdienst den entscheidenden Hinweis auf Eichmanns Aufenthaltsort in Argentinien geben konnte.

Das Geburtsjahr von Grischa (Georg) Benjamin 1960 gab reichlich Stoff für die Nachrichtensendungen der Rundfunkprogramme, der Kalte Krieg stand wieder einmal auf der Kippe.

Als Grischa noch über den Teppichboden robbte,

brachte der 13. August einen tiefen Einschnitt in das Leben der Eltern: die Mauer. Grischas Vater wird vierzig Jahre später, als es die DDR schon längst nicht mehr gab, mit seiner Sicht auf das Monstrum aus Beton und Stacheldraht eine öffentliche Kontroverse auslösen. Dabei hatte es durchaus Plausibilität, dass es eine durch die »Umstände erzwungene« Maßnahme gewesen sei. Die Empörung war groß. Dennoch keine Maßnahme, die für die DDR lebenserhaltend war.

Manches Kindheitsmuster erklärt sich aus dieser Welt im Wandel: den sechziger Jahren des vorigen Jahrhunderts. Wann entsteht so etwas wie politisches Bewusstsein? Irgendwann jenseits des 14. oder 15. Lebensjahres? Auf Grischa hatten sicher auch Pionierabende oder politische Debatten in den FDJ-Zirkeln Einfluss, in denen die Weltlage erörtert wurde. Der Kalte Krieg ist auf dem Höhepunkt. Permanent die Gefahr, dass er in einen heißen Krieg umschlagen könnte. Das und der kritische Blick seines Vaters auf die offiziellen Verlautbarungen der DDR-Regierung oder der Parteiführung lassen ihn seine Zeit sehr bewusst erleben. Jedenfalls wächst auf beiden Seiten der Mauer eine Generation heran, die nicht glaubt, dass sich zu ihren Lebzeiten an der Teilung der Welt in Ost und West etwas ändern ließe. Es sei denn durch einen dritten und dann wohl letzten Weltkrieg, der unvermeidlich auch atomar geführt würde. Ein Krieg für die Vereinigung – undenkbar.

Diese sehr pragmatische Sicht erinnert Grischa sofort, als ich ihn frage, ob für ihn die Reisebeschränkungen nach Westen ein Problem gewesen seien. »Nein«, ist seine Antwort. »Vielleicht wäre es anders gewesen, wenn wir Verwandte in Westdeutschland gehabt hätten«, räumt er auf meine erstaunte Reaktion hin ein. Er erinnert es nicht als ein ihn beschwerendes Problem. Es war eben so, und es war nicht zu ändern. Da sein Blick nach Westen zugestellt war, blieb der Osten. Natürlich wollte er auch andere Länder kennenlernen und in andere Kulturen eintauchen. Für ihn war das erst einmal die Sowjetunion. In Leningrad hatte sein Vater studiert, er geht nach Moskau und studiert Internationale Politik und drei Fremdsprachen. Es wäre der Weg in den diplomatischen Dienst gewesen.

Auch im Westen war in den siebziger Jahren nicht nur für die Jungsozialisten in der westdeutschen SPD ausgemacht, dass die Teilung des Landes wohl irreversibel war. Und obwohl die Sonntagsreden in der Bonner Republik anders klangen, war diese Einschätzung auch den konservativen Parteien der Bundesrepublik nah. Nach 1969 beerdigte die sozialliberale Koalition die Hallsteindoktrin der Nichtanerkennung der DDR, womit die außenpolitische Erpressbarkeit der Bundesrepublik beendet war. Mit dem Moskauer Vertrag und dem Grundlagenvertrag zwischen beiden deutschen Staaten wurde die Realität und die DDR als zweiter deutscher Staat anerkannt. Damit waren die Voraussetzungen geschaffen für eine von der Bundesrepublik Deutschland ausgehende, mit den Namen Willy Brandt und Egon Bahr verbundene, auf ganz Europa bezogene Entspannungs- und Friedenspolitik.

Noch 1960 und 1964 letztmalig gab es eine gesamtdeutsche Mannschaft bei den Olympischen Sommer- und Winterspielen. Das aber war eine ziemlich verkrampfte Angelegenheit und kaum der »Freude schöner Götterfunken«, wie es in Beethovens Hymne heißt, die statt einer Nationalhymne bei Siegen deutscher Athleten gespielt wurde.

Jedenfalls waren der Kampf um den Alleinvertretungs-
anspruch der Bundesrepublik für Deutschland und die
damit verbundene Rechtsnachfolge des Dritten Reiches
in der Ära Adenauer außenpolitisch dominierend. Daneben und jenseits der entschlossenen Westbindung war
kein Platz, um der eigenen Außenpolitik weitere Kontur
zu geben. Lediglich das, was mit dem Begriff »Wiedergutmachung« umschrieben wurde, beschäftigte das Kanzleramt und das Außenministerium. Schon diese Begrifflich-
keit machte klar, dass die wirkliche Dimension des
Völkermordes durch die Nazis in der Adenauer-Ära keine
erkennbare Rolle spielte. Geschichte sollte wesentlich materiell entsorgt werden.

Fritz Bauer, Jurist, der aus der Emigration zurückgekehrt war, brauchte vier Jahre, bis 1949, ehe es ihm
gelang, in den Staatsdienst zurückzukehren. Seine Erfahrungen als Rückkehrer im westlichen Teilstaat Bundesrepublik waren symptomatisch für das Klima und die
Bewusstseinslage des Landes und seiner sechzig Millionen Einwohner. Er war einer der wenigen seiner Zunft,
der sich zum Ziel setzte, einen glaubwürdigen Rechtsstaat
aufzubauen. Mitte Januar 1949 hatte Bauer, der als deutscher Jude und Sozialdemokrat nach mehrmonatiger KZ-
Haft gerade noch ins Exil entkommen konnte, die Mitteilung erhalten, sein »Entnazifizierungsverfahren« habe
ergeben, dass er »nicht vom Entnazifizierungsrecht« betroffen sei. Und im April desselben Jahres erhielt er dann
seine Ernennungsurkunde zum Landgerichtsdirektor in
Braunschweig.

Gegen die Mehrheit der Richter und Staatsanwälte, die
ohne jede Beschwernis die Rassegesetze übernommen
und gegen tausende NS-Gegner die Todesstrafe verhängt

hatten, setzte er seine Überzeugung: »Ich wollte ein Jurist sein, der dem Gesetz und dem Recht, der Menschlichkeit und dem Frieden nicht nur Lippendienst leistet.« Und das setzte er wie kaum ein anderer um. Es sollte ein Kampf werden mit vielen Niederlagen, aber auch mit Erfolgen. Und jeder Sieg über die braunen Kampftruppen in Justiz und Staat der Bundesrepublik steigerte deren Aggression und ließ ihn außerhalb seiner gesicherten Büroräume wie in Feindesland geraten. Ihm wurde jedes nur denkbare Hindernis in den Weg gelegt, auch als er den NS-General Otto Ernst Remer in Braunschweig anklagte. Remer, ein unbelehrbarer Nationalsozialist, hatte am 20. Juli 1944 in Berlin als Kommandeur des Wachbataillons »Großdeutschland« Generalleutnant Karl Paul von Hase, den Stadtkommandanten von Berlin, nach dem misslungenen Attentat auf Hitler verhaftet. Von Hase, Mitverschwörer des 20. Juli, hatte den Auftrag, die NS-Führung nach dem Attentat in Berlin festzusetzen. Er wurde in Plötzensee gehängt.

Remer gründete 1951 die neonazistische »Sozialistische Reichspartei« (SRP). Die Verherrlichung des Nationalsozialismus in der Landtagswahl in Niedersachsen brachte ihm elf Prozent Zustimmung der Wähler und den Einzug in den Landtag. In Wahlversammlungen nannte er die Verschwörer des 20. Juli Hochverräter, die der Wehrmacht in den Rücken gefallen seien, und verstärkte damit in der Bevölkerung das negative Bild des Widerstandes, vor allem der Verschwörer des 20. Juli. Umfragen aus dieser Zeit zeigen, dass nur eine Minderheit das Hitler-Attentat positiv beurteilte.

Der Prozess gegen Remer, der 1952 eröffnet wurde, endete mit einem Schuldspruch und drei Monaten Gefängnis wegen Verleumdung und »übler Nachrede«. Die SRP wurde als Nachfolgeorganisation der NSDAP vom Bundesverfassungsgericht verboten. Remer selbst entzog sich der Strafverbüßung durch Flucht nach Ägypten. Dort gab es, wie auch in Argentinien, ein gut organisiertes Netz ehemaliger Nazis mit besten Verbindungen in die Bundesrepublik. Das Urteil war für lange Zeit der letzte Erfolg in der juristischen Aufarbeitung der Nazi-Zeit in Westdeutschland. Allerdings machte es Fritz Bauer, mittlerweile zum Generalstaatsanwalt in Braunschweig ernannt, über die Bundesrepublik hinaus bekannt. Zu dem Prozess waren viele internationale Berichterstatter angereist, die bewundernd über seine Prozessstrategie berichteten.

1956 wechselte Bauer als Generalstaatsanwalt nach Frankfurt. 1968, von jahrelangem Kampf zermürbt, stirbt er an einem Herzinfarkt. Der Verdacht auf einen Suizid wird nicht bestätigt. Sein Heldentum hat andere Facetten als die Heldengesänge auf die NS-Wehrmacht, die in den an den Kiosken ausgelegten Landserheften angestimmt wurden. Ein Heldentum, das auch Max Horkheimer und Theodor W. Adorno und viele andere auszeichnete, die aus dem Exil nach Deutschland zurückkehrten, um der »neuen faschistischen Verhärtung Trotz zu bieten«, wie Horkheimer es formulierte, und um der »Erziehung zum Widerstand zu dienen«.

1960 stand die Bundesrepublik erneut vor einer Welle neonazistischer Anschläge. Der außenpolitische Schaden für die Bonner Republik war unübersehbar, so dass sich Kanzler Adenauer gezwungen sah, sich zu den Anschlägen und den Verwüstungen jüdischer Friedhöfe und Einrichtungen zu äußern. In einer Rede über Rundfunk und

Fernsehen verurteilte er diese Exzesse. Allerdings hatte die weitgehend bruchlose Kontinuität der alten/neuen Eliten in der Bundesrepublik ein Klima erzeugt, das jeder kritischen Erinnerung der NS-Zeit überdrüssig geworden war. Es gab sie eben noch immer, Nazis in altem und neuem Gewand, der »Schoß war fruchtbar noch«.

Was war das für ein Land, das sich als Rechtsnachfolger des Dritten Reiches in das deutsche Geschichtsbuch einschreibt? Der Schauspieler und Autor Josef Bierbichler hat dazu in seinem Roman »Mittelreich« eine treffende Beschreibung geliefert. »Mit Zähigkeit« hätten sich die Menschen »nach dem Schlamassel des verlorenen Krieges und dem schlechten Leumund in der Welt, den sie sich mit dem Krieg und seinen Begleiterscheinungen eingehandelt hatten«, wieder herausgearbeitet. Er erinnert an den von den Nazis forcierten Bau der Autobahnen und an die zumeist daran geknüpfte Frage, ob denn »alles schlecht gewesen sein sollte während dieser vergangenen zwölf Jahre, in denen das Land Weltpolitik betrieben hatte«. Und dann war man bald »des Kotaus als dem Wesen des Hundes zugehörige, aber in bestimmten Situationen auch für den Menschen brauchbare Demutshaltung überdrüssig (...) und begann also, sich zügig wieder in den aufrechten Gang zurückzuverbiegen«.

Margarete und Alexander Mitscherlich waren es, die den westlichen Teilstaat psychoanalytisch begleiteten und die »Unfähigkeit zu trauern« erkannten. Dies gilt bis heute unverändert auch für die Mordtaten der Nazis in unseren Tagen. 150 Tote seit der Vereinigung, Opfer rechtsextremistischer Gewalt, und einige hundert Schwerverletzte führten zu keiner Halbmastbeflaggung, die Trauer bekundet hätte. Es dauerte, bis die Nachkriegsjahrgänge, die kritische

Intelligenz aus Exil und Widerstand bei Wahlen über den Rest der Tätergeneration triumphieren konnten. Ohne die Mitscherlichs, Kogons, die Gruppe 47, die vielen in den Gewerkschaften, die Nachfolger der Bekennenden Kirche und die revoltierende Jugend nach 1968 wäre es kaum gelungen, den braunen Erbschleichern, die sich in den demokratischen Machtzentren schon häuslich eingerichtet hatten, die geschenkte Demokratie zu entwinden.

Aber dafür war es auch notwendig, dass jemand wie Fritz Bauer für einen Neuanfang arbeitete, der ohne eine auch rechtliche Aufarbeitung der NS-Mordtaten nicht glaubwürdig wäre. In der postfaschistischen Gesellschaft der Nachkriegszeit dachten viele, vielleicht dachte es die Mehrheit, sie seien die Opfer schicksalhafter Verstrickung. Der nach Norwegen emigrierte Willy Brandt galt im Westen vielen als Verräter. Und seine Ost- und Entspannungspolitik, die den Keim für eine Aussöhnung mit den Völkern Osteuropas und Russlands in sich trug, galt ihnen als Verzichtspolitik. Die nationale Rechte verfolgte ihn mit Hass und skandierte: »Willy Brandt an die Wand.«

Niemand, der die Grundstimmung in Westdeutschland genauer erfasst hätte als Hannah Arendt, die Deutschland 1950 erstmals wieder besuchte: »Der Anblick, den die zerstörten Städte in Deutschland bieten, und die Tatsache, dass man über die deutschen Konzentrationslager und Vernichtungslager Bescheid weiß, haben bewirkt, dass über Europa ein Schatten der Trauer liegt.«

Dann fügte sie hinzu: »Doch nirgends wird dieser Alptraum von Zerstörung und Schrecken weniger verspürt und nirgendwo wird weniger darüber gesprochen als in Deutschland.«

Und sie erweitert ihre Wahrnehmung mit dem Hinweis, dass dazu die Weigerung gehöre, zu trauern, ebenso wie Gleichgültigkeit, Apathie, Gefühlsmangel, Herzlosigkeit, die manchmal mit billiger Rührseligkeit kaschiert werde. Das sei jedoch nur das auffälligste Symptom einer tief verwurzelten, hartnäckigen und gelegentlich brutalen Weigerung, sich dem tatsächlich Geschehenen zu stellen und sich damit abzufinden. Eine solche Flucht vor der Wirklichkeit sei natürlich auch eine Flucht vor der Verantwortung.

Fritz Bauer lernte schnell, dass Emigranten nicht sonderlich willkommen waren. Auch Walter Mehring, der mit Kurt Tucholsky in Ossietzkys »Weltbühne« gegen den aufkommenden Nationalsozialismus angeschrieben hatte, äußerte 1948 nach einem Kurzbesuch: »Man wird es uns nie verzeihen, dass wir uns nicht haben erschlagen oder ein bisschen vergasen lassen.«

Wer war nicht schon selbst davon abgestoßen, wenn alte und neue Nazis sich durch Aufrechnung zu entlasten suchten. Dies galt gleichermaßen für Menschen in Ost- wie in Westdeutschland. Und nicht zuletzt die westdeutsche Justiz trug dazu bei, durch Nichtbefassung oder Einstellung von Verfahren, den Eindruck zu erwecken, der Zivilisationsbruch der Nazis sei wesentlich Siegerpropaganda, rechtlich also irrelevant. Die Debatte um das »Zentrum für Vertreibung« zeigt diese Neigung bis in unsere Tage.

Als Fritz Bauer 1949 nach Braunschweig kam, waren in seinem Zuständigkeitsbereich bereits 985 Ermittlungsverfahren gegen Tätergruppen der NS-Zeit erledigt, von denen nur etwa achtzig die juristischen Hürden nehmen konnten; bei 836 Verfahren war die Einstellung verfügt worden. Der »Helmstedt-Prozess« gegen Helmstedter SA- und SS-Schläger, die 1933 politische Gegner und Juden brutal verfolgt und misshandelt hatten, führte zu so milden Urteilen, dass es 1947 zu heftigen Protesten und Demonstrationen mit 20 000 Beteiligten kam. Der Kalte Krieg und die allgemeine und alle entlastende Ansicht, dass die »Sowjetzone«, frei nach Adenauer, schlimmer sei als die Konzentrationslager der Nazis, taten ein Übriges, um mit dem Gründungsdatum der Bundesrepublik Deutschland die juristische Aufarbeitung faktisch einzustellen.

Im Freistaat Braunschweig, kleinstes Land im ehemaligen Reich, war der NS-Terror so ausgeprägt, dass die Mitglieder der Fraktionen von SPD und KPD schon ab März 1933 nicht mehr an Landtagssitzungen teilnehmen konnten. Die »brutale Errichtung« der NS-Herrschaft kostete dort im Frühjahr und Sommer 1933 mindestens 26 Menschen das Leben. Die Staatsanwaltschaft in Braunschweig kam daher nach 1945 ebenfalls zu dem Ergebnis, die Justiz sei bereits 1933 ein »willfähriges Instrument des NS-Regimes« gewesen, »das sich an der Verfolgung beteiligte«. Dass Hitler in Braunschweig die deutsche Staatsbürgerschaft auf krummem Weg erwerben konnte, ist nur Ausweis dessen, was damals in der Stadt und im Land Braunschweig an der Tagesordnung war und nach der Befreiung in 1000 Ermittlungsverfahren gegen 1500 Personen, denen NS-Verbrechen zur Last gelegt wurden, aktenkundig wurde.

Der Freispruch des Münchner Landgerichts gegen den verantwortlichen SS-Standartenführer, der die Standgerichtsverfahren in den Konzentrationslagern Sachsenhausen und Flossenbürg leitete, war beispielhaft und vor deutschen Gerichten gang und gäbe. Er hatte die Todesurteile gegen Hans von Dohnanyi, Dietrich Bonhoeffer und Hans Oster vollzogen. Der SS-Mann wurde mit der Begründung freigesprochen, die ermordeten Widerstandskämpfer hätten nach damals geltendem Recht den Tatbestand des Hoch- und Landesverrats erfüllt. Diese Rechtsauffassung entlastete im Prinzip alle Träger des Nazi-Terrors und folgte der Auffassung des Verbandes deutscher Soldaten und Teilen des Bundestages, dass die Verschwörer des 20. Juli »Landes- und Hochverräter« waren. Fritz Bauer hatte dagegen in seinem Plädoyer im Prozess gegen den Altnazi Remer klargestellt, dass die Todesurteile der Nazi-Justiz gegen die Hitler-Attentäter aufzuheben und sie in ihrem Widerstand gegen Tyrannei ohne Einschränkung zu rehabilitieren seien: »aufgrund des damals wie heute, des ewig geltenden Rechts«.

Immer mal wieder war es die List der Geschichte, die dem ersichtlichen Mangel aufhalf, sich der eigenen Vergangenheit zu stellen. Als es darum ging, die Wiederbewaffnung Westdeutschlands durchzusetzen, sah sich Adenauer genötigt, eine Ehrenerklärung für den Widerstand gegen Hitler im Bundestag abzugeben. Das war schon deshalb notwendig, um der öffentlichen Kritik an der Reaktivierung ehemaliger Offiziere der Wehrmacht für die Bundeswehr den Wind aus den Segeln zu nehmen und jedenfalls deutlich zu machen, dass eine Ähnlichkeit mit der NS-Wehrmacht weder gewollt noch beabsichtigt sei. Die innere Führung und das Bild des Staatsbürgers in Uniform vertrugen sich nicht mit dem »Kadavergehorsam« der Nazizeit.

Fritz Bauers Kampf bekam neuen Auftrieb in Frankfurt. Die SPD unter Ministerpräsident Georg August Zinn stand ihm zur Seite, wenn er wieder einmal unter Beschuss geriet. Er sammelte um sich junge Staatanwälte, die geeignet waren, die Torpedierung aus dem Justizbereich gegen die Aufnahme der nach Frankfurt verlegten NS-Verfahren abzuwehren. Sein Misstrauen gegen die eigene Zunft war deutlich. Es gehörte zu seinem Alltag, mit permanenten Morddrohungen umzugehen.

Für manchen Vorbild, für viele Hassfigur, da finden sich Hilde Benjamin und Fritz Bauer. Jeder hatte nach seiner Überzeugung eine Entscheidung getroffen. Die Festnahme Eichmanns und die Rolle, die Fritz Bauer dabei spielen sollte, sind wie eine Parabel auf die politische Kontinuität der alten/neuen Eliten im Westen. Fritz Bauer erhielt durch einen Brief eines nach Argentinien emigrierten deutschen Juden den ersten Hinweis auf Eichmanns Aufenthaltsort. Vermutlich war es der Remer-Prozess, der dem Briefschreiber die Sicherheit gab, dass Bauer der Spur nachgehen würde. Nachdem Bauer sich über Mittelsmänner von dessen Seriosität überzeugt hatte, ging es darum, wie und durch wen Eichmann festzusetzen sei. Bauers Vertrauen in die deutschen Justiz- und Sicherheitsbehörden war aufgrund eigener Erfahrungen aber äußerst gering. Er musste davon ausgehen, dass sich Eichmann, rechtzeitig gewarnt, einer Verhaftung entziehen würde.

Ein Blick auf das 1951 gegründete Bundeskriminalamt (BKA), dessen Mithilfe er sich hätte versichern müssen, zeigt, dass eine Auslieferung nach Deutschland wohl kaum gelingen würde. Die Nachkriegsgeschichte des BKA liegt jetzt in drei Bänden vor mit den Titeln »Schatten der Vergangenheit. Das BKA und seine Gründungsgeneration in der frühen Bundesrepublik«, »Der Nationalsozialismus und die Geschichte des BKA. Spurensuche in eigener Sache« und »Das Bundeskriminalamt stellt sich seiner Geschichte«. Es stand in seiner Struktur bis in die sechziger Jahre hinein dem Reichssicherheitshauptamt, der Terrorzentrale des nationalsozialistischen Staates, näher als dem demokratischen Rechtsstaat, dem es doch dienen sollte.

Ende der fünfziger Jahre bestand sein Führungspersonal ausschließlich aus Männern, davon hatten bereits neunzig Prozent vor 1945 Dienst in der Polizei getan, entsprechend hoch war mit fünfzig Prozent der Anteil der »131er«, also ehemaliger vor 1937 in die NSDAP eingetretener Parteigenossen. Etwa zwei Drittel des Führungspersonals waren ehemalige Mitglieder der SS. Im dritten Band der Nachkriegsgeschichte des BKA steht der schlichte Satz: »Bis Ende der sechziger Jahre (Stichjahr 1969) war es in der Zusammensetzung des Leitungspersonals zu keinem radikalen Bruch gekommen.«

Sie knüpften damit an das an, was ihnen schon vor 1945 Lebensaufgabe war: Der Ermittlungsschwerpunkt der Sicherungsgruppe des Amtes war »hauptsächlich die Abwehr des ›Bolschewismus‹ von außen und die Bekämpfung des Kommunismus nach innen«. Wenn es um die Arbeitsschwerpunkte des BKA ging, war das Bundesjustizministerium in Bonn als dessen Aufsichtsbehörde gefragt. Ermittlungen gegen Neu-Nazis oder NS-Täter spielten keine oder eine »untergeordnete Rolle«. Das Ministerium nahm »mit allen Mitteln des Strafrechts präventiv am Kampf mit dem ideologischen Feind« teil, in dem es die Entscheidungen der Gerichte auf dem Gebiet des Staatsschutzes beobachtete und koordinierte.

Das BKA war vornehmlich Teil des ›Präventivkampfes‹ gegen die »Einschleusung sowjetzonaler staatsgefährdender Propagandaschriften«, die »Infiltrations- und Zersetzungsarbeit von Agenten und Spionen aus der DDR, aber auch gegen die Wühlarbeit der illegalen KPD« nach deren Verbot 1956. Gestern und Heute machten in der Arbeit des BKA fast keinen Unterschied. Allerdings wurden die Ermittlungsergebnisse nicht mehr der SS oder dem Reichssicherheitshauptamt, sondern der BKA-Führung oder dem Justizminister vorgelegt. Anders die Verfolgung von Taten aus dem alten und neuen Nazi-Milieu, die zumeist im Sande verliefen. Untersucht wurde ohnehin nur dann, wenn der Ruf der Bundesrepublik international in Gefahr geriet. Dann wurde, wie das Beispiel »Salzgitter« zeigt, wenigstens der Eindruck erweckt, es werde in jede Richtung ermittelt.

Um Ostern 1957 wurde die »Schändung eines Friedhofs in Salzgitter gegen jüdische Grabmale sowie ein Mahnmal« gemeldet, das den jüdischen Opfern der NS-Diktatur gewidmet war. Am rechten Balken eines Kreuzes, zu Ehren französischer KZ-Häftlinge errichtet, war eine Strohpuppe aufgehängt mit auf dem Rücken gefesselten Armen. Sie trug ein Schild mit Hakenkreuz und der Schmähung: Deutschland erwache, Israel verrecke. Es war der Jahrestag von Hitlers Geburtstag.

Täter wurden nicht gefunden. Daraufhin meldet sich der Generalsekretär des Zentralrates der Juden Hendrik George van Dam in der »Allgemeinen Wochenzeitung der Juden in Deutschland« zu Wort mit dem sarkastischen Hinweis: »Entweder ist im deutschen Volk eine unausrottbare Neigung zur Kriminalität der Friedhofsschändung vorhanden, wie sie anderen Nationen unbekannt ist, oder eine mit ehemaligen Nationalsozialisten durchsetzte Polizei lässt es an der genügenden Energie bei der Verhütung und Bekämpfung dieser Verbrechensart fehlen.«

Van Dam wusste, wovon er sprach: Die Ermittlungen einer elfköpfigen Sonderkommission standen unter der Leitung von drei Beamten des BKA. Zwei der drei hatten während des Zweiten Weltkrieges Einsatzgruppen angehört, gegen einen ermittelte die Staatsanwaltschaft Dortmund später wegen des Verdachts der Beihilfe zum Mord. Schon zwei Tage nach der Tat hatten die Ermittler mitgeteilt, dass die Täter in rechtsradikalen Kreisen zu suchen seien, allerdings seien solche Gruppen in Salzgitter nicht vorhanden. Da der Fall auch internationale Resonanz gefunden hatte, wurde erneut eine Sonderkommission gebildet. Doch auch die »höchste nach dem Krieg in einem Kriminalfall ausgesetzte Belohnung von 15 000 Mark« änderte nichts daran, dass der Fall zu den Akten gelegt wurde. Die Grabschänder blieben unbekannt.

Der Abschlussbericht der Sonderkommission ist in der Nachkriegsgeschichte des BKA nachzulesen. Die Analyse der Historiker besagt, »dass die Beamten der Sonderkommission die Täter räumlich wie analytisch in weit weg liegende Ferne rückten. Aus Sicht der Ermittler konnten (oder durften?) die Täter nicht aus den Reihen der westdeutschen Bürgerschaft stammen.« Die Ermittler fanden in Salzgitter ein passendes Umfeld vor, das ihnen zugleich dazu verhalf, die Untersuchungen ergebnislos einzustellen.

Im Raum Salzgitter gab es mit den »Reichswerken Hermann Göring« allein 67 ehemalige Lager für Zwangsarbeiter und Kriegsgefangene und dazu die Häftlinge der KZ-Außenlager. Der »Ausländerfriedhof Jammertal« wurde zum Massengrab für viele der Sklavenarbeiter. Manche Überlebende blieben nach Ende des Krieges vorerst in der Region. Sie gerieten sofort in den Fokus der Ermittler. Die Zusammenstellung der überprüften Personen ergab: 77 »Angehörige des arabischen Blocks«, 144 »Angehörige des baltischen Blocks« und 536 »Besucher aus der Ostzone«, die unter die Lupe genommen wurden, denn es hätte ja auch die Staatssicherheit der DDR dahinterstecken können. Nur 159 Überprüfungen galten Menschen aus dem Raum Salzgitter.

Vor allem die überprüften Araber waren der Sonderkommission als Verdächtige willkommen. Beweise gab es nicht. Für das BKA reichte die Vermutung, dass sie und andere Volksgruppen »stets eine starke Abneigung gegen das Judentum hatten«. In der Sprache verräterisch, war die Sicherungsgruppe des BKA findig, wenn es darum ging, erfolglos gegen alte oder neue Nazis zu ermitteln.

Dass Fritz Bauer Kenntnis von der braunen Struktur des BKA hatte, ist zu vermuten. Seine Erfahrung im Justizbereich hätte sicher schon gereicht, jede Neigung zu verdrängen, den deutschen Sicherheitsapparat von der Existenz Eichmanns zu informieren. Er ermittelte seit 1956 in Frankfurt gegen »prominente« NS-Täter, die das monströse Menschheitsverbrechen des Völkermordes an den europäischen Juden ins Werk gesetzt hatten. Für ihn stand dabei Adolf Eichmann an erster Stelle. Daneben Josef Mengele, KZ-Arzt, der auf der Rampe in Auschwitz die jüdischen Opfer selektierte und in die Gaskammern schickte. Der dritte war Martin Bormann, rechte Hand Hitlers.

Wesentlich dank dieser Vorsicht gegenüber deutschen Sicherheitsbehörden gelang es dann mit Hilfe des israelischen Geheimdienstes, Eichmann in Israel vor Gericht zu stellen. Anders Bormann, von dem man lange glaubte, dass er sich nach Südamerika abgesetzt habe. Nach intensiver Suche nahe der zerbombten Reichskanzlei in Berlin wurden seine menschlichen Überreste gefunden und identifiziert. Er hatte seinem Leben mit Zyankali ein Ende gesetzt. Mengele hingegen ertrank 1979 in dem Badeort Bertioga in Brasilien, nachdem er – rechtzeitig gewarnt – sich einer Verhaftung immer wieder erfolgreich entzogen hatte. Ab 1960 befasste sich Bauer mit der Vorbereitung der Euthanasieverfahren und mit dem Auschwitzkomplex.

Die planmäßige Verschleppung der Ermittlungen gegen die Einsatzgruppen, denen endlich 1958 in Ulm der Prozess gemacht werden konnte, führte dazu, dass die zögerliche Strafverfolgung von NS-Tätern endlich auch in der Bundesrepublik zunehmend kritisiert wurde. Mehr als zwei Millionen durch Polizeieinheiten und Einsatzgruppen, die der Wehrmacht und der Front in der Sowjetunion und im Baltikum folgten, ermordete Juden waren Gegenstand der Prozesse. Sie hatten in Westdeutschland so etwas wie Scham bewirkt. Die Justizminister der Länder gründeten daher im Dezember 1958 die »Zentrale Stelle der Landesjustizverwaltungen zur Aufklärung der nationalsozialistischen Gewaltverbrechen« mit Sitz in Ludwigsburg. Ihre Aufgabe war es, die Verfolgung der außerhalb der Grenzen der Bundesrepublik begangenen NS-Verbrechen vorzubereiten und zu koordinieren. Eines der ersten großen Komplexe dafür war das Auschwitz-Verfahren, für das Fritz Bauer zuständig war.

Dafür wurden 1500 Zeugen ausfindig gemacht und Ermittlungen gegen 950 ehemalige Angehörige der SS-Wachmannschaften eingeleitet. Während der Prozessvorbereitungen wurde die Staatsanwaltschaft von einer Flut zumeist anonymer Drohbriefe und Morddrohungen überschwemmt. Am 20. Dezember 1963, nach mehr als fünf Jahren intensiver Ermittlungen, in die sowohl Polen als auch die DDR-Justizbehörden eingeschaltet werden konnten, wurde der Prozess eröffnet. Der Zivilisationsbruch des nationalsozialistischen Deutschland war damit aktenkundig. Die Auschwitz-Prozesse waren der Wendepunkt in der bis dahin mangelhaften Aufklärung der NS-Gewaltverbrechen in der Bundesrepublik.

Die wachsende kollektive Scham über die Menschheitsverbrechen der Nazis und der beginnende weltweite Protest gegen den Vietnamkrieg der USA veränderten auch in der Bundesrepublik das gesellschaftliche Klima. Die Revolte gegen das Vergessen brachte zugleich das allmähliche Ende der restaurativen Adenauer-Republik. Nachkriegsdeutschland erlebte eine unvermutete Politisierung. Demonstrationen gegen das Establishment mit brauner Vergangenheit gehörten zum Alltag. Die Zentren der Revolte gegen die Väter und Großväter, gegen das große Verschweigen und für die demokratische Inbesitznahme der Republik waren Berlin und Frankfurt. Auch weitere Städte spielten eine Rolle wie Hannover und Hamburg, wo der Protest die Immatrikulationsfeiern der Universität sprengte nach dem Motto: »Unter den Talaren der Muff von tausend Jahren«.

Und neben Karl Marx war es Herbert Marcuse, dessen »konkrete Philosophie« ihn zum meistzitierten Philosophen der Protestbewegung der 68er machte. Daneben aber stand ein Name, der wiederentdeckt und erneut gelesen wurde: Walter Benjamin. Er wurde für seinen Widerstand im Nationalsozialismus verehrt, und seine geschichtsphilosophischen Thesen zum Begriff der Geschichte, seine Essays, auch sein Moskauer Tagebuch sind

Teil des intellektuellen Fundus, mit dem der Protest begründet und auf die Straße getragen wurde.

Um seinen Spuren in den Debatten der Studentenbewegung und vor allem im Sozialistischen Deutschen Studentenbund (SDS) zu folgen, besuche ich einen der damaligen Mitstreiter, meinen Freund G. Ich will mit ihm über den Einfluss von Walter Benjamin auf große Teile der Studentenschaft sprechen, und das mehr als 25 Jahre nach seinem Tod in Portbou. Für G. gehörte Benjamin, wie er sagt, unumstritten in den philosophischen »Wahrnehmungszusammenhang« jener Jahre. Benjamins Skepsis gegenüber autoritären oder dogmatischen Gesellschaftsmodellen war eine wichtige Ergänzung der kritischen Theorie der Frankfurter Schule, die wesentlich einen modernen, durch Freud angereicherten undogmatischen Marxismus vertrat.

Wir treffen uns auf dem Lande, wo er ein kleines Feriendomizil gefunden hat. Uns umhüllt ein warmer Sommertag. Wir sitzen unter dem gewölbten Dach eines blühenden Holunderbusches, und ohne uns eine größere Pause zu gönnen, besichtigen wir noch einmal diese sechziger und siebziger Jahre.

Wie die Zinnsoldaten reihen sich die Namen der Vordenker der Revolte von Rudi Dutschke bis Bernd Rabehl, von den Wolff-Brüdern und Hans-Jürgen Krahl bis Oskar Negt. Von den tödlichen Schüssen auf Benno Ohnesorg und dem verdrießlichen Verdacht ist die Rede, dass der Mordschütze im Auftrag der Staatssicherheit der DDR den Druckpunkt seiner Pistole durchgezogen haben könnte. Über das Vergebliche und Bleibende dieser Jahre finden wir schnell zusammen.

Uns fällt auf, dass Frauen erst eine Rolle spielen, als wir

über die Rote-Armee-Fraktion reden und über Ulrike Meinhof, Gudrun Ensslin und Verena Becker zu dem kommen, was missverständlich die Hoffnung auf die Tat und Aktion war und dennoch keine Massenwirksamkeit zeigte und zum bewaffneten Kampf wurde. Eine sektiererische Abspaltung, die im gemeinsamen Tod endet.

Wir sprechen weiter über die antiautoritäre Phase der 68er-Bewegung. Erneut wird deutlich, dass sie auch – vielleicht vor allem – eine Bewegung war, die eine praktische Antwort auf die autoritären Haltungen und Erziehungsmuster der Vätergeneration geben wollte. Am Anfang war Erziehung. Das galt auch für Walter Benjamin. Er wäre wohl auch mancher leichtfertigen Parallele entgegengetreten, mit der wir Unvergleichbares miteinander verglichen haben. G. erinnert sich beschämt an die Aktion »Roter Punkt«, mit der damals in Hannover gegen die Fahrpreiserhöhungen der städtischen Verkehrsbetriebe demonstriert wurde. Bei einer Auseinandersetzung mit einer wohl auch zahlenmäßig unterlegenen Polizei standen die jungen Leute mit erhobenem rechten Arm Spalier und skandierten: »Polizei, SA, SS«. Dafür schäme er sich noch heute, sagt G.; nicht weil die Polizei damals angemessen reagiert hätte. »Nein, die schlugen ebenfalls ziemlich unerbittlich drauf. Aber mit den Nazis war das alles nicht vergleichbar. Wir merkten gar nicht, dass wir dazu beitrugen, den Kultur- und Zivilisationsbruch der Nazis kleinzumachen.« Aber galt das nicht auch und vor allem der Rezeption der DDR durch die Bundesrepublik und ihre Medien? So unerträglich für manchen DDR-Bürger das Land gewesen war, war es doch Meilen entfernt von dem Schreckensstaat der Nazis.

Walter Benjamins Wirkung ist bis in unsere Tage ungebrochen. Wir staunen in unserem Gespräch, wie oft wir auf ihn Bezug nehmen. Das galt sicher vor allem auch für die, die in Frankfurt der kritischen Theorie nahestanden. Aber auch weit darüber hinaus. Wer heute als Benjamin-Kenner gilt, kann sicher sein, dass er sich zwischen Tokio und London, an fast jedem Punkt der Welt, einem interessierten Publikum gegenübersehen wird. Ein Grund für die große Haltbarkeit des Denkens von Walter Benjamin war wohl auch, dass sein Wirken und sein Werk, das nicht ohne Widersprüche zu haben ist, nicht durch einen alt gewordenen Benjamin noch einmal neu gedacht worden ist. So wie Adorno ein Beispiel gibt, der im Alter misstrauisch wurde gegenüber Gehalt und Bestand der »Dialektik der Aufklärung«, was nicht ohne Wirkung auf die Frankfurter Schule und seine von ihm enttäuschten Schüler blieb. Adorno selbst, anders als Marcuse, stand der 68er-Bewegung eher skeptisch gegenüber. Als weiterer Grund dafür, dass Walter Benjamin so hell herüberscheint und posthum zur Überwindung der postfaschistischen Gesellschaft der Adenauer-Zeit beitrug, ist das, was G. die existenzielle Seite seines Widerstandes nennt. Er hätte ja schon 1938 den Weg in die Emigration wählen können. Doch er glaubte bleiben zu müssen: »Ich werde hier noch gebraucht.« Er setzte seine ganze Existenz aufs Spiel und erfährt schon daher unsere »schmerzhafte Bewunderung«.

Ich fahre nach Berlin zurück und denke erneut, wie wichtig doch eine individuelle wie kollektive Selbstprüfung der Überlebenden gewesen wäre, die im Mai 1945 aus den Kellern der zerbombten Städte traten und über Trümmer stolperten, die einst das Haus über ihnen bildeten. Eine Selbstprüfung hätte es sein können, die den eigenen Anteil an dem Desaster hätte klären können, stattdessen die von Hannah Arendt vorgefundene Abwesenheit eigener Mitverantwortung. Und später, als das zerbrochene Dritte Reich in Gestalt der beiden Bruchstücke BRD und DDR in die Nachkriegsordnung eintrat, gelang es erneut, zu verdrängen, dass die 45 Jahre dauernde Teilung des Landes vor allem selbstverschuldet war.

Das erklärt ein wenig die jedenfalls in den ersten zwanzig Jahren nach 1945 und darüber hinaus verbreitete Haltung mancher Westdeutscher, den »Brüdern und Schwestern hinter dem Eisernen Vorhang« es als deren eigenes Versagen anzulasten, dass ihnen ein gleich starker materieller Aufschwung nicht gelungen war. Völlig abwesend aber war bei der Mehrheit der Westdeutschen die Vorstellung, die Verfasstheit eines Staates könne anders als kapitalistisch erfolgreich sein. Umso größer die Verblüffung, dass die herangewachsenen Kriegskinder Karl Marx als interessanten Denker verehren.

Je mehr sich die Bundesrepublik, ganz im Gegensatz zu ihren Anfängen, dann doch zu einem relativ gesicherten demokratischen Staatsgebilde wandelte, hatte die DDR es versäumt, sich in ein Beispiel gelungenen demokratischen Sozialismus zu verwandeln. Ein Zitat von Hans Mayer aus seinen 1991 erschienenen Erinnerungen »Der Turm von Babel« illustriert den Lebensbogen der DDR sehr gut: »Das schlechte Ende widerlegt nicht einen möglicherweise guten Anfang.«

So dauerte es etwa bis 1960, ehe auch in der DDR die steinernen Stalin-Bilder vom Sockel gestoßen wurden. Bis dahin waren sieben Jahre seit Stalins Tod vergangen und vier Jahre, seit der XX. Parteitag der KPdSU die mörderischen Untiefen seiner Ära in den Blick genommen hatte.

Statt das Wagnis einer intensiven Debatte darüber einzugehen, informierte die SED die eigenen Mitglieder über diesen Parteitag in Konferenzen, die jede Öffentlichkeit scheuten. Es durfte weder mitgeschrieben werden, was aus den Übersetzungsprotokollen selektiv weitergegeben wurde, noch sollten die Genossen sich öffentlich dazu äußern. Kollektive Stille war das Leichentuch, das in der DDR für den toten Stalin gewebt wurde. Dabei hätte das Gespräch über diesen Irrtum vielen gutgetan. Die Erinnerung an die eigene Trauer war noch frisch, als sie sich erschüttert in die ausgelegten Kondolenzbücher der Roten Armee eingetragen und das Ableben des großen Väterchen Stalin beweint hatten.

Georg Benjamin weist meinen Eindruck zurück, dass sein Vater zu DDR-Zeiten unkritischer gewesen sei als danach. Im Gegenteil, er habe seine kritischen Impulse und Prägungen vor allem in der Sowjetunion erfahren, als er Mitte der fünfziger bis zu Beginn der sechziger Jahre in Leningrad studierte. Dabei habe er intensiv wahrgenommen, was die Enthüllungen über den »Gottvater« im Kreml für die Glaubwürdigkeit der Idee und der inneren Balance des Landes bedeutete. Und dann war er erneut Anfang der achtziger Jahre in Moskau, als das »neue Denken« mit Gorbatschow einsetzte und die Erstarrung des Systems aufgehoben schien. Jedenfalls war es das Ende der Ära der alten Kämpfer von Leonid Breschnew bis Andropow und Tschernjenko, deren Namen kaum mehr erinnerlich sind.

Das habe ihn geprägt, so Georg Benjamin, und nicht die absolute Abwesenheit jeder Bereitschaft der SED-Führung, die Herausforderung anzunehmen. Er war nach seiner Rückkehr in die DDR betroffen, wie schwer sich die

SED mit diesen Entwicklungen tat. Seine Kritik daran sei nicht zu überhören gewesen. Und Georg ist sichtlich mit seinem Vater im Reinen, wenn er daran erinnert, dass Michael Benjamin seine beiden Kinder immer wieder auf Ungereimtheiten in der Propagandawelt der SED aufmerksam machte. Er habe sie zu kritischem Mitdenken erzogen. Und, wie sich Laura aus Kindheitstagen erinnert, es gab vor und nach der Wende Gelegenheiten, wie gemeinsame Mittagessen mit den Großeltern, wo das Ergebnis dieser Erziehung habe betrachtet werden können, wenn sich Vater und Sohn heftig und hin und wieder lautstark stritten.

Georg ist sicher, dass sein Vater davon profitierte, nicht die feige Verheimlichung der Stalin-Ära in der DDR, sondern ihre Aufdeckung in der Sowjetunion erlebt oder auch das »neue Denken« in Moskau mitbekommen zu haben, mit der dadurch ausgelösten dramatischen Veränderung im Gefüge des Ostblocks.

Für Georg und seinen Vater jedenfalls waren die Anfänge zu Beginn der achtziger Jahre eine elektrisierende Erfahrung. Niemand, der damals auch nur eine Ahnung davon gehabt hätte, wie die von Gorbatschow eingeleitete Politik der Perestroika enden würde. Heute sieht Georg die gegenwärtige russische Staatsführung eher als Rückfall in das vorrevolutionäre Russland: Kirche und Staat erneut in einer demokratiefernen Allianz, getragen von dem Reichtum der Oligarchen, die damit ihre Privilegien absichern.

Aber vielleicht gewinnt der überraschende Protest auf den Straßen nicht nur Moskaus genügend Kraft, um die gegenwärtige Entwicklung zu stoppen. Gorbatschow wollte gewiss nicht das Ende der Sowjetunion und habe ihr dennoch den Todesstoß versetzt, sagt Georg und fühlt sich dabei erneut in Übereinstimmung mit seinem Vater. Dessen Verzweiflung darüber, dass die Parteiführung in Ostberlin Perestroika nur als Bedrohung und nicht als eine Chance ansah, ist ihm durchaus präsent. Niemand im ZK der SED sei wirklich geeignet gewesen, der revolutionären Bewegung auf den Straßen der DDR eine Richtung zu geben, die dem Manifest der Demonstranten vom 4. November 1989 auf dem Alexanderplatz entsprochen hätte.

Mehr als eine Million Menschen unterzeichneten den Aufruf »Für unser Land«, den die Elite der Kulturschaffenden der DDR im November 1989 veröffentlicht hatte. Es waren vor allem die Schriftsteller, die auf ein anderes Land gehofft hatten als das, was sich da gerade verabschiedete. Noch gab es Hoffnung, dass es doch gelingen könnte, die Eigenständigkeit der sozialistischen Deutschen Demokratischen Republik zu bewahren.

Der Blick zurück auf die Nachkriegsgeschichte verweilt bei den Jahreszahlen 1953, 1956 und 1968, die auf zerstörte Hoffnungen, auf einen Sozialismus mit menschlichem Antlitz verweisen. Es gibt in den Gesprächen mit Georg Momente, in denen zwischen den Worten leise aufscheint, dass in ihm auch Trauer und Bedauern darüber sind, dass die Träume der Eltern so sichtbar welkten. Kleine bewegende Bilder, die ihm dann durch den Kopf schießen und daran erinnern, wie viel unausgesprochene Selbstkritik in Bezug auf Handeln oder Unterlassen im Spiel war, wenn abends die Familie beisammensaß und den Tag Revue passieren ließ.

Vieles an der DDR hatte die Kritik der Kinder ausgelöst, auch die trommelnde Einfältigkeit, mit der Zukunft beschrieben, aber nicht eingelöst wurde. Zugleich aber waren es doch die eigenen Eltern, Großeltern, die Eltern von Freunden, die immer wieder darauf setzten und sich Mut machten, dass der Gegenentwurf zum Kapitalismus doch – irgendwann – mit abnehmender Fehlerquote Wirklichkeit werden könnte. Insgeheim betrauerten die Kinder die Eltern mit ihren immer wieder entfachten, aber vergeblichen Hoffnungen. Wie anders wäre Georg sonst zu verstehen in seinem Bemühen, den verblichenen Hoffnungen seines Vaters Michael nahezubleiben und der untergegangenen DDR zumindest ein wenig die Treue zu halten, wenn er sagt: »Ich bin geboren in einem Land, das es nicht mehr gibt. Ich habe einen deutschen Pass, aber keine Heimat.« Diesem Gefühl gibt er Ausdruck, als er am Grab des Vaters die Trauerrede hält. Ich fand in seinen Worten vor allem eine Trauer über die verlorenen Hoffnungen der Eltern:

»Und sie waren es nicht wert, dass du dich für sie aufopfertest, dachten wir.

Nicht dass wir eifersüchtig gewesen wären. Nein, wir fanden es nur schade, dass du deine Energie aufwandest für Menschen, die es nicht zu schätzen wussten, es vielleicht nicht wert waren.

Und wir hatten recht damit.

Und wir hatten doch nicht recht.«

13. KAPITEL
Im fünften Deutschland

Die ersten Sätze seiner Abschiedsrede auf den toten Vater lassen noch einen anderen Verlust anklingen. Georg Benjamin ist damit nicht allein. Mancher aus dem verschwundenen Bruderstaat tut sich zunehmend schwerer in diesem neuen/alten ungeteilten Deutschland. Seiner Mutter geht es ähnlich, obwohl sie mit ihrem Leben darin ganz pragmatisch zurechtkommt. Erst zwanzig Jahre nach der Vereinigung kommt vielen ein Phantomschmerz in das Bewusstsein, den die Amputation der DDR hinterließ. Dass ihr Verschwinden auch Verlust werden könnte, hatten nur wenige vorhergesehen oder vermutet. Das vielstimmig beschriene »Wir sind das Volk« hatte ja nicht die reale DDR als Zukunftsbehausung gemeint.

Auf einmal aber wird ihr Verlust gespürt. Vielfach ergreift manchen auch das Gefühl, zu wenig für die Utopie DDR getan zu haben, so dass sich hätte einstellen können, was an Recht, Freiheit und Gleichheit und Überwindung von Ausbeutung und Fron erhofft war. Dies ließ sich schon im November 1989 ablesen, als die Millionen in Berlin auf den Alexanderplatz strömten, um im letzten denkbaren Augenblick zu retten, was, wie in einen Kokon gehüllt, in den drei Buchstaben DDR immer auch als Hoffnung vorhanden war. Die Wahrnehmung, etwas zu verlieren, war mit dem Einigungsvertrag in Vergessenheit geraten, zumal denkbare »Errungenschaften« der zum Verschwinden gebrachten DDR darin nicht vorgesehen waren und daher gar nicht erst identifiziert wurden.

Fremdheit grassiert auch deshalb noch immer in diesem fünften Deutschland, wenn ich die Weimarer Republik als das erste Deutschland nach dem Kaiserreich nehme, dem das »Dritte Reich«, der Hitlerfaschismus, als Nummer zwei folgt, drei und vier DDR und BRD und das fünfte Deutschland, das ist das nach der Vereinigung. Anette Simon, Psychotherapeutin in Berlin, beschreibt Ost- und Westdeutschland als Zwillinge, Mutter Deutschland, Vater Faschismus. In ihren gesammelten Aufsätzen mit dem Titel: »Versuch, mir und anderen die ostdeutsche Moral zu erklären«, sieht sie die Zwillinge, die nach 45 Jahren der Trennung und nach der ersten Begeisterung für die wiedergewonnene Einheit merken, wie fremd sie sich geworden sind. Alle Phasen deutscher Geschichte im 20. Jahrhundert und ihre Deutung haben daran einen Anteil. Die Lebenswege der Benjamins, ihre Haltung und ihre Entscheidungen spiegeln die fünf Deutschländer.

Nach dem Vollzug der Einheit 1990, als die DDR in das pralle Selbstbewusstsein des westlichen Bruderstaates eintaucht und angedockt wird, nimmt die Faszination ab, und ihre ehemaligen Bürger leben plötzlich in einer Welt, in der sie kaum Vertrautes finden. Alles mit DDR-Geruch schien zum weiteren Gebrauch ungeeignet und wird nun, im zweiten oder dritten Blick zurück, als doch auch für das fünfte Deutschland in Teilen als geeignet empfunden und wiederbelebt: das Bildungssystem etwa, ohne die ideologische Abwehr gegen alle, die das Misstrauen der Staatssicherheit ins schulische Abseits drängte. Dieses Bildungssystem könnte vielen im bürgerlich-kapitalistischen Staat Hoffnung gegeben, Hoffnung für die vielen Opfer unseres aktuellen Bildungsdramas. Alles, was da an Erfahrung gesammelt wurde, um dem proletarischen Nachwuchs Hilfe und Anregung zu geben, könnte helfen. In Finnland sind seine Nachahmer so erfolgreich, dass die jungen Finnen im Bildungsvergleich ihre deutschen Konkurrenten mühelos abhängen. Von Kindergärten, Frauenrechten und Lohngleichheit gar nicht zu reden.

Kunst und Kultur der DDR kamen ohnehin einfach durch die Hintertür und befruchteten Literatur und Theater und bildende Künste im Westen so beträchtlich, dass sich der Eindruck einschleicht, sie wären immer schon Bestandteil des westdeutschen Kulturbetriebs gewesen. Aber auch das ist wahr: Die auf den Straßen der Städte und Dörfer der DDR demonstrierten, wollten den Anschluss und merkten erst später, dass sie damit auch ihr eigenes Leben enteignet hatten.

Allerdings hatte niemand erwartet, das fast gleichzeitig mit der Einheit gespenstisch wieder auferstand, was die DDR glaubte hinter sich gelassen zu haben. Auch in den neuen Ländern sammelte sich ein Mob, der sich unter Hakenkreuzen traf und weiter trifft und Rassismus und Antisemitismus vor sich her trägt.

Anette Simon spricht hellsichtig davon, dass die deutsche Geschichte und die mit ihr ererbte Schuld und ihre Bewältigung daran scheiterte, dass man sie zweigeteilt und in zwei Staatsgebilden unterschiedlich interpretiert hat. Für Michael Benjamin war ohnehin klar, dass der Nazi-Alltag auch in der postfaschistischen Gesellschaft der DDR intensiver in vielen Köpfen verblieben war, womit dann auch mancher Enkel und manchmal auch die Enkelin von dem aus seinem Amt geschassten Großvater infiltriert wurden.

Anette Simon fühlt sich an die Weimarer Republik erinnert »angesichts der Polarisierung zwischen rechtsextremen Skins und linken Gruppen. Die Hakenkreuze, Rassismus und Antisemitismus sind wieder da. (...) Erneut müssen wir uns mit dem Nationalsozialismus, mit alter und neuer Schuld auseinandersetzen«, sagt sie. Die Aufhebung der Spaltung könnte dazu eine Chance sein, aber dafür geben sich die wiedervereinigten Deutschen keine Zeit. Anette Simon: »Dass sie ausgerechnet an einem 9. November wieder zusammengekommen sind, müsste ihnen ein Menetekel sein.«

Der 9. November, der deutsche Schicksalstag, hat mit dem Fall der Mauer ein weiteres Kapitel, neben der Jagd auf die jüdischgläubigen Deutschen in der »Reichspogromnacht« am 9. November 1938 und der Novemberrevolution 1918 mit der Ausrufung der Deutschen Republik. All dieses ist 2013 zu erinnern, ebenso die Machtübergabe an das NS-Regime 1933. Vielleicht Anlass, endlich gemeinsam und verstärkt darüber nachzudenken, warum nach der Einheit der rechte Extremismus wieder aufleben konnte.

Jeder weist dabei mit dem Finger in die andere Richtung. Empörtes Kopfschütteln ernte ich, wenn ich in Diskussionen in den neuen Ländern erinnere, dass es schon zu Zeiten der DDR Neonazis im Land gab, die polizeilich unter Rowdytum in die Akten gerieten. Für die Zuhörer hingegen gab es zu DDR-Zeiten keine Nazis. Erst nach dem Mauerfall, also nach der Vereinigung, trat für sie das Phänomen auf, und das hatte angeblich mit der DDR nichts zu tun. Da hilft auch nicht der Hinweis auf Lich-

tenhagen, wo ein in der DDR sozialisierter Mob das Asy-
lantenheim mit Brandsätzen traktierte. Im Westen
herrscht ohnehin der Eindruck vor, Neonazis seien allein
ein Problem der neuen Länder. Dass NPD und DVU westliche Importe waren, wird dabei gern unterschlagen. Nach
der Vereinigung bricht also vieles erneut auf, was offenbar nur unter dünnem Firnis lag.

Optimistisch stimmende Erfahrungen gibt es dennoch
auch im fünften Deutschland. So lese ich in der »Süddeut-
schen Zeitung« an einem Tag gleich über zwei Ereignisse
erinnerter Geschichte. Einmal die Erklärung des Deutschen Ärztetages, der 2012 in Nürnberg tagte, zur Rolle
der Ärzteschaft während des Nationalsozialismus. Die Vernichtung von »unwertem Leben« geschah mit Wissen und
Hilfe der verfassten Ärzteschaft, die ebenso seelenruhig
und zum eigenen Vorteil die Einziehung der Approbation
der jüdischen Kollegen abbuchte. Ob sich das Ärzteparla-
ment nach der sehr allgemein gehaltenen Nürnberger
Erklärung nun endlich auch der überlebenden Opfer
annimmt, die als Kinder durch Ärzte zwangssterilisiert
wurden? Immerhin, das lange Schweigen des Berufsstan-
des, dessen Angehörige sich so gern als »Halbgötter in
Weiß« geben, scheint endlich beendet.

Und dazu der Report einer Autorin, die mit ihrer Familie von Berlin nach Heidelberg umgezogen war und durch
einen Zufall erfuhr, dass sie eine Wohnung gemietet hatte,
in der nach 1940 Juden lebten, die – wie sonst nur in sogenannten Judenhäusern – auf ihren Abtransport warte-
ten. Sie beschreibt den Schreck, der sie durch dieses un-
vermittelte Wissen ergriff. Sie konnte die von ihren
Gästen als »ihr habt es ja schön« beschriebene Altbauwoh-
nung lange Zeit nicht durchschreiten, ohne sich immer

wieder vorzustellen, wie es den bis zu neun Menschen ergangen sein musste, die hier, begleitet von Angst und un-
erhörter Bedrängnis, miteinander lebten. Das änderte
sich erst, als es ihr gelang, in den Archiven der Stadt fündig zu werden und denen Namen und Gesicht zu geben,
die sich damals in der »Judenwohnung« aufhielten.

Sie fand heraus, dass 1940, zur gleichen Zeit, als Walter Benjamin in Portbou sich der Verhaftung und Auslieferung in ein Todeslager der Nazis durch Selbstmord entzog, die Brüder Bernd und Sigmund Kaufmann, neun
und zehn Jahre alt, in das berüchtigte französische Internierungslager Gurs deportiert wurden. Und 1942, als Georg Benjamin in Mauthausen in die Starkstrom führende
Umzäunung gejagt wurde, wird Emma Bendix nach Izbica
deportiert. Keiner der Deportierten überlebte dort. Betty
Snopek kommt von Heidelberg über Gurs nach Auschwitz. Ludwig und Sara Snopek, die eigentlichen Mieter
der »Judenwohnung«, überlebten. Sie konnten im Februar
1940 in die USA ausreisen. Sara starb (verzweifelt? aus
Kummer?) ein Jahr später, ihr Mann Ludwig starb 1956.
Philip Snopeks Weg führte über Berlin nach Riga, wo er
zu Tode kam. Luise Wolfers, ebenfalls 1940 nach Gurs deportiert, starb im Lager von Nexon, Hilde Wunsch wurde
in Theresienstadt ermordet. Samuel Zucker, Anwalt, überlebte die Verwüstung seiner Anwaltspraxis und seiner
Existenz um zwei Jahre und starb 1940 in Heidelberg.

Hatte Maja Linthe, die Autorin, zuvor aus jeder Spalte
des Holzbodens die Schritte dieser Menschen zu hören
geglaubt, half es ihr, sie dem Vergessen entrissen zu haben: sie hatten ein Gesicht bekommen. Linthe schreibt:
Sie erinnern zu können habe ihr die Wohnung auf eine
schwierige Art und Weise wieder bewohnbar gemacht. Die

Gemütlichkeit ihrer Familie habe Risse bekommen. Sie sei bereit, das auszuhalten. Fortzuziehen wäre einer Flucht vor der Vergangenheit gleichgekommen, die nicht gelingen könne. Nur Entsetzen über die Nazi-Verbrechen »macht ohnmächtig – will ich handlungsfähig bleiben, muss ich genau hinschauen«. Sie habe verstanden, »dass es immer jemanden geben muss, der die Namen der Opfer aufschreibt (...), weil er ihr Fehlen bemerkt und sich fragen kann, wo sie geblieben sind.«

Dafür steht für mich auch die Familiengeschichte der Benjamins. Walter, dessen posthume Berühmtheit auch damit zu tun hat, dass er so unermüdliche wichtige Fürsprecher hatte wie Max Horkheimer und Theodor W. Adorno oder den Freund Gershom Scholem oder Bertolt Brecht und die nicht minder berühmte Freundin Hannah Arendt. Auch dies trug zur Benjamin-Renaissance Ende der sechziger und der siebziger Jahre bei, als die Nachkriegsjugend in Westdeutschland ihn für sich entdeckte und seine Geschichtsthesen las. Mit seinen Büchern und Essays im Kopf, haben nicht wenige die formale Demokratie im Westen instand gesetzt und einem Antifaschisten den Weg zur Kanzlerschaft geebnet, dessen Kniefall vor dem Mahnmal der Opfer im Warschauer Ghetto auch dafür steht, sich zur eigenen Geschichte zu bekennen.

Georg Benjamin senior dagegen war nur in der DDR als Widerstandskämpfer gegen die Nazis bekannt: Seinen Namen trugen das Kreiskrankenhaus Staaken und das NVA-Erholungsheim in Sorge (Harz) sowie eine Schule für Körperbehinderte in Berlin-Lichtenberg. Mit der Einheit waren Name und Hinweisschilder abgeräumt. Jude und Kommunist waren offenbar zu wenig des Guten. Bleibt Hilde Benjamin, in deren Leben sich deutsche Geschichte vor und nach 1933, vor und nach 1945 spiegelte. Nach zwölf Jahren in beständiger Angst um den Sohn und ihren Mann Georg stand sie 1945 vor einem Neuanfang. Wie wäre er ausgegangen, wenn nicht der zunehmende Ost-West-Gegensatz die Nachkriegsgeschichte, auch die der DDR bestimmt hätte? Hätten sich vielleicht doch, wenigstens zu einem Teil, Georgs Hoffnungen, für die auch sie sich mit in der Verantwortung sah, verwirklichen können?

Es wäre also Zeit, das fünfte Deutschland ernst zu nehmen. Michael Benjamin war auf dem Weg dahin. Als er im Jahre 2000 an den Folgen einer Herzoperation starb, war der Schock groß, da der Eingriff als unproblematische operative Routine galt. Er wäre, unbefangen und seiner Motive sicher, auf dem politischen Spielfeld geblieben, das ihm das fünfte Deutschland bot. Mit seinen Erfahrungen vor und nach 1945 hätte er den Kampf wohl erneut aufgenommen und hätte die Millimeterarbeit, mit der Erfolge dabei nur gemessen werden können, nie gering geschätzt. Er hätte wohl die Haltung seines Sohnes zum fünften Deutschland verstanden, aber nicht geteilt. Dazu dachte er bei aller wissenschaftlichen Distanz viel zu politisch. Ohne Einmischung geht das nicht.

Michael Benjamin war Sprecher der Kommunistischen Plattform innerhalb der PDS und wohl auch ihr führender Kopf. Anders als die ehemalige Vorsitzende der Linken Gesine Lötzsch hätte er sich die Freiheit, eine Debatte über die Zukunft des Kommunismus zu führen, vermutlich nicht nehmen lassen. Das schaurige Niveau der Argumente, mit denen nicht nur von Konservativen auf Frau Lötzsch eingedroschen wurde, geriet nahe an ein Denkverbot. Michael Benjamins Weigerung, sein Nachdenken über ebendiese Frage einzustellen, war immer verbunden mit einer selbstkritischen Haltung und einem intellektuellen Niveau.

Mehr und mehr macht das gegenwärtige Erscheinungsbild der kapitalistischen Welt den Eindruck, dass es lohnen könnte, erneut über Alternativen nachzudenken. Das größte deutsche Geldinstitut, die Deutsche Bank, steht zum Beispiel entweder vor einer Serie von Prozessen oder vor einer Serie teurer Vergleiche mit individuellen und staatlichen Anklägern vor allem in den USA, aber auch in England und Italien, die ihr betrügerische Machenschaften vorwerfen. Unter anderem war der oberste Investmentbanker der Deutschen Bank gehalten, auf den Niedergang und Werteverfall der eigenen Hypotheken-Pakete auf dem US-Immobilienmarkt zu wetten. Vor deren Absturz hatte er, wegen ausbleibender Zahlungen arbeitslos gewordener Hausbesitzer, schon 2005 gewarnt. Er sicherte der Bank damit Gewinne von 1,5 Milliarden Dollar, womit ihre Verluste etwas geringer ausfielen. Der Mann erhielt dafür Boni in Höhe von über 50 Millionen US-Dollar. Kein Wunder, dass tausende auf die Straße gingen, um gegen die Macht der Banken und gegen das globale Finanzsystem zu demonstrieren. Wobei allerdings, wie im Bankenzentrum Frankfurt, Gerichte schnell bei der Hand sind, die sensiblen Banker vor dem Zorn ihrer Kunden zu bewahren und Demonstrationen im Bankenviertel aus Gründen der öffentlichen Sicherheit zu verbieten. Der Rechtsstaat ist dagegen sehr penibel, wenn es um die Sicherung der Demonstrationsfreiheit für Neonazis geht.

Die Kapitalismuskrise fördert also auch das Nachdenken über seine Überwindung. Auch Karl Marx wird wieder gelesen. Und das, obwohl die herrschende Meinung nicht müde wird, marxistisches Denken als abwegig abzulehnen. Ob die Frage nach der Dialektik dessen, was nach der DDR als weiterführende Idee bleiben könnte, die sich Michael Benjamin stellte, und ob die Antwort darauf wirklich nur den Genossen möglich wäre, bleibt wohl offen. Obwohl er von Christa Wolf, würde sie noch leben, dafür beredte Assistenz erhielte. Mit »Stadt der Engel« hatte sie dieser Frage ein ganzes Buch gewidmet. Ein Satz daraus weist eine Richtung, die vielleicht auch zu denen führt, die Antwort geben könnten: »Sie hatten zuletzt ohne Illusionen, aber nicht ohne Erinnerung an ihre Träume gelebt.«

Ursula Benjamin trägt ihr langes graues Haar manchmal glatt zurückgekämmt, durch ein Haarband gehalten, das es zum Pferdeschwanz fügt. Manchmal trägt sie es offen oder durch einen Knoten am Hinterkopf gebändigt. Ich glaube oft einen nachdenklichen, abwägenden Blick wahrzunehmen. Darin liegt wohl auch Skepsis darüber, ob die DDR und die Lebensleistung so vieler Menschen dort vielleicht doch nur von ihnen selbst verstanden und gewürdigt werden könnte. Dazu passt eine Passage aus der Feder ihres Mannes: »Radikaler als an die Wurzeln gehende Kritik (....) an der DDR« stehe für ihn die Frage im Zentrum, was denn die DDR im Sinne der Neuerarbeitung einer Sozialismuskonzeption hervorgebracht habe. Zwar habe er nach 1989 wie viele andere Antwort auf die Frage gesucht: Wie konnte das geschehen? Was war falsch? Wo lagen die Ursachen? Ganz dick unterstrichen seine Gewissheit: »Nur wir haben ein Interesse, die wahren Ursachen des Scheiterns zu erkennen. Nur wir können die Fehler benennen; wir müssen sie benennen, dass

310

Nachfolgende sie nicht wiederholen. Diese Aufgabe hat unsere Generation zu erfüllen.« Auf die Idee, dass ein »Nachdenken über die DDR« auch jene dialektische zweite Seite haben müsse, sei er zunächst nicht gekommen.

Ganz diesem Gedankengebäude verpflichtet sind auch einige Sätze im Programm der PDS von 1993, was Michael Benjamins Freund Werner Wüste vermuten lässt, dass dieser wesentlich an ihrer Formulierung mitgewirkt habe. Wüste hat Briefe und Manuskripte von Michael Benjamin zusammengetragen und in dem Buch »Das Vermächtnis« herausgegeben. Seine damit verbundene Hoffnung war, dass dessen Denken und seine immense Intellektualität ein größeres Publikum erreichen möge. Mich hat er damit erreicht und zugleich mein Bedauern hervorgerufen, ihm nicht begegnet zu sein. Zumindest in den drei ersten Sätzen und im letzten der hier zitierten Passage scheint seine Handschrift deutlich.

»Millionen Menschen setzten sich nach 1945 für den Aufbau einer besseren Gesellschaftsordnung und für ein friedliebendes Deutschland in Überwindung des faschistischen Erbes ein. Das bedarf keiner Entschuldigung. Die antifaschistisch-demokratischen Veränderungen im Osten Deutschlands und später das Bestreben, eine sozialistische Gesellschaft zu gestalten, standen in berechtigtem Gegensatz zur Rettung des Kapitalismus in Westdeutschland, der durch die in der Menschheitsgeschichte unvergleichlichen Verbrechen des deutschen Faschismus geschwächt und diskreditiert war. Zum Sozialismusversuch in der DDR gehören wertvolle Ergebnisse und Erfahrungen im Kampf um soziale Gerechtigkeit, um Bestimmung der Ziele der Produktion im Interesse der werktätigen Bevölkerung, um ein solidarisches und friedliches Gemeinwesen auf deutschem Boden. Es gab jedoch auch Fehler, Irrwege, Versäumnisse und selbst Verbrechen.« Dieser Text wirft die Frage auf, warum im Einigungsvertrag keinerlei Anstalten von Seiten der DDR-Unterhändler gemacht wurden, die »wertvollen Ergebnisse« im Kampf um soziale Gerechtigkeit, um Bestimmung der Ziele der Produktion im Interesse der Werktätigen einzubringen und durchzusetzen. Wer Gelegenheit hatte, die mangelnde Gesundheitsvorsorge in Fabriken und Produktionsstätten der DDR zu erleben und die durch den Mangel an Filteranlagen verursachte Luftverschmutzung und in ihrer Folge die biologisch toten Gewässer, Flüsse und Seen erinnert, der wüsste Versäumnisse zu benennen, die da nicht weiter ausgeführt sind. Der wirtschaftliche Niedergang der DDR hatte Ursachen und war wesentlicher Grund für die Massenabwanderung der Menschen, die im Vorgarten der westdeutschen Botschaft in Prag sichtbaren Ausdruck fand.

Jürgen Habermas, weltweit gerühmter Philosoph und Sozialwissenschaftler, nimmt die Abwesenheit jeder Bereitschaft von Union und FDP, im Einigungsvertrag auf denkbare Errungenschaften in der DDR einzugehen, und die Enttäuschung darüber mit dem ironischen Hinweis auf: »Jener Vertrag, den Herr Schäuble (CDU und Unterhändler Bonns) in Gestalt von Herrn Krause (CDU-Ost und Unterhändler der aus den Wahlen hervorgegangenen Regierung de Maizière, CDU) mit sich selbst abgeschlossen hat, musste als Ersatz dienen für einen Gesellschaftsvertrag, den die Bürger zweier Staaten miteinander hätten.«

Ich bin sicher, dass Michael Benjamin es nicht dabei belassen hätte, die Schuld für derlei Versäumnisse im

Einigungsprozess ausschließlich der mangelnden Einsicht des Westens anzukreiden. Auch die Debatte über das, was bleibt, und das, was sich künftig für die Linke aus der sichtbaren Krise des Kapitalismus an Gestaltungsräumen erneut öffnet, hätte er sicher durch klugen Rat anreichern können. Sein wichtigster Ausgangspunkt dabei war das »Demokratiedefizit in der DDR«, für ihn »einer der Gründe ihres Scheiterns«. In einer Kritik an André Bries Buch »Befreiung der Visionen« machte er klar, dass »Demokratie ein unabdingbarer Bestandteil« auch seiner Sozialismusvorstellung sei.

Dies führte ihn dann zugleich zu einer kritischen Auseinandersetzung mit der Verfassungs-, Staats- und Rechtskonzeption der DDR. Zu Recht wendete er sich gegen die platte Formel vom »Unrechtsstaat«. Niemand würde die Weimarer Republik Unrechtsstaat nennen, obgleich rechtliche Willkür an der Tagesordnung war. Keiner kritisierte die Justiz in Weimar und damit die Wirklichkeit des bürgerlichen Rechtsstaates treffender als Kurt Tucholsky. Ein Zitat, das ich lange suchte, um es dann in Wüstes Benjamin-Sammlung zu finden: »Das Mädchen Justitia spielt munter auf dem Klavier piano und forte, wie es trifft. Es ist ein feines Mädchen. Mild ist sie gegen Adel, Studenten, Offiziere, Nationale. Da wird nicht zugeschlagen. Aber gegen die Arbeiter? Allemal.«

Und wer die zwanziger Jahre genauer betrachtet, wird zu dem gleichen oder doch ähnlichen Ergebnis kommen, das Michael Benjamin dem Zitat Tucholskys anfügte: »Diese Verwaltung und diese Justiz vollzogen 1933 mit ganz wenigen Ausnahmen den nahtlosen Übergang in das Lager des Nazifaschismus und Jahre später nicht minder nahtlos in die BRD.«

Dieser Einschätzung der »blinden« bürgerlichen Justiz entsprach seine Analyse des DDR-Rechtssystems, dem er nicht weniger kritisch gegenüberstand, wenn er konstatierte: »... dass die Verfassungs-, Staats- und Rechtskonzeption der DDR mit Prinzipien wie Gewalteneinheit, verfassungsmäßiger Verankerung der führenden Rolle der SED (marxistisch-leninistische Kampfpartei), Ablehnung der Verfassungsgerichtsbarkeit und der gerichtlichen Kontrolle von Verwaltungsentscheidungen letztlich das Kriterium der historischen Praxis nicht bestanden hat. Die These von der Einheit gesellschaftlicher und Individualinteressen führte zur Unterordnung der Letzteren unter die Ersteren.« Damit seien die Grundsätze der unmittelbaren Mitgestaltung der Bürger und ihrer gesellschaftlichen Initiative ausgehöhlt und einer immer problematischer werdenden Wirtschaftspolitik untergeordnet worden. Für Michael Benjamin waren daher ebenso »rechtsstaatliche Strukturen eine wichtige demokratische Errungenschaft, die eine sozialistische Partei nicht ungestraft ignorieren kann« und hinter die »kein Sozialismusansatz zurückgehen« dürfe.

Wie sehr ihn diese Frage beschäftigte, zeigte sein selbstkritischer Blick auf eigene Fehlleistungen, die er sich nicht verziehen hat, wie etwa zum Thema »Die Kommunisten und das Grundgesetz«. Er erinnerte sich dabei an die 1988 wieder aufgenommene »Rechtsstaatsdebatte« in der DDR – in dem »verspäteten und letztlich wirkungslosen Versuch, die DDR zu legitimieren«. Wörtlich merkte er dazu an: »Die Artikel, die ich damals schrieb, wie etwa ›Die Deutsche Demokratische Republik – ein sozialistischer Rechtsstaat‹ –, gehören zu dem Schlechtesten, was ich geschrieben habe. Nicht wegen des Themas, wohl aber wegen ihres apologetischen Charakters und des sorgfältigen Umgehens der real bestehenden Probleme und Widersprüche.«

Grischa machte in seiner Rede am Grab des Vaters ja selbst deutlich, dass dies auch schon in der DDR zum Selbstverständnis Michael Benjamins gehörte. Er nannte es den »ständigen Konflikt«, dem sich nicht nur er ausgesetzt sah. »Wir lebten in der DDR, unserem, Deinem Land, dem Land, in dem wir versuchten, unsere Ideale zu verwirklichen, und in dem vieles nicht so lief, wie wir uns das wünschten oder erhofften. Und immer wieder die Frage, wie verändern, wie tätige Kritik üben, ohne das ganze Gebäude zu zerstören und doch etwas zu bewirken.«

Der Sohn stellt in seinem Rückblick fest, dass sein Vater 1985, nach seiner Rückkehr aus Moskau, nunmehr Prorektor in Babelsberg an der Akademie für Staat und Recht, fünf Jahre lang versuchte, der Partei- und Staatsführung nahezubringen, was sich in Moskau zu verändern begann. »Du versuchtest die Erfahrungen aus Moskau umzusetzen und auf die Führenden einzuwirken und ihnen begreiflich zu machen – nicht lautstark, marktschreierisch – eher in persönlichen Gesprächen, Vorlagen, Analysen.« Manches sei immerhin in kleinen Schritten begonnen worden – »zu kleinen Schritten, wie sich 1990 zeigte«. Er hätte vermutlich auch im fünften Deutschland so gehandelt, wenn auch unter anderen gesellschaftlichen Voraussetzungen. Ich bin sicher, dass ich Michael Benjamin auf keiner Tribüne gefunden hätte, um von oben herab auf das Spielfeld zu gucken. Er hätte sich wieder und wieder eingemischt.

Das fünfte Deutschland steht vor benennbaren großen Problemen: Es braucht zum Beispiel Einwanderung, um den demografischen Wandel und die spürbare Alterung der Gesellschaft auszugleichen. Ursulas Enkel Laura und Jakob sind beide kurz vor der Wende geboren und im wiedervereinten Deutschland aufgewachsen. Auch ihre Frage ist, ob die Linke heute dazu beitragen kann, den Veränderungsprozess, den Deutschland als Einwanderungsland durchmacht, ohne aggressive Abwehr der noch Mehrheitsdeutschen politisch zu beherrschen. 2012 meldete das statistische Bundesamt einen positiven Saldo in der Bevölkerungsstatistik durch Einwanderung trotz einer Geburtenrate, die 2011 erneut auf dem bislang tiefsten Stand verharrte, trotz Auswanderung und Sterblichkeit; erstmals seit Jahren sei dennoch die Bevölkerungszahl gewachsen. Erklärt wird das mit der Zuwanderung junger Menschen aus den europäischen Krisenländern Spanien und Griechenland, die auf Jobs in Deutschland hoffen.

Es wird sich zeigen, ob die Integrationskraft der Gesellschaft dafür reicht, auch ob die notwendige finanzielle Basis gelegt wird, damit Einwanderer angemessene Förderung erfahren, um in der neuen Heimat anzukommen. Alles in allem wird sich darüber auch die Frage entscheiden, ob Deutschland in der globalisierten Welt seinen Platz unter den wichtigsten exportorientierten Nationen behaupten kann oder ob es an seinen inneren Widersprüchen zerbricht und an seiner Provinzialität erstickt.

Bislang hat die aus der DDR herübergewanderte Linke eher versäumt, erkennbar zu machen, was sie sich politisch zutraut. Beide gemäßigt linksdemokratischen Parteien in Deutschland, SPD und Linke, denken zu großen Teilen noch immer in den Kategorien der Teilstaaten, aus denen sie kommen. Die Dimensionen des fünften, des größeren Deutschland, haben damit wenig zu tun. Desgleichen ist auch ablesbar an der Europapolitik der konservativen Parteien, die die wirtschaftliche Kraft des Landes wie eine Keule schwingen, mit der sie Europa in die Knie zwingen, statt ihm aufzuhelfen. Die von den Banken forcierte Finanzkrise könnte dazu beitragen, dass sich die Mehrheiten im Europaparlament nach links verschieben. In Brüssel und in Straßburg könnten die programmatischen Voraussetzungen wachsen, um eine Annäherung der beiden deutschen Arbeiterparteien denkbar zu machen. Über Europa könnte sich entwickeln, was die strukturelle linke Mehrheit in Deutschland dann auch zu einer politisch nutzbaren Mehrheit machen könnte. Ob der dazu notwendige politische Mut auf beiden Seiten reicht, ist allerdings offen.

Das fünfte Deutschland in Europa bedarf dringend eines forcierten Diskurses mit dem Ziel, zu verhindern, dass der vom Zeitungsboulevard mit großen Buchstaben angetriebene Rückfall in nationale Egoismen zu einem Zerfall der Europäischen Union führt.

Immer wieder wird Laura Benjamin, Studentin der Jurisprudenz, konfrontiert mit wenig humorvollen Bemerkungen über ihre Urgroßmutter, die ehemalige Ministerin der DDR. Die meisten dieser Äußerungen sind ohne jede Kenntnis über Hilde Benjamins Leben. Laura sagt, es mache ihr nichts aus. Und doch trifft es sie.

Sie und ihr Bruder haben die Urgroßmutter nicht gekannt. Umso mehr haben sie den Großvater geliebt. Georg erwähnt beim Begräbnis die Unduldsamkeit von Hilde, seiner Großmutter, die auch der Sohn aufblitzen ließ – immer dann, wenn er einfache Unmutsäußerungen, scheinbar oberflächliches Gemeckere oder die mangelnde Bereitschaft zum Denken und Lernen bemerkte. »Du

nanntest es Denkfaulheit, da flossen auch schon mal Trä-
nen des Unverstandenfühlens bei uns, deinen Kindern.«
In der »zutiefst politischen Familie«, da sei Denken einfach vorausgesetzt worden. »Da hatten Zweifel gefälligst
begründet zu sein. Konnte man sie begründen – plausibel –, wurden sie ernst genommen und erörtert. Das war
nicht typisch für die Zeit, doch typisch für uns, für euch,
für dich.«

Laura lacht verschmitzt, als ich in ihrer kleinen Küche
in der gemütlichen Studentenwohnung in Pankow sitze,
und erinnert den warmherzigen Großvater, der Klugheit
und profundes Wissen mit Humor und Lebensfreude paa-
ren konnte. Zum schmallippigen, sinnenfernen Intellektuellen taugte er nicht. Laura und Jakob erinnern sich
gleichzeitig an den an die Tür seines Arbeitszimmers ge-
hefteten Zettel, dessen Aufschrift sie gemeinsam aus dem
Gedächtnis zitieren: »Hätte ich gewusst, wie viel Spaß Enkelkinder machen, hätte ich sie zuerst bekommen.«

Dass er gern und gut kochte, war seinem wachsenden Tail-
lenumfang anzusehen. Schon seinen Kindern überreichte
er zum 18. Geburtstag ein selbstverfasstes Kochbuch.
Sohn Georg konnte dabei in einem Vorwort lesen, dass
die Vorstellung, die Frau gehöre an den Kochtopf, ein Märchen sei, das zwar immer wieder aufgewärmt würde, aber
»restlos passé« sei. Wahr bleibe allerdings, dass »die Liebe
durch den Magen geht«. So hielt er es auch mit den En-
keln, die zur Jugendweihe mit seinen Kochrezepten ausgestattet wurden, verbunden mit der Aufforderung, sie
mit eigenen Rezepten anzureichern. Ihm war ein Apho-
rismus Walter Benjamins ganz nahe: »Nur nebenbei sei
angemerkt, dass es für's Denken keinen besseren Start

gibt als das Lachen. Und insbesondere bietet die Erschütterung des Zwerchfells dem Gedanken gewöhnlich bessere Chancen dar, als die der Seele.«

Laura studiert Jura und Jakob Architektur. Sie waren schon mehrfach längere Zeit zu Studium oder Praktikum im Ausland, Laura war zuletzt als Praktikantin am Generalkonsulat der Bundesrepublik in New York. Ihr Menschenbild ist auch vom Großvater geprägt, weit entfernt von dem Mangel an Respekt, der manche Jugendszene prägt und einen konstruktiven Umgang miteinander erschwert, ja unmöglich macht. Laura und Jakob beobachten aufmerksam die Welt um sich herum und sind nicht sicher, ob sie in Deutschland bleiben oder gehen werden. Sprachbarrieren kennen sie nicht.

Würden sie bleiben und diesem fünften Deutschland zur Verfügung stehen, sie hätten Bündnispartner. Das ganze Spektrum der Jugendszenen im deutschen Alltag findet sich seit zwei Jahren mehrfach wöchentlich in den sieben Themenräumen der interaktiven Ausstellung »7x^{jung}« (7mal jung) in den S-Bahn-Bögen am S-Bahnhof Bellevue. Dort hat der Verein »Gesicht Zeigen!« neue Wege beschritten, um Gegenwart und jüngere Geschichte zu verknüpfen. Mehr als 4000 Schüler zwischen zwölf und achtzehn Jahren waren schon in den künstlerisch gestalteten Räumen und sind mehrere Stunden in Workshops zusammen. Viele haben bereits Ausgrenzung erfahren. Sie lernen hier am Beispiel ganz persönlicher Episoden, wohin Ausgrenzung von Minderheiten in der deutschen Geschichte nach 1933 geführt hat, und setzen dies zu ihrer eigenen Lebensrealität heute in Bezug.

Das Gästebuch ist voll mit Kommentaren der Schüler, auch mit Lob internationaler Delegationen, oft vom Auswärtigen Amt geschickt , die das Konzept bewundern, das Schulklassen für einige Stunden anregt, sich einander zuzuwenden. Im Schulalltag finden sich dazu nur selten Gelegenheiten. Es kommen oft Jugendliche aus Schulen mit bis zu 90 Prozent Schülern aus Einwandererfamilien. Ab und zu sind auch Klassen der gymnasialen Oberstufe dabei. Und Jan erinnert Gymnasiasten, die hier erstmals über ihre Erfahrungen mit jugendlichen Neonazis erzählen und sich bestärkt fühlen, gewaltfreie Gegenstrategien zu entwickeln. Sie haben in ihrem Alltag, bis hin zu körperlichen Auseinandersetzungen, täglich damit zu tun. »Aber da ist keiner, der uns darauf anspricht, weder in der Schule oder mit Lehrern, auch nicht zu Hause.«

Auch in den anderen Projekten gibt es Anregung für Respekt und Toleranz, um demokratisches Festland zurückzugewinnen. Ohne die vielen, die ihr freiwilliges soziales Jahr bei Gesicht Zeigen! machen, könnte der Betrieb nicht aufrechterhalten werden. Das gilt für manch andere Initiative auch, die sich gegen den Strom zunehmender rechter Gesinnung stellt. Mit dieser Arbeit tragen die Initiativen zur Stärkung des demokratischen Europa bei, das in manchen Regionen Italiens, Polens oder Tschechiens auf dem Rückzug ist. Besonders verheerend die Lage in Ungarn, wo sich ein despotisches Regime ausbildet und eine schwächliche europäische Antwort bekommt.

Das fünfte Deutschland hätte mit seiner Geschichte eine Bringschuld, zumal als wirtschaftlich stärkstes Mitglied der Union. Aber kommt es dieser Verantwortung nach? Ist es wirklich so falsch, wenn der Europäer und luxemburgische Ministerpräsident Jean-Claude Juncker kritisch anmerkt, die Deutschen würden die EU wie eine Filiale behandeln und beständig mit Europa Innenpolitik machen? Er bestätigt damit doch nur den Eindruck, den ohnehin viele Beobachter haben, dass Berlin geradezu fahrlässig mit dem gemeinsamen Europa umgeht. Auch die Linke trägt dazu bei. Sie hat eine unklare Haltung, mit welchem Bild von Europa sie ihre politische Zukunft bestreiten will.

In der Krise selbst wird überdeutlich, dass die bürgerlich-kapitalistischen Gesellschaften erneut einem Tiefpunkt zustreben. Gerade mal die Hälfte der deutschen Studierenden kommt aus nichtakademischen Familien, davon zwei Prozent aus bildungsfernen Schichten. Der Skandal liegt in solchen und ähnlichen Zahlen, weil sie deutlich machen, wie sehr die Selektionsmechanismen zwischen oben und unten in der Gesellschaft eingespielt sind. Ein anderes Ergebnis ist ablesbar an der Zahl der funktionalen Analphabeten, deren Dunkelziffer bei sieben Millionen Menschen in Deutschland liegt. Von den jugendlichen Schulabgängern erreichen zehn Prozent eines Jahrgangs, je nach Jahrgangsstärke zwischen 60 000 und 80 000, nicht einmal den Hauptschulabschluss und verstärken damit das Heer der arbeitslosen-Hartz-IV-Empfänger. Jedes fünfte Kind in Deutschland lebt in einer Familie unter der amtlichen Armutsgrenze.

Wie damit umzugehen ist, lässt sich bei Walter Benjamin nachlesen. »Armut schändet nicht. Ganz wohl. Doch sie schänden den Armen. Sie tun's und sie trösten ihn mit dem Sprüchlein. Es ist von denen, die man einst konnte gelten lassen, deren Verfallstag nun längst gekommen. Nicht anders wie jenes brutale ›Wer nicht arbeitet, soll auch nicht essen‹.«

Es lohnt, bei Walter Benjamin zu bleiben und seinem

Nachdenken zu folgen, wenn er schreibt: »Als es Arbeit gab, die ihren Mann nährte, gab es auch Armut, die ihn nicht schändete, wenn sie aus Misswachs und anderem Geschick ihn traf. Wohl aber schändet dies Darben, in das Millionen hineingeboren, Hunderttausende verstrickt werden, die verarmen. Schmutz und Elend«, so beschreibt er es in der »Einbahnstraße«, »wachsen wie Mauern als Werk von unsichtbaren Händen um sie hoch.« Benjamin ist überzeugt: »Nie darf einer seinen Frieden mit Armut schließen, wenn sie wie ein riesiger Schatten über sein Volk und sein Haus fällt.«

Es könnte ebenso ein Kommentar sein zu den täglich verfügbaren aktuellen Messdaten in der heutigen Wirtschaft, in der es immer mehr Arbeitsplätze gibt, die den Mann, die Frau nicht nähren. Billigjobs zerstören das Selbstbewusstsein der Menschen, die arbeiten und doch von ihrer Arbeit nicht leben können und den zweiten oder dritten Job brauchen, um allein oder mit Familie zu überleben. Walter Benjamin fordert klares Bewusstsein für diese Form der Ausbeutung und Selbstausbeutung und sagt: »Seine Sinne wachhalten für jede Demütigung, die ihnen zuteil wird, und so lange sie in Zucht nehmen, bis sein Leiden nicht mehr die abschüssige Straße des Grams, sondern den aufsteigenden Pfad der Revolte gebahnt hat.«

Seinem aktuell wirkenden Text folgt seine nicht minder aktuelle Kritik an den Medien und ihrem Unvermögen, das ökonomische Chaos seiner Zeit, das schließlich in die Katastrophe des Zweiten Weltkriegs mündete, wenigstens analytisch aufzuarbeiten und über die wirklichen Ursachen aufzuklären. »Aber hier ist nichts zu hoffen, solange jedes furchtbarste, jedes dunkelste Schicksal, täglich, ja stündlich diskutiert durch die Presse, in allen Scheinursachen und Scheinfolgen dargelegt, niemandem zur Erkenntnis der dunklen Gewalten verhilft, denen sein Leben hörig geworden ist.«

Auch Georg kommt am Grab seines Vaters an Walter Benjamin nicht vorbei. Für den Vater war er wichtig, »um zu verstehen und zu bewahren«, und in dessen persönlicher Geschichte, in der »zunehmend das Jüdische und damit die Erkenntnisse und das Bekenntnis zu Walter Benjamin, Deinem Onkel, wichtig wurden. (...) Du warst in vielem so wie Walter, der ständig suchende Humanist«. Georg erinnert sich an eine Veranstaltung zu Walter Benjamin, die ein halbes Jahrzehnt zurücklag und in der Michael über ihn und sein Selbstverständnis sprach und über sein Verhältnis zur Geschichte. Das Gleiche könne er über seinen Vater sagen, den er abschließend zitiert: »über die Art, wie Walter Benjamin Deutschsein verstand und wir es, glaube ich, verstehen müssen. ›Von Ehre ohne Ruhm, von Größe ohne Glanz, von Würde ohne Sold‹«.

14. KAPITEL
Was bleibt ...

Oberhalb der Stadt Portbou auf felsigem Plateau das Passagen-Denkmal für Walter Benjamin. Wie angeklebt auf dem Felsen ein Erinnerungsort, den der israelische Künstler Dani Karavan geschaffen hat. Bis hinauf ist die Brandung zu hören, wenn das schäumende Wasser mit weißer Krone auf den Strand klatscht. Das Denkmal wird getragen von einer schmalen Treppe, die von einer rostfarbenen geschlossenen Stahlkonstruktion umfasst ist wie ein Korridor, der übermannshoch Wände und Dach bildet. 68 eiserne Stufen führen nach unten, bis eine massive Glaswand den Sturz in die aufgewühlte See verhindert. Der Blick durch die Glasscheibe und das Gefühl, über dem Meer zu schweben – die Illusion ist vollkommen. Hinter dem Glas – die letzten siebzehn Stufen ins Nichts. Auf dem Glas eingraviert ein Zitat aus Walter Benjamins Aufsatz »Über den Begriff der Geschichte«: »Schwerer ist es, das Gedächtnis der Namenlosen zu ehren als das der Berühmten. Dem Gedächtnis der Namenlosen ist die historische Konstruktion geweiht.«

Der Einstieg in diesen schmalen eisernen Korridor ist offen. Der Treppenschacht gewährt beim Abstieg den Blick auf das Meer unten und beim Aufstieg das Tageslicht am Ende des Tunnels. Das unvollendete Passagen-

Werk Benjamins findet in diesem Auf- und Abgang einen Widerhall. Ein Ort des Erinnerns an ihn, der sich hier in der Nacht vom 25. auf den 26. September 1940 eine letzte Freiheit nahm: Selbst zu entscheiden über (sein) Leben oder den Tod. Die kleine Pension in Portbou, das Hinterzimmer im ersten Stock, in dem er nach Einnahme von Morphiumtabletten todgeweiht gefunden wurde, es gibt sie nicht mehr. An ihrer Stelle ein zweistöckiges Wohnhaus. Ein kleines Schild auf dem Bürgersteig gegenüber dem Neubau erinnert an ihn und den Tag seines Todes.

Bei den spanischen Behörden blieb die Akte Benjamin zurück. Eine unerledigte verstaubte Auslieferungsverfügung mehr auf dem übergroßen Schreibtisch der Geschichte. Die Einreise nach Spanien wurde ihm verweigert, weil in seinen Papieren ein französischer Ausreisestempel fehlte. Die spanischen Zöllner wollten daher die Gruppe am nächsten Morgen nach Frankreich zurückschicken, für Benjamin gleichbedeutend mit der Überstellung an Nazi-Deutschland.

An ihn zu erinnern, wo könnte das besser gelingen als an diesem Ort, seinem Sterbeplatz. Portbou war damals Zwischenstation für viele Flüchtlinge auf dem Weg über Spanien nach Portugal. Freundin Hannah Arendt hatte diesen Ort problemlos passiert, wenige Monate nachdem er dort gescheitert war. Die Verfügung, die den Ausreisestempel vorschrieb, war längst wieder aufgehoben. Hannah Arendt wusste nicht, dass Portbou Benjamins Endstation geworden war. Beide hatten sich wenige Wochen zuvor noch in Lourdes gesehen, wohin sie sich nach dem Überfall der Wehrmacht auf Frankreich von Paris aus abgesetzt hatten. Über lange Gespräche bei endlosen Schachspielen schreibt sie an Theodor W. Adorno.

Ihr erschien dieses 2000-Seelen-Nest über der Bucht an der wilden Küste Spaniens als »einer der schönsten und wunderbarsten Plätze der Welt«. So kann es dem scheinen, der der Hetzjagd der Nazis entkommen ist, wenn er über den letzten Bergkamm der Pyrenäen atemlos ankommt – endlich der Blick frei auf Meer und Küste und auf Portbou, die spanische Grenzstadt mit dem großen Rangierbahnhof. Keine Erzählung über diesen Fluchtweg und die Stadt kommt ohne Hinweis auf die unterschiedliche Schienenbreite aus, die beide Länder nutzen. Entsprechend groß ist der Lärm, der vom Bahnhof herüberdringt, wenn die Waggons von einem Gleis auf das andere geschoben werden.

Meine Frau und Sohn Tom, gerade neun Jahre alt, fahren mit mir im Auto die kurvenreiche Strecke zur französischen Seite der Pyrenäen nach Banyuls-sur-Mer, dem Ausgangspunkt seiner Fluchtroute. Von dort wollen wir Walter Benjamins Weg nachgehen, den er nach Portbou nahm. Seit Tagen schönstes Sonnenwetter, es ist die erste Oktoberwoche. Im Autoradio heißt es, nie zuvor habe es zu dieser spätherbstlichen Jahreszeit so warme Tage gegeben. Ob das dem Klimawandel geschuldet ist, frage ich mich, als ich das Auto am Stadtrand parke.

Nach wenigen Metern das Schild, auf dem wahlweise Chemin oder Ruta Walter Benjamin zu lesen ist. Hier begann der Fluchtweg der kleinen Gruppe mit Walter Benjamin und Henny Gurland, die als Fotografin u. a. für den sozialdemokratischen »Vorwärts« in Berlin gearbeitet hatte, und ihrem Sohn Joseph. Die drei waren, seit sie sich in Marseille getroffen hatten, gemeinsam unterwegs. Geführt von Lisa Fittko, die 1933 aus Berlin nach Frankreich emigriert und in den Pyrenäen gestrandet war. Sie und ihr Mann Hans kannten sich aus in den Bergen im französisch-spanischen Grenzgebiet und retteten so dutzende Menschen vor den Nazis.

»Chemin Benjamin« ist ebenfalls ein abwärts führender Treppengang, der für Karavan Vorbild für das Passagen-Denkmal gewesen sein könnte. Entlang einer Hausmauer links und rechts von einem wuchernden, dichten Gesträuch begrenzt, von seinem Kronendach dunkel verschattet, ein natürlicher, etwa einen Meter breiter Tunnel. Unten angekommen, führt der Weg in die Weinberge. Die Route, wenige Meter auf festem Untergrund aus Kalk-Sand-Gemisch, schlängelt sich in sanften Kurven den 600 Meter hohen Col de Rumpira hinauf, den blau schimmernden Gipfeln der Pyrenäen entgegen.

Vierzig Jahre später beschreibt Lisa ihr Treffen mit Walter Benjamin. Die Idee dazu hatte der in Israel lebende Freund Walter Benjamins Gershom Scholem. In der Fülle der Veröffentlichungen im Erscheinungsjahr 1980 hatte ich ihr Buch übersehen. Und so waren noch einmal dreißig Jahre vergangen, als es mir antiquarisch in die Hände fiel. Ich lese über diese ferne, lang zurückliegende Begegnung und empfinde nach, von welchen Gefühlen aus Angst und Hoffnung sie begleitet war. Auf dem Buchumschlag ein Foto: Lisa mit einer Zigarette im linken Mundwinkel. Ein leichtes Lächeln im schönen Gesicht. Der Kopf nach rechts geneigt, nachdenklicher Blick. Eine Heldin des Widerstands, deren Buch und fordernde Lektüre mich siebzig Jahre später hierherlockte. Angestrengt und von der Herbstsonne erhitzt, gehen wir zu dritt die Route F (F für Fittko), die Lisa und ihre Gruppe genommen hatte.

In der Hafenstadt Marseille wimmelte es 1940 von Flüchtlingen aus Deutschland und ganz Europa, die aus dem Norden Frankreichs in den noch unbesetzten Süden ausgewichen waren. Schon vor dem Überfall auf Frankreich und dem Waffenstillstand im Juni 1940 und der damit verbundenen Teilung des Landes war die Internierung »aller Deutschen und anderer Ausländer im Alter von 17 bis 50 Jahren« verfügt worden. Später wurde das Internierungsalter auf 65 Lebensjahre heraufgesetzt. Eine Auslieferung an Deutschland auch aus dem nach der Stadt Vichy benannten zunächst »freien« Süden Frankreichs war dennoch immer möglich. Agenten und Denunzianten, die für Geld Flüchtlinge an die Nazis verrieten, gab es reichlich.

Hier hatte Walter Benjamin Lisa Fittkos Mann Hans wiedergetroffen, den er aus dem Internierungslager Vernuche kannte. Beiden war es gelungen, von dort zu entkommen. Vernuche war eines von gut hundert Internierungslagern für tausende Deutsche, die nach 1933 nach Frankreich emigriert waren. Ein zufälliges Treffen im Büro der amerikanischen Gewerkschaften, das mit einer Reihe weiterer Organisationen des Widerstandes zusammenarbeitete, so mit der sozialdemokratischen Gruppe Neu Beginnen und mit den American Friends of German Freedom und der HICEM zur Betreuung jüdischer Flüchtlinge.

Das Büro leitete der amerikanische Journalist Varian Fry, der bis zu seiner Verhaftung 1941 in weniger als zwei Jahren über 2000 Menschen aus Frankreich über Spanien in die USA schleuste. Und viele wurden von Hans und Lisa Fittko über die Grenze nach Spanien geschmuggelt. Das Büro gab es bereits gut ein Jahr vor Eintritt der USA in den Zweiten Weltkrieg. Es war in New York gegründet worden, um prominenten Gegnern Hitlers oder Juden, die in Lebensgefahr waren, die Einreise in die USA zu ermöglichen.

Der Bürgermeister von Banyul-sur-Mer hatte ihnen eine neue Route empfohlen und eigenhändig die Wegskizze gemacht, weil die bislang von Lisa bevorzugte Strecke von Cerbère über die Weinberge nicht mehr sicher war. In ihrem Buch steht dazu: »Jetzt war sie von den ›Gardes Mobiles‹ schwer bewacht auf Befehl der Geheimpolizei der Nazis (Gestapo).« Der neue und sichere Weg liegt höher und ist anstrengender zu gehen. Mancher ihrer Schützlinge war ihm konditionell nicht gewachsen oder durch mangelnde Ernährung so geschwächt, dass oft schwierige Situationen zu bestehen waren.

Walter Benjamin litt an einer Herzmuskelentzündung, daher sollte er übermäßige Anstrengung möglichst vermeiden. Doch er wollte auf alle Fälle gehen. »Die Hauptsache, er ist sicher«, hatte er geantwortet, als Lisa ihm die Wegstrecke erläuterte. Zu seiner Beruhigung und sicher gut gemeint die Empfehlung des Bürgermeisters, das erste Drittel der Strecke schon am Tag ihrer Ankunft in Banyuls auszuprobieren, um sich den Weg einzuprägen: »Ein schöner Spaziergang, höchstens eine Stunde«, hatte er hinzugefügt.

Benjamin brauchte für diesen Probegang, wie wir wissen, mehr als drei Stunden. Alle zehn Minuten Pause, das Herz beruhigen. Wir gehen 71 Jahre später denselben Weg in der Hälfte der Zeit. Aber jeder Stein, der uns ins Rutschen bringt, jedes Hindernis, das sich in den Weg stellt, wenn wir uns an eng gesetzten Weinstöcken auf steilen Berghängen vorbeischlängeln, und jeder Abbruch, den wir, manchmal nur äußerst vorsichtig und uns auf den Händen abstützend, bewältigten, machen deutlich, was Walter Benjamin auf sich nahm.

Beim Aufstieg stelle ich mir die Frage, wo ich in diesen

15 Jahren von 1918 bis 1933 gestanden hätte, wäre ich Zeitgenosse gewesen? Die Hungerjahre nach 1921 und 1929 Inflation, Arbeitslosigkeit, überforderte Reichsregierungen, überall greifbares Elend in einem zerrissenen Land, die wachsende Nazibewegung vor der Tür. Wo hätte ich gestanden? Wäre ich an seiner und der Seite seines Bruders Georg und seiner Schwester Dora gewesen, die das wohlhabende Elternhaus hinter sich ließen? Georg als Mitglied der Kommunistischen Partei Deutschlands, während Walter sich ihr zwar näherte, aber nie Mitglied wurde, zumal er skeptisch war, ob ein bürgerlicher Intellektueller aus seiner Klassenzugehörigkeit einfach aus- oder gar umsteigen könne. Er hielt es für unvermeidlich, zwischen die »Klassenfronten« zu geraten, deren Zusammenstoß er erwartete.

Dem steilen Weg folgend, neben mir der kleine Tom, vor mir, mit leichtem Schritt, meine Frau. Bei mir stetiger Wechsel zwischen der Konzentration auf die Schwierigkeiten des Weges und dem Nachsinnen über Walter Benjamin, der vermutlich nur von dem Willen getrieben war durchzuhalten. Von seiner einsamen Nacht auf dem Berg weiß ich erst durch Lisa Fittkos Erinnerungen. Seitdem lese ich über ihn, was mir in die Hände fällt.

Den Weg durch die Pyrenäen nachzugehen, hatte ich mir als erste Annäherung an diesen Mann und sein Schicksal vorgenommen. Vieles wurde nach und nach deutlicher, auch die Gewissheit, mit den Benjamins, von Walter über Georg, bis zu Hilde und Sohn Michael und seiner Frau Ursula, durch fünfmal Deutschland gehen zu können. Ich habe das Glück, dass mir Ursula Benjamin Zugang zu dem von ihr verwalteten Nachlass gewährt, ihre Briefe und manche Dokumente sind die Wegweiser, die erkennen lassen, was sie prägte. Von Walters Geschwistern wissen wir vor allem durch Hilde, Georgs Frau, und deren Sohn Michael, der zum Ende der Weimarer Republik geboren wurde.

Und Walter Benjamin – er wirkt weit hinein in das 20. und 21. Jahrhundert. Die gegen die schweigende Tätergeneration der Väter und Großväter Ende der sechziger Jahre des vorigen Jahrhunderts revoltierten, erwiesen ihm Dank für die Erkenntnisse, die sie in seinen Schriften fanden. Sie machten auf ihn neugierig. Heute ist er weltweit bekannt und Portbou die Stadt, in der das Passagen-Denkmal von seiner Aura erzählt.

Michael Benjamin, der sich immer wieder intensiv mit dem berühmten Onkel und seinem Denken beschäftigte, erinnerte am 15. Mai 1994 bei der Einweihung des Passagen-Denkmals in Portbou daran, dass Benjamin als Flüchtling starb, dem das Asyl verweigert wurde. Erneut wird nicht nur in Europa Flüchtlingen Asyl verweigert. Wer zählt sie, die über das Mittelmeer die Küste Italiens und damit Europa zu erreichen hoffen und auf leckgeschlagenen Seelenverkäufern dafür mit dem Leben bezahlen? Wer Deutschland dennoch als politischer Flüchtling erreicht und anerkannt werden will, hat einen langen Weg vor sich, der fast immer mit der Abschiebung endet und damit in das Elend zurückführt, dem er entkommen wollte. Asylrecht und Ausländerrecht bedürfen dringend der Reform.

Dani Karavans Denkmal für Walter Benjamin war der Anlass, in die kleine Stadt zu fahren. Sonst hätte ich Portbou wohl nie besucht. Der Herbst ist fast vorbei, nur wenige Touristen schlendern noch in den Straßen. Von See weht eine frische Brise. Sie wirbelt Sand auf und reizt die Augen. Mittägliche Ruhe. Läden, die noch auf Käufer hoffen, schließen mittags und werden nicht vor 17 Uhr wieder öffnen. Portbous Rambla lädt ein unter schattigen Bäumen mit Straßencafés und Restaurants.

Der Platz war gewiss zu jeder Zeit Anziehungspunkt. Auch während des Spanischen Bürgerkriegs, der im Juli 1936 in Spanisch-Marokko seinen Ausgangspunkt nahm und bis April 1939 wütete. Von Frankreich kommend, ein Strom von Flüchtlingen aus Deutschland und Österreich, die nach der Machtübergabe an die Nazis und den Anschluss Österreichs fliehen mussten. Täglich passierten tausende die Grenze. In der ehemaligen Grenzstation erinnert heute eine Fotoausstellung an die damalige Dramatik. Es spiegeln sich Furcht und Elend des Weges ins Exil. Auch Kinder sind zu sehen mit großen Augen in ausgemergelten Gesichtern, die oftmals ohne Eltern über die Grenze wechselten. Kinder-Camps wurden eingerichtet für die, die ohne Eltern kamen und über die Grenze geschickt wurden in der Hoffnung, dass wenigstens sie den Nazi-Häschern entkommen und überleben sollten.

Auf der linken Seite der Rambla, nahe dem Hafen von Portbou, liegt eine Polizeistation, in der Walter Benjamin die Weisung erhalten haben könnte, sich am nächsten Tag erneut zu melden, damit er den französischen Behörden überstellt werden konnte. Die Pension, in der er und die Gurlands übernachteten, war gleich um die Ecke, ein paar Schritte hinein in eine kleine Seitenstraße, die auf die Rambla mündet. Walter Benjamin war nach dem gut neunstündigen Fußmarsch über die Berge völlig erschöpft. Einige Male hätte er ohne Hilfe von Lisa und Joseph, die ihm halb ziehend, halb tragend halfen, den Berg hinaufzukommen, das Ziel nicht erreicht.

Ob er hier gesessen hat, fast ausgetrocknet von Hitze

und Anstrengung, vor einem Glas Wasser oder einer Limonade? Ob ihm hier seine Situation so ausweglos erschien, dass sein Denken nur in die eine Richtung wies? Neun Stunden quälende Wegstrecke, um dann hier zu stranden? Zurück über die Berge nach Banyuls-sur-Mer, um es erneut zu versuchen, dazu fehlte ihm die Kraft. Eine Abschiebung nach Frankreich aber wäre der direkte Weg in ein deutsches Todeslager. Er zählte die Morphiumtabletten, die ihm geblieben waren. Vor der Reise nach Banyuls-sur-Mer hatte er in Marseille Arthur Koestler getroffen und seinen Vorrat mit ihm geteilt. Er kannte Koestler aus Paris, beide hatten im selben Haus in der Rue Dombasle gewohnt. Auch Koestler war auf dem Weg nach Lissabon. 25 Tabletten blieben ihm noch. Eine letzte Entscheidung war zu treffen.

Die spanischen Behörden stellten den Totenschein auf den Namen Dr. Walter Benjamin aus und bestatteten den Juden auf dem katholischen Friedhof von Portbou. Das Manuskript in der Aktentasche, von dem er sagte, es sei wichtiger als sein Leben und dürfe nicht in die Hände der Gestapo fallen, es ist nie gefunden worden. Niemand weiß, wo die von der spanischen Polizei registrierten persönlichen Gegenstände geblieben sind, seine goldene Taschenuhr, eine Brille, eine Röntgenaufnahme und seine Tabakspfeife. Wer nahm sie an sich und warum? Wem wurden sie ausgehändigt und auf wessen Geheiß? Sein Tod gibt noch immer Rätsel auf.

Wer das Denkmal von Karavan sucht, findet schnell den Wegweiser, der zu den Klippen oberhalb der Stadt führt. Am Ende der schattigen Straße eine letzte Kurve und vor einem der rostbraune schmale eiserne Schacht, der die Treppe zum Meer verbirgt. Da ist kein Pathos, nichts, was ablenkt von der Aura des Walter Benjamin. Das Mahnmal liegt nur wenige Meter von dem kleinen Urnenfriedhof entfernt, auf dem die Grabstelle zu finden ist, die ein freundlicher Friedhofswärter eingerichtet hat. Jetzt konnte er antworten, ohne bedauernd mit den Schultern zu zucken, wenn Touristen fragten.

Das ursprüngliche Grab war eingeebnet worden. Henny Gurland hatte für fünf Jahre die Grabgebühr bezahlt, ehe sie und ihr Sohn nach Portugal weiterreisten. Die Grenzwachen, von Benjamins Selbstmord erschüttert, hatten ihnen die Weiterfahrt erlaubt. Und als in den sechziger Jahren und danach der Strom der Benjamin-Touristen anschwoll, stiftete die Stadtverwaltung von Portbou für die Grabstätte einen Gedenkstein, der ganz offiziell an den prominenten Toten erinnert. Wo genau er ursprünglich begraben war, ist nicht überliefert.

Dani Karavan beschreibt in einer Hommage an Walter Benjamin, was ihn bewog, das Denkmal wenige Meter vor dem Friedhof zu errichten: »Auf dem Friedhof habe ich verstanden, dass nur dort der Ort sein kann, um sein Andenken aufzuzeigen, wie auch seine Tragödie (...). Das Geräusch der Züge, von dem großen Grenzbahnhof her, wie das Geräusch der Deportation zu den Lagern. Der Tod, die Grenze, die Hoffnung; ich hatte keine andere Wahl, ich hatte keine Wahl, alles wurde mir diktiert. Ich wusste, dass der Platz für die Hommage in der Nähe des kleinen Friedhofs sein musste. Und dann plötzlich beschert mir die Natur ein erstaunliches, bewegendes Schauspiel, einen Strudel, der aus dem Meer zwischen den Felsen brandet. Das Wasser strudelt, fällt tobend in die Tiefe, springt mit Getöse wieder hoch, dann Ruhe, Frieden. Und von neuem wiederholt sich dieses erstaunliche Schauspiel wie das Schlagen eines wunden Herzens. Und die Wogen schlagen an die Felsen, wie man sich an die Brust schlägt.« Und dann habe er den »Olivenbaum gesehen, der gegen den salzhaltigen Wind und den dürren Boden um sein Überleben kämpft«, und der Horizont, die Freiheit versperrt von einer Barriere, der Barriere des Friedhofs. Und alle diese Elemente, sagt Karavan, die dort zu finden seien, seit und bevor Walter Benjamin versucht habe, in die Freiheit zu gelangen, alle erzählen die tragische Geschichte dieses Mannes.

Diese Empfindungen Karavans vermitteln sich auch dem Besucher, wenn er den Eingang des eisernen Korridors erreicht. Es gleicht dem Gefühl Karavans, nur dieser Gedenkort könne es sein. Ich gehe hinüber zu dem kleinen Urnenfriedhof. Vor dem Gedenkstein frische Blumen. Ein frischer Kranz mit bedruckter Schleife: Die Stadt Portbou erinnert an den Todestag am 26. September 1940. Ebenfalls vor dem Grabstein, wie hingeweht, die schon erwähnte Postkarte aus DDR-Zeiten. Sie zeigt den Alexanderplatz vor der Vereinigung der beiden deutschen Staaten. Wer mag sie auf den Grabstein gelegt haben? Ob der oder die Unbekannte sich der Symbolik dieser kleinen Geste bewusst war? Eine wortlose Erinnerung an ein untergegangenes Land.

»Filosof alemany« steht auf dem Gedenkstein der Grabstelle. Sie ist an der Frontseite des Urnenfriedhofes zu finden, auf dem oberen Teil der in Stufen angelegten Ruhestätte. Ob er sich in die Reihe der deutschen Philosophen hätte stellen lassen? Für die Katalanen jedenfalls scheint dies selbstverständlich. Auch Mischa Benjamin, sein Neffe, stellt die Frage und gibt seine Antwort in einer Rede zur Eröffnung der Ausstellung »Grenzüberschreitungen« im Institut für Sozialgeschichte in Amsterdam am 16. September 1993:

»Hätte er diese Benennung akzeptiert – er, der sich mit der Kabbala auseinandersetzte, sich lange Zeit dem Zionismus und sein Leben lang dem Judentum verbunden fühlte? Der von der deutschen Hochschulgelehrtheit zurückgewiesen und aus Deutschland vertrieben wurde? Den die Gestapo suchte? Er, der mit Vorliebe in Paris lebte und sich den Franzosen Charles Baudelaire und Marcel Proust wesensverwandt fühlte? Der in welthistorischen Zusammenhängen dachte?

Dennoch – ich will es wagen, zu behaupten, Walter Benjamin hätte diese Bezeichnung akzeptiert. Freilich war es wohl eine andere Art von Deutschsein, die ihm vor Augen stand, als jene, die damals unter dem ›Schlägelgehüpf aus klappernden Knochenstücken‹ praktiziert wurde, wie Gertrud Kolmar schrieb, seine Cousine, deren dichterische Kraft gleich der seinen erst nach ihrem Tode und der Befreiung vom Nazifaschismus sichtbar wurde, eine Kämpferin des Wortes wie er. Gewiss auch ein anderes Deutschsein, als es uns heute unter blauen oder andersfarbenen Helmen wieder präsentiert zu werden beginnt und an das die Welt sich gewöhnen soll. Walter Benjamins Art, deutsch zu denken, wäre wohl kaum jene, die heute schon wieder ›out of area‹ und außerhalb der deutschen Grenzen präsent ist.«

Auch ich stehe vor dem Erinnerungsort wie damals Michael Benjamin, ehe wir zu dritt nach Banyuls fahren, um die Ruta Walter Benjamin zu gehen. Lisa Fittko brauchte für ihren Rückweg von Portbou nach Banyuls-sur-Mer zwei Stunden. Und sie erinnerte sich des Gefühls unendlicher Erleichterung in der Annahme, die kleine Gruppe

337

sicher ans Ziel gebracht zu haben. Erst Tage später erfuhr sie vom Selbstmord des »alten« Benjamin, dessen »kristallklares Denken und unbeugsame innere Kraft« sie bewunderte und dessen sichtbare Lebensuntüchtigkeit ihr immer wieder ein Lächeln abrang.

Wir hängen unseren Gedanken nach. Tom pendelt auf unserem Rückweg zwischen meiner Frau und mir und nimmt so die Strecke zweimal. Sie schafft auf Wanderungen in den Bergen – rauf wie runter – mühelos Vorsprung. Tom hält den Kontakt. Die Hitze hat nachgelassen, ein leichter Wind fächelt uns Luft zu. Der Weg hinauf hatte Tom angestrengt. Mehrfach musste ich ihn ermuntern, den jeweiligen Schattenplatz zu verlassen, der ihm etwas Kühlung brachte. Daher seine misstrauische Frage, woher ich wisse, dass dies wirklich der Weg sei, »den der Herr Benjamin« genommen habe. Und woher ich von ihm und seiner Flucht wisse. Und ob er Kinder hatte. Und ich erzähle, was ich weiß, auch von seiner berühmten Kinderbuchsammlung und wie sehr er Kinder liebte.

Wer sich Walter Benjamins erinnert und nicht wegen der oft schweren Kost seiner Werke die Begegnung mit ihm versäumt hat, der wird nicht versucht sein, in der Vergangenheit zu flanieren, sondern Texte oder Aphorismen ganz jetztzeitig einzuordnen. Der berühmte Essay »Das Kunstwerk im Zeitalter seiner technischen Reproduzierbarkeit«, der davon spricht, dass der Tonfilm den Stummfilm ablöste und die Macht der Bilder noch verstärkte. Seine Erfindung fiel in das Zeitalter des großen ideologischen Streits im 20. Jahrhundert. Hitlers Propagandaminister Goebbels erkannte die Verführung, die das neue Medium ermöglichte, und nutzte den Tonfilm für seine Propaganda. Vieles von dem, was Benjamin hellsichtig sagte und über die Mordbande um Hitler analysierte, gab bereits Antwort auf Fragen, die sich daraus ergaben und zu spät gestellt wurden.

Beinahe wäre der Plan gescheitert, diesen Ort der Erinnerung zu errichten. Alles schien 1991 schon geklärt. Das Auswärtige Amt in Bonn war bereit, Entwurf und Ausführung von Dani Karavans Passagen-Denkmal mit einer Millionen Mark zu finanzieren. Karavans Vorstellungen waren auf einhellige Zustimmung gestoßen. Viele sahen darin eine Abkehr von einer Diskussion über Mahnmäler und Denkorte für die Opfer des Nazi-Regimes, die noch jeden Toten gleichstellte, ob Täter oder nicht. Was Politiker beitrugen, war häufig zum Fürchten, wie die FAZ 1991 schrieb: »Ein heilloses Lavieren zwischen Opfern und Tätern, mit Grauzonen, in denen selbst die Waffen-SS noch auf ein treues Angebinde rechnen durfte.« Das Frankfurter Blatt feierte Karavans Entwurf als »Überwindung von Illustration wie Abstraktion: einen Dialog mit den Denkfiguren Benjamins und den Metaphern des Grenzübertritts, ein Momentum ohne dröhnende Monumentalität, ein Musterbeispiel für den genauen wie vielschichtigen Umgang mit der Landschaft und den Erinnerungen des Orts«.

Die Anregung, den Erinnerungsort zu schaffen, war vom damaligen Bundespräsidenten Richard von Weizsäcker ausgegangen. Die Einweihung war für den Sommer 1992 geplant. Er hatte seinen israelischen Amtskollegen Chaim Herzog dazu eingeladen, wie der in einem Brief an Dani Karavan mitteilte. Die Grundsteinlegung fand im September 1991 statt. Bei dem Festakt in Portbou werden Grußbotschaften verlesen von Bundespräsident von Weizsäcker, vom spanischen Kulturminister und Autor Jorge Semprún und seinem französischen Amtskollegen Jack

Lang. Die Berichterstattung in Spanien und Deutschland war umfassend und bemerkenswert.

Obwohl die Zusage des Auswärtigen Amts vorlag und damit die Finanzierung gesichert schien, türmten sich plötzlich Hindernisse auf. Der Bundesrechnungshof war – offenbar gezielt – falsch informiert. Und damit war vorprogrammiert, was dann folgte: Die Schlagzeile der Bild-Zeitung: »Fast eine Million für eine Gedenkplatte«. Die Illustrierte »Neue Revue« stellte Außenminister Genscher in die Reihe der »schlimmsten Steuerverschwender«. Das Blatt veröffentlichte ein Foto des schlichten Steines, den die Gemeinde Portbou 1990 auf ihre Kosten zum 50. Todestag Walter Benjamins gestiftet hatte. Es wurde der Eindruck erweckt, als ob für diesen Stein eine Million D-Mark fließen sollte.

Der Bundesrechnungshof hatte moniert, dass »aus einer Grabpflegemaßnahme ein Millionenprojekt« geworden sei. Statt dies aufzuklären, stornierte der damalige Außenminister Hans-Dietrich Genscher den Auftrag offiziell. Die Bundesrepublik stand vor einer Blamage. Die Länder Hessen und Baden-Württemberg, die ursprünglich einen kleineren Teil der Kosten tragen wollten, sprangen in die Bresche. In beiden Ländern hatte Walter Benjamin Spuren hinterlassen. Er hatte in Heidelberg einige Semester verbracht. In Frankfurt erlebte er die große Enttäuschung, als seine Habilitation »Ursprung des deutschen Trauerspiels« von der Universität zurückgewiesen wurde. Außerdem war er ja auch Mitarbeiter des renommierten Instituts für Sozialforschung in Frankfurt gewesen.

Wie auch immer, beide Länder ersparten der Bundesrepublik Deutschland eine große Peinlichkeit. Die Realisierung des Karavan-Entwurfs verzögerte sich um zwei Jahre. Die FAZ mutmaßte eine Desinformationskampagne, gesteuert aus dem Auswärtigen Amt. Die das eingefädelt hatten, blieben im Hintergrund. Das Mahnmal wurde gebaut und im Mai 1994 fertiggestellt. Ein Festakt folgte, anwesend die Ministerpräsidenten Hans Eichel für Hessen und Erwin Teufel für Baden-Württemberg. Ebenfalls eingeladen Dani Karavan und Michael Benjamin, seine Frau Ursula und die erwachsenen Kinder und Enkel. Auch Lisa Fittko war angereist. Michael Benjamin ist tief berührt, dass die katalanische Gemeinschaft der ehemaligen Häftlinge des KZ Mauthausen, in dem sein Vater, Walters Bruder Georg, ermordet wurde, offiziell vertreten ist. Sie haben die Gedenkstätte mitfinanziert. Lisa Fittko kam allein aus New York nach Portbou. Ihr Mann Hans war verstorben. Ihre Flucht damals über Kuba nach New York wäre eine eigene Geschichte. Beide gehören zu den stillen Helden, die handelten, als sich andere verkrochen. Die Rechnung derer, die all dies torpedieren wollten, ging nicht auf. Der Gedenkort und seine Formsprache setzten die Erfahrung des Exils um.

Es sollten noch weitere zwanzig Jahre vergehen, bis auch die Geschichte des Außenamtes und seiner Verstrickung in den Nazistaat wissenschaftlich untersucht und aufbereitet wurde: »Das Amt und die Vergangenheit« ist der schlichte Titel auf einem dickleibigen Band. Darin wird die übergroße Nähe des Dienstes und vieler seiner Mitarbeiter nach 1933 zu den Zielen des nationalsozialistischen Staates deutlich. Auch die Rassenideologie und damit verbunden ein unter den zumeist blaublütigen Diplomaten kaum verhüllter Antisemitismus. Die Intrige von 1991 war womöglich eine der letzten Blüten aus der braunen Verstrickung des Auswärtigen Dienstes. Die aufwendige Untersuchung über die Geschichte des Amtes in den zwölf Jahren der Nazi-Diktatur findet bei Walter Benjamin einen passenden Kommentar: »Es ist niemals ein Dokument der Kultur, ohne zugleich ein solches der Barbarei zu sein. Und wie es selbst nicht frei ist von Barbarei, so ist es auch der Prozess der Überlieferung nicht, in der es von dem einen an den anderen gefallen ist.«

Wofür stehen die Benjamins, die Benjamin-Brüder und ihre Schwester Dora? Sie wurden verfolgt, gedemütigt und blieben standhaft. Wie Gertrud Kolmar, Cousine von Walter, Georg und Dora, die Lyrikerin, deren Kunst Michael Benjamin bewundert hat; in Auschwitz ermordet. Und Hilde, die alle überlebte, die junge Frau mit der dunklen Haut und dem pechschwarzen Haar, von den Mitschülern »die Inderin« gerufen, die »arisch« ausgewiesen ist, was ihrem Sohn Schutz gibt. In ihren Briefen und Kassibern ist von Hoffnung zu lesen, die sich fast nie erfüllt. Wie ihr Mann Georg ist sie Mitglied der kommunistischen, von Moskau gesteuerten Weltbewegung. Sie zeigt Zivilcourage, steht zu ihren jüdischen Verwandten und Freunden und kann dennoch nicht verhindern, dass sie nach und nach der Mordmaschine der Nazis ausgeliefert werden.

Mehr als siebzig Jahre nach Kriegsende und der Überwindung der europäischen Teilung schien der Kapitalismus gesiegt zu haben. Diese von vielen übernommene Einschätzung ist brüchig geworden. Politikverdrossenheit und Demokratiemüdigkeit nehmen zu. Typisches Kennzeichen dafür der Rechtsruck, der über die USA und die Tea Party bis nach Russland geht, wo ein ratloser Präsident den Freiheitswillen der jungen Generation brechen will. Quer durch Europa geistert der Seuchenzug des

Rechtsextremismus. Zeitgleich der Rückfall in nationale Egoismen. Nicht weniger als das integrierte Europa steht dabei auf dem Spiel. Zeit, innezuhalten.

Der Kapitalismus in der Krise? Mit dem Ende der bipolaren Welt war auch der rheinische, der demokratische Kapitalismus untergegangen, der die soziale Marktwirtschaft trug. Die Globalisierung hat ihn abgelöst, und seitdem steigt die Zahl ihrer Opfer wie die Zahl der Finanzjongleure und Krisengewinnler in den Banken, die selbst auf den eigenen Untergang Wetten abschließen würden, wenn damit die Umsatzrendite auf 25 Prozent zu wuchten wäre.

Gesucht werden Alternativen, die so etwas ausschließen könnten. Es war die einzige uns bekannte unblutige Revolution, und das ausgerechnet in Deutschland, in der in Alternativen gedacht wurde. Keine Sonntagsrede im wiedervereinigten Land, die ohne Erinnerung an die »friedliche Revolution« auskäme. Freilich wird dabei gern ausgeblendet, dass die Träger dieser Revolution auf die Umgestaltung der DDR hofften und dabei weder den Anschluss noch den Kapitalismus als Gesellschaftsform im Sinn hatten. Es lohnt, den Nachlass der friedlichen Revolutionäre nachzulesen. Sie haben vieles aufgeschrieben, was heute mit dem Stempel »Wiedervorlage« versehen werden könnte. Beispielhaft der Gründungsaufruf von »Aufbruch 89 – Neues Forum« vom 10. September des Jahres 1989:

»Wir wollen Spielraum für wirtschaftliche Initiative, aber keine Entartung in eine Ellenbogengesellschaft. Wir wollen das Bewährte erhalten und doch Platz für Erneuerung schaffen, um sparsamer und weniger naturfeindlich zu leben. Wir wollen geordnete Verhältnisse, aber keine Bevormundung. Wir wollen freie, selbstbewusste Menschen, die doch gemeinschaftsbewusst handeln. Wir wollen vor Gewalt geschützt sein und dabei nicht einen Staat von Bütteln und Spitzeln ertragen müssen. Faulpelze und Maulhelden sollen aus ihren Druckposten vertrieben werden, aber wir wollen dabei keine Nachteile für sozial Schwache und Wehrlose.«

Das erzählt von der Hoffnung darauf, den eigenen Staat demokratisch und sozial gerecht als Alternative zur kapitalistischen Bundesrepublik umzukrempeln. Daraus wurde nichts. Dennoch, wer wie Michael Benjamin danach fragt, ob die DDR etwas hinterlassen hat, der würde fündig im Nachlass der friedlichen Revolution. Walter Benjamin hat sie vorweggenommen. »Es handelt sich eben darum, die unfruchtbare Prätension auf Menschheitslösung abzustellen, ja überhaupt die unbescheidene Perspektive auf ›totale Systeme‹ aufzugeben und den Versuch zumindest zu unternehmen, den Lebenstag der Menschheit ebenso locker aufzubauen, wie ein gut ausgeschlafener vernünftiger Mensch seinen Tag antritt.«

Nachwort

Der Prozess gegen den Nationalsozialistischen Untergrund (NSU) und Beate Zschäpe und ihre Helfershelfer hat dazu angeregt, sich neben der Gegenwart auch mit der Nachkriegsgeschichte der Bundesrepublik zu beschäftigen. Dabei geht es auch um die Frage, wie NS-Geschichte etwa in den ersten Jahrzehnten nach 1945 in beiden deutschen Staaten bearbeitet wurde. Dass die Funktionselite des Nazi-Staates im Westen faktisch uneingeschränkt auch zur neuen Elite werden konnte, ist belegt, nicht aber welche Kontinuitäten das für Justiz, Verwaltungen und Wirtschaft hatte und für die Erinnerungsarbeit über zwölf Jahre mörderischer Geschichte Deutschlands.

Heute liegen Untersuchungen vor wie das (Auswärtige) »Amt und die Vergangenheit«. Sie zeigen, wie lange Parteikader der NSDAP dort auch nach 1949 das Sagen hatten. Ebenso in drei Bänden die Verstrickung des Bundeskriminalamtes, das zeitweilig wie eine Kopie des Reichssicherheitshauptamtes wirkte.

Jetzt folgt das Justizministerium und damit das Kapitel der bruchlosen Übernahme der Nazi-Justiz und ihrer Richter und Staatsanwälte in den demokratischen Staat. Der Geheimdienst in Pullach lässt ebenfalls seine Nachkriegsgeschichte überprüfen, und auch das wird zeigen, wie die alten Eliten sich des neuen Staates bemächtigten. Die Bundesrepublik wirkte vor allem in den fünfziger und sechziger Jahren oftmals wie die Fortsetzung des vom Heimatfilm beleuchteten NS-Staates, nur ohne Hitler und Goebbels.

Keiner der beiden deutschen Staaten konnte nach 1945 aus dem Schatten der Interessen ihrer Führungsmacht heraustreten, zu sehr waren die Großmächte im Kalten Krieg miteinander verhakt. Keine Zeit, die zu Erinnerungsarbeit anregte und die in Teilen jetzt erneut auf der Tagesordnung steht. Nicht zuletzt die Erinnerungsjahre 2013 und 2014 tragen dazu bei. Die Benjamins, eine deutsche Familie. Ihre Leben stehen gegen das Verdrängen und eine Rhetorik, die sich erneut national aufbläht.

Anhang

Personenregister

350

353

Verzeichnis verwendeter Literatur und Quellen

Aly, Götz: Hitlers Volksstaat. Raub, Rassenkrieg und nationaler Sozialismus. Frankfurt am Main 2006

Arendt, Hannah: Eichmann in Jerusalem. Ein Bericht von der Banalität des Bösen. München 2011

Arendt, Hannah: Ich will verstehen. Selbstauskünfte zu Leben und Werk. München 2005

Baumann, Imanuel, Herbert Reinke, Andrej Stephan, Patrick Wagner; Bundeskriminalamt, Kriminalistisches Institut (Hg.): Schatten der Vergangenheit. Das BKA und seine Gründungsgeneration in der frühen Bundesrepublik. Köln 2011

Benjamin, Hilde: Georg Benjamin. Eine Biographie. Leipzig 1987

Benjamin, Michael: Das Vermächtnis. Hg. v. Werner Wüste. Berlin 2006

Benjamin, Walter: Über den Begriff der Geschichte. Werke und Nachlass – Kritische Gesamtausgabe, Bd. 19. Hg. von Gérard Raulet. Berlin 2010

Benjamin, Walter: Das Kunstwerk im Zeitalter seiner technischen Reproduzierbarkeit. In: Gesammelte Schriften. Band 1, Werkausgabe Band 2. Hg. von Rolf Tiedemann und Hermann Schweppenhäuser. Frankfurt am Main 1980

Benjamin, Walter: Berliner Kindheit um neunzehnhundert. Frankfurt am Main 1980

Botsch, Gideon: Die extreme Rechte in der Bundesrepublik Deutschland 1949 bis heute. Darmstadt 2012

Brentzel, Marianne: Die Machtfrau. Hilde Benjamin 1902–1989. Berlin 1997

Conze, Eckart, Frei, Norbert, Hayes, Peter, Zimmermann, Moshe: Das Amt und die Vergangenheit. Deutsche Diplomaten im Dritten Reich und in der Bundesrepublik. München 2010

Curilla, Wolfgang: Die Deutsche Ordnungspolizei und der Holocaust im Baltikum und in Weißrußland 1941–1944. Paderborn 2006

Deutschkron, Inge: Mein Leben nach dem Überleben. Berlin 2001

Deutschkron, Inge: Emigranto/Vom Überleben in fremden Sprachen. Berlin 2001

Draexler-Just, Heide: Sprecherlaubnis. Ein Tagebuch aus der DDR. Berlin 2005

Ebermayer, Erich: Eh' ich's vergesse ... Erinnerungen an Gerhart Hauptmann, Thomas Mann, Klaus Mann, Gustaf Gründgens, Emil Jannings und Stefan Zweig. München 2005

Flügge, Manfred: Die vier Leben der Marta Feuchtwanger. Berlin 2008

Frankl, Viktor E.: ... trotzdem Ja zum Leben sagen. Wien 2005

Frei, Norbert: Karrieren im Zwielicht. Hitlers Eliten nach 1945. Berlin 2001

Fuld, Werner: Walter Benjamin: Zwischen den Stühlen. München/Wien 1979

Fittko, Lisa: Mein Weg über die Pyrenäen. München/Wien 1985

Diehl, Ernst (Hg.): Geschichte der Sozialistischen Einheitspartei Deutschlands. Abriß. Berlin 1978

Hessel, Stéphane: Tanz mit dem Jahrhundert. Zürich/Hamburg 2011

Hachmeister, Lutz, Siering, Friedemann: Die Herren Journalisten. Die Elite der deutschen Presse nach 1945. München 2002

Haffner, Sebastian: Die Deutsche Revolution 1918/19. Köln 2008

Hecht, Ben: Revolution im Wasserglas. Geschichten aus Deutschland 1919. Berlin 2006

Klee, Ernst: Was sie taten – was sie wurden. Ärzte und Juristen und andere Beteilige an den Kranken- und Judenmorden. Berlin 2012

Kogon, Eugen: Der SS-Staat. Das System der deutschen Konzentra-
tionslager. München 1974
Kramer, Sven: Walter Benjamin zur Einführung. Hamburg 2003
Krockow, Christian von: Hitler und seine Deutschen. München 2001

Lanzmann, Claude: Shoah. Düsseldorf 1986
Leonhard, Wolfgang: Meine Geschichte der DDR. Berlin 2007
Liebmann, Irina: Wäre es schön? Es wäre schön! Berlin 2008
Lillteicher, Jürgen (Hg): Profiteure des NS-Systems? Deutsche Unter-
nehmen und das »Dritte Reich«. Berlin 2006

Mayenburg, Ruth von: Hotel Lux. Die Menschenfalle. München 2011
Mayer, Hans: Wendezeiten. Über Deutsche und Deutschland. Frankfurt am Main 1995
Mitscherlich, Alexander, Mitscherlich, Margarete: Die Unfähigkeit zu
trauern. Grundlagen kollektiven Verhaltens. München 1977.

Nachama, Andreas, Hesse, Klaus (Hg): Vor aller Augen. Die Deportation der Juden und die Versteigerung ihres Eigentums. Berlin 2011

Pingel-Schliemann, Sandra: Zersetzen. Strategie einer Diktatur. Berlin 2002
Puttnies, Hans, Smith, Gary: Benjaminiana. Eine biographische Recherche, Giessen 1991

Rosh, Lea, Jäckel, Eberhard: »Der Tod ist ein Meister aus Deutschland«. Deportation und Ermordung der Juden; Kollaboration und
Verweigerung in Europa. Hamburg 1990

Schreiber, Jürgen: Die Stasi lebt. Berichte aus einem unterwander-
ten Land. München 2009
Schädlich, Susanne: Immer wieder Dezember. Der Westen, die Stasi,
der Onkel und ich. München 2009
Sommer, Theo: 1945. Die Biographie eines Jahres. Hamburg 2005
Spira, Leopold: Feindbild »Jud«. 100 Jahre politischer Antisemitismus in Österreich. Wien/München 1981
Stern, Carola: In den Netzen der Erinnerung. Lebensgeschichten
zweier Menschen. Hamburg 1989

Stulz-Herrnstadt, Nadja, Herrnstadt, Rudolf (Hg): Das Herrnstadt-Dokument. Das Politbüro der SED und die Geschichte des 17. Juni 1953. Hamburg 1990

Treß, Werner: »Wider den undeutschen Geist«. Bücherverbrennung 1933. Berlin 2003

Winter, Irena: Georg Benjamin, Arzt und Kommunist, Berlin 1965
Widerstand und Exil der Deutschen Arbeiterbewegung 1933–1945. Hg. v. Bundeszentrale für politische Bildung
Wissenschaft und Gesellschaft in der DDR, eingeleitet von Christian Ludz. München 1971
Wojak, Irmtrud: Fritz Bauer 1903–1968, München 2011
Wolf, Christa: Ein Tag im Jahr, München 2003
Wolf, Christa: Rede, daß ich dich sehe. Berlin 2012.
Wolf, Christa: Stadt der Engel oder The Overcoat of Dr. Freud, Berlin 2010.

Die Briefe, Tagebücher und Kassiber von Georg und Hilde Benjamin stammen aus dem Privatarchiv von Ursula Benjamin, Berlin.

Die zitierten Briefe von Dora an Walter Benjamin finden sich im Archiv der Akademie der Künste zu Berlin.

Offensichtliche Fehler in Orthographie und Interpunktion wurden stillschweigend korrigiert.

Das Gedicht auf Seite 109 stammt aus Bertolt Brecht, Werke. Große kommentierte Berliner und Frankfurter Ausgabe, hg. v. Werner Hecht, Jan Knopf, ›Werner Mittenzwei, Klaus-Detlef Müller, Bd. 15 Gedichte und Gedichtfragmente, Berlin und Frankfurt/Main 1993 © Suhrkamp Verlag, Berlin

Dank

So ein Buch bedarf der Helfer. Mein Dank gilt zuerst Franziska Günther, meiner klugen und hartnäckigen Lektorin, deren Rat zur Balance der Erzählung beitrug. Und natürlich Ursula Benjamin, die mir das Vertrauen schenkte, mit meinem Thema angemessen umzugehen und die mir den Nachlass öffnete, der dieses Buch ermöglichte. Freund Gerd Weiberg, der mir mit Lektüre und großer Kenntnis über Walter Benjamin zur Seite stand. Robert Jarisch, der mir wichtige Archivarbeit abnahm, und Jörg Hafkemeyer, Mitleser und Ermutiger wie Jürgen Leinemann, und immer wieder meine Frau Sabine, deren Urteil über Gelungenes und Misslungenes mich angespornt hat.

Bildnachweis

SONJA FRIEDMANN-WOLF
Im roten Eis
Schicksalswege meiner Familie
Herausgegeben von Reinhard Müller, Ingo Way
460 Seiten. Gebunden mit Schutzumschlag
ISBN 978-3-351-03538-9
Auch als E-Book erhältlich

Ein verstörendes Selbstzeugnis

Sonja Friedmann-Wolf schildert die Gewalt des Terrors aus der Perspektive des Mädchens bzw. der traumatisierten Frau. Ihre Eltern, Ärzte, Juden und Kommunisten, mussten vor den Nazis fliehen. 1934 kamen sie mit den beiden Kindern nach Moskau, wo der Vater 1938 als angeblicher »trotzkistischer Gestapospion« zum Tode verurteilt wurde. Die Mutter beging 1940 Selbstmord. Sonja war mit 17 Jahren alkoholabhängig und NKWD-Informantin. Als sie sich ihrer eigenen Verstrickung in das stalinistische System voll bewusst wurde, wollte sie sich umbringen, der Bruder rettete sie. Beide wurden 1941 nach Kasachstan deportiert. Die Ehe mit dem litauischen Zionisten Israel Friedmann erleichterte Sonjas zeitweise den Alltag in der Verbannung. Im Oktober 1944 brachte sie die Tochter Ester zur Welt. Ihr Dasein im Lager beschreibt Sonja ebenso rückhaltlos wie ihre Krisen im Jahrzehnt nach der Rückkehr in »normale Verhältnisse«. Trotz Krankheiten und neuer Nachstellungen des NKWD betrieb sie die Rehabilitierung ihres Vaters und die Ausreise (ab 1956). Lion Feuchtwanger, der sich beim sowjetischen Generalstaatsanwalt für ihren Vater eingesetzt hatte, wurde für Sonja noch einmal zum »Rettungsanker«. In den Briefen, die sie an den Schriftsteller bis zu seinem Tod im Dezember 1958 richtete, skizziert sie den Auftakt ihrer Erinnerungen. Eine bewegende Familiengeschichte zwischen Berlin, Moskau und Tel Aviv.

Mehr Informationen erhalten Sie unter www.aufbau-verlag.de oder in Ihrer Buchhandlung.

 aufbau

EDUARD KOTSCHERGIN
Sechs Jahre sind die Ewigkeit
Roman
Übersetzt von Ganna-Maria Braungardt, R. u. Th. Reschke
235 Seiten. Gebunden mit Schutzumschlag
ISBN 978-3-351-03526-6
Auch als E-Book erhältlich

Die Odyssee eines Kindes

Geboren im Jahr des großen Terrors 1937, verliert ein dreijähriger Junge seine Eltern – der Vater wird erschossen, die Mutter, eine Polin, »als Spionin« für 10 Jahre ins Lager gesperrt. Der Junge wird in ein NKWD-Waisenhaus im sibirischen Omsk verschleppt. Sobald der Krieg zu Ende ist, flieht er aus dem Kinderheim, um in Leningrad seine Mutter wiederzufinden. Die Flucht über Tausende Kilometer, eine ununterbrochene Kette von Gefahren für Leben und Seele eines Kindes, dauert sechs Jahre.
Kotschergin zeichnet ein bestürzendes Bild vom zerstörten Land der Sieger des Zweiten Weltkriegs und zeigt menschliche und behördliche Niedertracht, aber auch immer wieder Momente von großer Herzensgüte.

»Direkt und sprachgewaltig.« Eulenspiegel
»Ein glänzender Schriftsteller.« Radio Bremen
»Bei Kotschergin spürt man Wahrhaftigkeit, einen stillen Ernst wie Lebendigkeit an Gefühl und Sprache.« Junge Welt
»Wahrscheinlich die beste Prosa der letzten Jahre.« Echo von Moskau

Mehr Informationen erhalten Sie unter www.aufbau-verlag.de oder in Ihrer Buchhandlung.

WOLFGANG MARTYNKEWICZ
Das Zeitalter der Erschöpfung
Die Überforderung des Menschen durch die Moderne
427 Seiten. Gebunden mit Schutzumschlag
ISBN 978-3-351-03547-1
Auch als E-Book erhältlich

Die dunkle Seite der Moderne

Um 1900 entsteht ein neues Leitbild: die vitale Persönlichkeit. Es ist der Anfang einer radikalen Mobilmachung, welche die ganze Gesellschaft erfasst. Rilke unterzieht sich einer Kräftigungstherapie: gymnastische Übungen, kalte Bäder, Waldlauf; sogar Holzhacken steht auf dem Programm. Auch Kafka sieht sich unter Zugzwang. In der Naturheilanstalt »Jungborn« klettert er auf Bäume, pflückt Kirschen und nimmt – zu seinem Entsetzen – nackt auf einer Wiese Luftbäder. Thomas Mann bekämpft derweil seine Trägheit im Züricher Sanatorium Bircher-Benner. Und selbst Bismarck, der ein »großartiger Fresser und Säufer« (Kafka) war, versucht es zur Abwechslung mal mit Obst und frischer Luft.

Doch sosehr man die Gifte und Reize der Zivilisation abzuwehren sucht, der Mensch ist dem neuen Leben nicht gewachsen. Das Gespenst der Erschöpfung geht um, Untergangsbilder kursieren, Europa scheint am Ende. Unter den Neurotikern, Nervösen, Magenkranken und Depressiven wächst die Sehnsucht nach Erlösung und neuer Kraft, nach Seelenführern, Gesundheitsaposteln, Trainern und Ernährungsberatern. Auch für sie schlägt um 1900 die Stunde.

Auf der Grundlage zahlreicher, teilweise bislang unbekannter Dokumente entwirft Wolfgang Martynkewicz ein provokantes Epochenbild, das Einblick in die Innenwelt einer von Überforderung und Erschöpfung geprägten Moderne gibt.

Mehr Informationen erhalten Sie unter www.aufbau-verlag.de oder in Ihrer Buchhandlung.

PETER ENSIKAT, DIETER HILDEBRANDT
Wie haben wir gelacht
Ansichten zweier Clowns
214 Seiten. Gebunden mit Schutzumschlag
ISBN 978-3-351-02760-5
Auch als E-Book erhältlich

Willkommen zum Gipfeltreffen des Humors

Dieter Hildebrandt und Peter Ensikat gelten mit Fug und Recht als die einflussreichsten Kabarettisten der Gegenwart. Für dieses Buch haben die beiden Bühnen- und Lebensprofis einen ganz und gar unernsten Streifzug durch mehr als ein halbes Jahrhundert Lach- und Sachgeschichte in Deutschland unternommen – scharfsinnig, amüsant und einfach fabelhaft.

Als Begründer der »Lach- und Schießgesellschaft« und jahrzehntelanger Kopf der Sendung »Scheibenwischer« hat Dieter Hildebrandt Zensur und politische Einflussnahme ebenso erlebt wie Peter Ensikat als der meistgespielte Kabarett-Autor der DDR. Auf ihren Reisen in den jeweils anderen Teil Deutschlands konnten beide erfahren, wie das Publikum auf Witze, made in West bzw. East Germany, reagierte – und die Frage, ob Franz Josef Strauß besser zu karikieren war als Walter Ulbricht, ist auch noch ungeklärt. Deshalb haben Ensikat und Hildebrandt für dieses Buch einander von ihren Lebens- und Bühnen Erfahrungen erzählt und die ultimativen Ossi- bzw. Wessiwitze ausgetauscht.

»Je schwächer das Gedächtnis, desto schöner die Erinnerungen.« Peter Ensikat

STEFAN LUKSCHY
Der Glückliche schlägt keine Hunde
Ein Loriot Porträt
345 Seiten. Gebunden mit Schutzumschlag
ISBN 978-3-351-03540-2
Auch als E-Book erhältlich

Vicco ante portas

Ihr Hund kann überhaupt nicht sprechen? Macht nichts, dafür können Sie das Porträt eines der beliebtesten Humoristen Deutschlands lesen. Stefan Lukschy, langjähriger Weggefährte und enger Vertrauter Loriots, erzählt voller Respekt, Witz und Liebe von dem Mann, der die Deutschen das Lachen gelehrt hat.

Loriots Sketche sind Teil des kollektiven Gedächtnisses geworden – wer kann sich heute noch eine Liebeserklärung ohne Nudel vorstellen? Stefan Lukschy lernte Vicco von Bülow 1975 kennen, als er dessen Regieassistent wurde. Aus dieser Zusammenarbeit entwickelte sich eine langjährige Freundschaft -- bis zu Loriots Tod im Jahr 2011. Beide verband nicht nur ihre Liebe zur Komik, sondern auch die Faszination für die Musik, insbesondere für die Oper. Lukschy erzählt, wie er als langhaariger Student aus Berlin den »preußischen Edelmann« in Ammerland kennen lernte. Er schildert den für seinen Perfektionismus berüchtigten Künstler ebenso wie den Privatmann Loriot, der seinen Freunden ein inniger und loyaler Vertrauter war.

Mehr Informationen erhalten Sie unter www.aufbau-verlag.de oder in Ihrer Buchhandlung.